U0090115

# 民國歷史與文化研究

十五編

第3冊

## 民國時期精英階層消費示範問題研究（上）

周石峰 著

花木蘭文化事業有限公司

國家圖書館出版品預行編目資料

民國時期精英階層消費示範問題研究（上）／周石峰 著 -- 初版 -- 新北市：花木蘭文化事業有限公司，2022〔民 111〕

目 4+224 面；19×26 公分

（民國歷史與文化研究　十五編；第 3 冊）

ISBN 978-986-518-922-8（精裝）

1.CST：消費社會 2.CST：消費行為 3.CST：民國史

4.CST：中國

628.08　　111009771

ISBN-978-986-518-922-8

9 789865 189228

民國歷史與文化研究

十五編　第三冊　　ISBN：978-986-518-922-8

**民國時期精英階層消費示範問題研究（上）**

作　　者　周石峰

總 編 輯　杜潔祥

副總編輯　楊嘉樂

編輯主任　許郁翎

編　　輯　張雅淋、潘玟靜、劉子瑄　美術編輯　陳逸婷

出　　版　花木蘭文化事業有限公司

發 行 人　高小娟

聯絡地址　235　新北市中和區中安街七二號十三樓

電話：02-2923-1455／傳真：02-2923-1452

網　　址　http://www.huamulan.tw 信箱　service@huamulans.com

印　　刷　普羅文化出版廣告事業

初　　版　2022 年 9 月

定　　價　十五編 14 冊（精裝）新台幣 42,000 元

# 民國時期精英階層消費示範問題研究(上)

周石峰 著

## 作者簡介

周石峰（1970～），湖南隆回人，歷史學博士，貴州師範大學教授，博士生導師，國家社科基金項目同行評議專家，貴州省哲學社會科學學術帶頭人，貴州省史學會和貴州儒學研究會常務理事，主要從事民國社會經濟史的研究和教學，主持和參與國家社科基金等項目 10 餘項，出版《近代商人與民族主義運動》《抵制日貨運動的歷史困境》《民國時期工業災害治理研究》等學術著作 6 種，在《中國經濟史研究》等雜誌發表論文 60 餘篇，獲省哲學社會科學優秀成果二、三等獎 3 項。

## 提　　要

該研究運用消費學理論揭示民國時期精英消費的重要面相、階級邏輯和社會邏輯，為消費社會或消費主義研究提供一個中國的歷史學樣本。民國知識精英多借用西學資源為新式精英的消費行為正名，消費模仿、消費競賽、炫耀性消費等命題均有所觸及。歐美貨、東洋貨和中國貨的市場格局，與社會分層基本上形成對應關係。服飾、飲食、娛樂和教育等個案，可以驗證價格的社會意義。汽車消費具有精英屬性，兼具工具性價值和象徵性價值。汽車購置和使用的較高成本，使其成為財富展示的重要載體，汽車品牌特別是稀缺性汽車牌號的爭奪，本質上是社會地位的競爭。工商兩業嫻熟運用各界精英的示範效應，以達到提高品牌地位之目的，精英符號成為商標名稱或產品名稱，廣告營銷充分利用和操控消費的社會區分功能。高端產品廣告大多運用勢力效應，低端產品廣告則運用從眾效應。植入商品的符號意義與廣告受眾的消費實踐之間存在一定程度的對應關係。政治精英的公車配置尤其是公車私用問題，遭到社會輿論激烈抨擊。南京國民政府以及南京、上海等地市政府出臺過一些防範措施，但政治回應與社會期待之間存在較大距離。汽油節約運動和飲食節約運動，政策初衷與實效亦嚴重背離。精英消費示範均構成其重要約束之一。

國家社科基金項目
（項目編號：16XZS020）

# 目次

上冊

## 下　冊

# 緒章　此疆與彼界：學術前史及研究設想

本章的重點在於梳理和評議消費示範問題的學術前史，從而為本研究確立學術基礎和進路。第一節簡單介紹從生產論向消費論的學術轉向，亦可稱為從生產主義轉向消費主義。第二節對精英概念的語用流變予以較為詳細的梳理。第三節著重檢視「消費社會」之史學取向的代表性成果，既揭示其中的西學源頭，又重點關注消費社會、消費革命和消費主義等概念在中國史研究中的學術實踐。第四節主要檢討中國近現代史研究中關於消費示範問題的若干重要看法。第五節則就本項研究的基本設想進行扼要說明。鑒於本章所涉學術前史，雖然主要聚焦於史學成果，但並未僅限於史學，經濟學、社會學、政治學、文化學等學科有關精英概念以及消費示範問題的詮釋性成果，亦多有涉及，因而試以「此疆與彼界」作為本章內容的題旨或統攝。

## 第一節　由生產論轉向消費論

在物質匱乏時代，生產問題向為經濟學的研究中心。隨著生產力的逐步發展，消費問題逐步引起經濟學家的重視，尤其是第二次世界大戰以後，美國迅速進入「豐裕社會」〔註 1〕，或者說「高額群眾消費階段」〔註 2〕，消費

〔註 1〕（美）加耳佈雷斯：《豐裕社會》，徐世平譯，上海：上海人民出版社，1965 年。當今一般譯為加爾佈雷斯。

〔註 2〕（美）羅斯托：《經濟成長的階段》，國際關係研究所編輯室譯，北京：商務印書館，1962 年，第 86～107 頁。

問題成為經濟學上「一門大學問」，然有「所謂消費經濟學的興起」。〔註3〕

站在20世紀二十年代的時間節點審視，經濟思想的關注重點，大致經歷了由流通、生產、分配和消費的依次演變〔註4〕，而消費論在經濟學上地位之變遷，大概可以分為三個時期。第一時期是消費論尚未誕生或尚未被學者所認識的時代。第二時期為消費論誕生或被認識的時代，大概從1850年至1890年。第三時期是消費論置於首要地位的時代，英國馬歇爾《經濟學原理》的出版是重要標誌，該書首論消費，次論生產、交易及分配。雖然《經濟學原理》討論消費論的內容不到全書十分之一，但能詳細闡明消費論之重要，尤其是「經濟學界對於消費論的觀念，遂為之一變。」〔註5〕

馬歇爾之所以將消費論置於首位，自稱有三個原因。首先是經濟學家日益相信，李嘉圖在分析決定交換價值的原因時，過於注重生產費用的研究「實屬有害」，李嘉圖及其主要追隨者並未清晰闡明需求條件、供給條件與價值的關係，因而引發了「誤解」。其次是人們已「養成精確思考經濟問題的習慣」，尤其是應用「數學語言和數學思維」，可以憑藉收集和整理消費統計數字資料，解釋對公共福利極為重要的難題。第三個原因是時代精神迫使經濟學必需解釋財富增加與民眾福利的關係問題。〔註6〕

而根據王亞南的詮釋，西方經濟學研究重心轉移到消費方面，本質上是適應了「兩個實踐的要求」。其一是資本主義經濟發展到金融支配階段，大資本家相率離開生產領域，憑藉投機及信用制度增大財源。他們生活在「享樂的世界中」，而且「享樂與闊綽的消費」，成為「獲得信用與增進財富的必要的排場」。此種「明如觀火」的消費事實反映到經濟學者的頭腦中，吸引他們重點研究消費問題。其二是資產階級經濟學者「不能也不許繼承古典經濟學的成果，在古典經濟學所闡述的生產論與分配論上，作進一步的分析」，只好「抬出消費論」，與金融資本家們的「利益與興趣」相配合。王亞南認為，新出現的價值論、欲望論和消費論，實際上是「最常識不過的平凡俗見」，雖被

〔註3〕陳三井：《近代上海人的消費習性與經濟發展》，《四分溪畔論史》，北京：九州出版社，2013年，第151頁。

〔註4〕王亞南：《政治經濟學之歷史發展的跡象》，廈門大學經濟研究所編：《王亞南經濟思想史論文集》，上海：上海人民出版社，1981年，第105頁。

〔註5〕李權時：《消費論》，上海：東南書店，1928年，第11～15頁。

〔註6〕（英）阿弗里德·馬歇爾：《經濟學原理》，廉運傑譯，北京：華夏出版社，2005年，第71～72頁。

「裝璜在科學的櫃架裏面」，但對現實經濟問題「根本無所說明」，與其說是為了「解釋現實經濟問題」，毋寧說是為了「迴避現實經濟問題」。〔註 7〕

但是，消費問題研究非常困難，原因之一在於消費是「無數的和短暫的消費者行為」。〔註 8〕經濟學中曾被廣泛接受的消費者需求學說，不僅不斷被一部分經濟學家自我否定，而且遭到社會學家和人類學家的強烈質疑。對於前者，譬如，法恩等人雖然並非完全認同消費主義的研究方法，但也不得不承認，經濟理論在為長期和重大的經濟變化尋找需求位置時，理論貢獻「貧乏」，〔註 9〕而蘭卡斯特則將消費者行為理論視為「一個偉大的藝術美」，「一個玻璃盒中的寶石」。〔註 10〕根據加耳佈雷斯的總結，經濟學的消費者需求學說基於兩個一般性命題，並進行了嘲諷。其一是欲望無法滿足，「更多的欲望得到滿足時，它們的迫切性並未大減，或者更確切地說，它們減少的程度並不顯著，不足引起經濟學家的任何興趣或成為經濟政策政策上考慮之事。當某人滿足了他的物質需要時，基於心理上的欲望代之而興。這些是永不能滿足的，或者說無論如何無法證明其有什麼進步。滿足的觀念在經濟學中佔有的地位極小。要猜測胃口和心理上的相對渴望是既無用處也不科學的。」其二是欲望源於消費者的個性，「是已知的數據」，「經濟學的任務只是設法滿足它們。毋須追問這些欲望是怎樣形成的。」〔註 11〕

人類學家道格拉斯則將經濟分析中關於人類需求的「隱含思想」，歸結為「兩個主要假設相互利用、相互支持」，一是「衛生或物質主義理論」，一是「需求嫉妒理論」。〔註 12〕消費人類學直指經濟學理性人假設的要害，「理性個體的概念是社會生活中一個不可能的抽象。將數百萬購買和使用商品的人

---

〔註 7〕王亞南：《政治經濟學之歷史發展的跡象》，廈門大學經濟研究所編：《王亞南經濟思想史論文集》，上海：上海人民出版社，1981 年，第 112 頁。

〔註 8〕（美）韓格理、黎志剛：《中國近世的「品牌」和「商標」：資本主義出現之前的一種消費主義》，黎志剛、馮鵬江譯，（美）韓格理、張維安：《中國社會與經濟》，陳介玄、翟本瑞譯，臺北：臺灣聯經出版事業公司，1990 年。

〔註 9〕Ben Fine, Ellen Leopold. Consumerism and the Industrial Revolution. *Social History*, Vol.15, No.2, 1990, pp.151~179.

〔註 10〕Kelvin J. Lancaster. A New Approach to Consumer Theory. *Journal of Political* Economy, Vol.74, No.2, 1966, pp.132~157.

〔註 11〕（美）加耳佈雷斯：《豐裕社會》，徐世平譯，上海：上海人民出版社，1965 年，第 128 頁。

〔註 12〕Mary Douglas; Baron Isherwood. *The World of Goods, Towards an Thropology of Consumption*. London: Routledge, 1996, p.4.

集中起來，而不考慮通過共同分享消費而產生的改變，這顯然是荒謬的。」〔註 13〕在道格拉斯看來，經濟學家們「謹慎地迴避了人們為什麼想要物品的問題」。〔註 14〕

因此，除了消費經濟學之外，消費社會學、消費人類學、消費心理學、消費文化學等，均試圖對人類的消費行為進行解釋，或者說，試圖揭開「消費的秘密」，而揭示「消費秘密」的重要路徑之一，即是轉向消費社會性或這一命題，從而強調消費示範效應。〔註 15〕

## 第二節　精英概念的語用流變

國內外學術界長期致力於士紳階層亦即傳統社會精英群體的研究，相關趨勢和走向大致可分為三個階段，即士紳論、鄉紳論與地方精英論。20 世紀六十年代以前，主要集中於「士紳」的研究，其後則逐漸討論「鄉紳」概念，〔註 16〕20 世紀八十年代以降，「階級論色彩的鄉紳理論被擱置」，從歐美研究成果中引進「地方精英」概念，以社會史研究為路徑的地方精英研究發展迅速，從科舉資格、階級關係角度討論地方精英階層之傳統取向，轉向分析他們通過文化資本、網絡、中介和仲裁等多樣策略影響地域社會統治，並圍繞「公共領域」和「市民社會」等概念，引發了較大的學術爭鳴。〔註 17〕囿於本研究的主旨，此處無意對精英史研究進行系統梳理，僅對一些代表性的概念界定和運用予以簡略清查。

縱觀國內外相關研究不難發現，不少研究成果並不清晰界定精英的內涵，

〔註 13〕Mary Douglas; Baron Isherwood. *The World of Goods, Towards an Thropology of Consumption*. London: Routledge, 1996. “Preface”.

〔註 14〕Mary Douglas; Baron Isherwood. *The World of Goods, Towards an Thropology of Consumption*. London: Routledge, 1996, p.4.

〔註 15〕此文雖然援引了消費人類學對經濟學需求理論的若干批評，但消費人類學強調消費的過程與共享等問題，與消費社會學和消費經濟學的示範效應並不一致。道格拉斯甚至對消費示範效應概念的提出者杜森貝利的觀點持有否定態度。相關批評可參見 Mary Douglas; Baron Isherwood. T*he World of Goods, Towards an Thropology of Consumption*. London: Routledge, 1996, pp.26~28.

〔註 16〕相關綜述可參閱衷海燕：《士紳、鄉紳與地方精英——關於精英群體研究的回顧》，《華南農業大學學報》（社會科學版），2005 年第 2 期。

〔註 17〕（日）佐藤仁史：《近代中國的鄉土意識：清末民初江南的地方精英與地域社會》，北京：北京師範大學出版社，2017 年。

而將其視為不言自明的與大眾相對應的群體。〔註 18〕羅福惠的《辛亥時期的精英文化研究》，其所指大概就是辛亥時期的著名知識分子，亦即知識精英。李淨昉的民國時期女性知識精英，涉及鄧穎超、李峙山、劉清揚等人。〔註 19〕陳蘊茜將近代城市文化分為精英文化與大眾文化，並將張謇和歐陽予倩作為近代「新型精英代表」，他們「通過更俗劇場的建設與戲劇改革，對民眾產生了重要影響」。〔註 20〕王剛將清政府派赴國外的一些外交人員，資產階級改良派、革命派，無政府主義者，以及具有初步共產主義思想的知識分子等，均歸屬為「中國早期知識精英」。〔註 21〕加拿大學者卜正民和施恩德合編的《民族的構建：亞洲精英及其民族身份認同》，其中精英所指，基本上類似於帕累托的執政精英。〔註 22〕荷蘭學者伊維德將劇作家呂天成視為萬曆晚期江南精英的代表，由其人其文考察當時精英群體的生活方式。〔註 23〕有關西方精英的一些研究成果，也並未具體界定精英的內涵，只能從中管窺精英的所指對象，或稱「歐洲知識精英」，〔註 24〕或指烏克蘭的高級神職人員，〔註 25〕或者是愛爾蘭的貴族婦女，〔註 26〕又或是地方女議員〔註 27〕，如此等等，不一而足。

是否在中央層級擁有決策權，是國民黨史研究者判定權力精英的標準。根據王奇生的梳理，學術界對如何界定國民黨權力精英的問題存在分歧，一

〔註 18〕羅福惠：《辛亥時期的精英文化研究》，武漢：華中師範大學出版社，2001 年。

〔註 19〕李淨昉：《民國時期女性知識精英家庭觀念的嬗變——以女性言說與經驗為中心》，《鄭州大學學報》（哲學社會科學版），2014 年第 1 期。

〔註 20〕陳蘊茜、齊旭：《近代城市空間重組中的精英文化與大眾文化——以江蘇南通更俗劇場為中心的考察》，《江蘇社會科學》，2008 年第 6 期。

〔註 21〕王剛：《論中國早期知識精英對馬克思主義的選擇性傳播》，《中共黨史研究》，2009 年第 8 期。

〔註 22〕（加）卜正民、施恩德編：《民族的構建：亞洲精英及其民族身份認同》，陳城等譯，長春：吉林人民出版社，2008 年。

〔註 23〕（荷）伊維德：《「玩膩了的文人」：呂天成與萬曆晚期江南精英的生活方式》，楊權譯，《文化遺產》，2016 年第 6 期。

〔註 24〕王曉德：《十九世紀歐洲知識精英的美國觀》，《中國社會科學》，2017 年第 4 期。

〔註 25〕Maksym Iaremenko. Pleasures of the Learned in Eighteenth-Century Ukraine: The Culture of Tea, Coffee, and Wine Consumption of the Church Elite. J*ournal of Ukrainian Studies*, Vol.4, No.2, 2017, pp.211~220.

〔註 26〕Rachel Wilson. *Elite Women in Ascendancy Ireland, 1690~1745: Imitation and Innovation*. Rochester, NY: Boydell Press, 2015.

〔註 27〕Jon Stobart. *Status, Gender and Life Cycle in the Consumption Practices of the English Elite: The Case of Mary Leigh, 1736~1806*. Social History, Vol.40, Iss.1, 2015, pp.82~103.

種看法是以中央執行委員會作為國民黨的最高權力中心，其成員構成國民黨的精英。另一種看法對此並不認同，認為中執會只是國民黨法理上和形式上的最高權力機構，其成員並不都擁有真正的決策權力，不能一概視為國民黨的精英。王奇生自己則傾向於贊成第二種觀點。〔註 28〕在其他一些研究中，王奇生也大體上將「精英」與「大眾」作為一對範疇使用。譬如，他在考察 1925 至 1927 年中國共產黨上海地方組織變化時，認為中共最初是由少數知識分子組成的精英團體，但從「精英黨」轉向「群眾黨」〔註 29〕，並且比較性地指出，與中共「群眾」路線不同，國民黨始終走「精英」路線。〔註 30〕

國外學者在探討明清地方權力體系多元性問題時，更傾向於使用「地方精英」而不是「士紳」的概念。〔註 31〕白吉爾認為，民國中前期的上海，具有領導地位的是來源於傳統士紳和商人階級的城市精英階層。〔註 32〕羅威廉的清代漢口城市研究表明，城市內部存在一個「地方名流群體」，他們由士紳和富商共同組成，後來又合流為紳商階層。〔註 33〕佐藤仁史的《近代中國的鄉土意識：清末民初江南的地方精英與地域社會》，雖然肯定了地方精英這一分析概念的有效性，但為了呈現他們在「地方政治、教育、啟蒙運動、鄉土建設等方面的多種面貌」，亦根據歷史語境和歷史情境，「靈活運用當地精英人

〔註 28〕王奇生：《黨員、黨權與黨爭：1924～1949 年中國國民黨的組織形態》，北京：華文出版社，2010 年，第 317～318 頁。

〔註 29〕王奇生：《革命與反革命：社會文化視野下的民國政治》，北京：社會科學文獻出版社，2010 年，第 124 頁。

〔註 30〕王奇生：《革命與反革命：社會文化視野下的民國政治》，北京：社會科學文獻出版社，2010 年，前言，第 5 頁。

〔註 31〕Hilary J.. Beattie. *Land and Lineage in China, A study of T'ung-Cheng County, AnHwei, in the* Ming *and Ch'ing Dynasties*. Cambridge: Cambridge University Press, 1979. Keith Schoppa. *Chinese Elite and Political Change: Zhejiang Province in the Early Twentieth Century*. Mass: Harvard University Press, 1982. Robert Hymes. *Statesmen and Gentlemen, The Elite of Fu-Chen, Chiang-Hsi, in Northern and Southern Sung*, Cambridge: Cambridge University Press, 1986. Joseph W. Esherick; Mary Backus Rankin. *Chinese Local Elite and Patterns of Dominance*. California: University of California Press, 1990.
（美）杜贊奇：《文化、權力與國家：1900～1942 年的華北農村》，王福明譯，南京：江蘇人民出版社，1994 年。

〔註 32〕（法）白吉爾：《中國資產階級的黃金時代（1911～1937）》，張富強、許世芬譯，上海：上海人民出版社，1994 年，第 60 頁。

〔註 33〕（美）羅威廉：《漢口：一個中國城市的衝突和社區（1796～1895）》，魯西奇等譯，北京：中國人民大學出版社，2008 年，中譯本序，第 2 頁。

士、紳士、當地領導階層、當地知識分子」等名詞。他解釋說，雖然全部使用地方精英這一概念表述並非完全不可能，但是為了具體呈現清末民初地方精英的「多面性」以及近代鄉土意識的「多樣面貌」，故而並不執著於精英概念的統一使用。〔註 34〕

魏光奇認為，明清時期的士紳「在地方公益、治安保衛、教育教化、民事調解等方面承擔著重要職能」，國民政府「任用在籍離職官員和清末以來地方自治機關中的新官紳擔任公職」，因而形成新地方精英階層，並「依託國家行政參與和主導地方公共事務」，「構成一種超越國家行政的社會勢力」。他在「注釋」中對舊式和新式地方精英予以清晰說明，明清時期話語系統中的「士紳」，係指鄉居的離職官僚和科舉士人，而至民國時期，儘管「作為清朝遺老遺少和具有科舉功名的士紳已經隨著社會變遷和時間流逝而漸趨衰落」，但「士紳」一語卻仍然流行，往往用於指稱「各種在地方社會有聲望、有地位的人士」，既包括傳統士紳，亦指「黨政軍新貴、新式商人和新文化人」。在他看來，民國時期的「士紳」群體「較之嚴格意義上的明清時期士紳階層要寬泛」。因此，他使用「地方精英」概念，是「泛指各個時期在地方社會有聲望、有影響的社會階層」。〔註 35〕

根據地方性的聲望和影響來界定地方精英，基本上成為相關研究的慣常做法。譬如，徐茂明等人在考察清末民初上海地方精英內部之權勢轉移問題時，同樣在其論文「注釋」中指出，地方精英「泛指在地方社區中具有較高聲望、影響力或支配權力的人」，其權力來源多樣，除了傳統科舉考試取得功名之外，在清末新政時期的上海地區，「商界領袖、新學之士和留洋經歷也都成為晉身精英階層的重要資本」。因此，上海地方精英包括「參與自治運動的成員（以紳商為主體）和擁有地方話語權的其他士紳」。〔註 36〕地方精英包括鄉村精英和城市精英。周建新在考察近代客家鄉村地方精英的結構與素質問題時，將精英界定為「在地方上具有一定影響力的個人」，其中既有傳統士紳、

〔註 34〕（日）佐藤仁史：《近代中國的鄉土意識：清末民初江南的地方精英與地域社會》，「序」，北京：北京師範大學出版社，2017 年。

〔註 35〕魏光奇：《國民政府時期新地方精英階層的形成》，《首都師範大學學報》（社會科學版），2003 年第 1 期。

〔註 36〕徐茂明、陳媛媛：《清末民初上海地方精英內部的權勢轉移——以上海拆城案為中心》，《史學月刊》，2010 年第 5 期。

鄉鎮自治人員等官方在地方的代理人，亦有各類「地方能人」。〔註 37〕

許紀霖曾將傳統中國的社會精英劃分為三個部分，即「士大夫精英、地主精英和鄉紳」。他認為，近代社會中心從鄉村轉移到城市，新式城市精英首先在上海、廣州、天津、漢口等沿海沿江大城市中出現，而隨著城市現代化的發展深入，城市原有社會階層發生劇烈分化與重組，士大夫與商人合流成為「紳商」。而隨著科舉制度的廢除，作為「過渡性階層」的紳商迅速消失，掌握「現代社會最重要經濟與金融資源的資產階級商人」，從「士農工商」四民階層結構之中的末位上升至首位，成為主掌地方公共事務的實權階層。原先排位第一的士大夫階層卻隨著科舉制度廢除而分化，逐步轉型為近代知識分子。因此，他將近代中國城市精英也劃分為三個部分，一是由傳統士大夫轉化而來的學院精英，二是從地主精英脫胎而來的商業精英，三是從鄉紳蛻變而成的地方名流。學院精英主要指以大學為生存空間的全國性知識分子，主要雲集於北京。商業精英在京滬兩地都存在，非常注重地方公共事務並成為「權力文化網絡」的核心。城市地方名流的構成則相對複雜，大部分出身於「地緣、業緣、信緣、社團和幫會」等城市社會網絡。他強調，在新崛起的城市精英之中，資產階級扮演了「核心角色」，特別是在上海，由於「工商業最發達、社會分工最完整」，擁有經濟資本特別是金融資本的近代資產階級是上海的「主人」。〔註 38〕

前一節已經談到，西方的精英理論在很大程度上與馬克思主義的階級理論並不完全一致，甚至存在否定馬克思主義的傾向，因此精英概念在中國史學研究的運用，亦遭到部分學者的激烈反對和批評。王曾瑜認為，「並不排除有少量深受儒家好的教義和良知影響的真正意義上的士大夫精英的存在」，兩宋三百餘年間，如果僅從絕對數量判斷，「士大夫精英」可謂「不少」，但其所佔全體士大夫的比率卻很小。在他看來，若將少量士大夫精英「放大為宋代士大夫的普遍、常見與一般情況」，則係「以偏概全」，不僅與史實相悖，並且「掩蓋了大多數，以至絕大多數士大夫是貪官的基本史實。」他批評相關研究是「精英論的美好設想，去改塑中國古士大夫、科舉制與專制腐敗政治。」

〔註 37〕周建新：《近代客家鄉村地方精英的結構與素質探析——以毛澤東「贛南農村調查」為中心的討論》，《中國農業大學學報》（社會科學版），2012 年第 4 期。

〔註 38〕許紀霖：《近代上海城市「權力的文化網絡」中的文化精英（1900～1937 年）》，《復旦學報》（社會科學版），2012 年第 6 期。

他進而強調，「對馬克思主義階級論與精英論的是是非非，理應採取鮮明的立場和態度，而不應含糊與包容。」「精英論無非是服務於剝削和統治階級，為之美化；而馬克思主義的階級論卻是服務於廣大的被剝削和被統治階級，為之謀解放，這大致是兩者的根本區別和分歧。」〔註 39〕

盧漢超曾將 21 世紀美國的中國城市史研究取向概括為：「從精英到大眾」，亦即「從上到下」的取向。他解釋說，「從上到下」可有兩重意思，一是指從研究精英上層到研究下層民眾，一是指從上海、北京等主要大城市，到在全國政治、經濟中次等地位的城市。〔註 40〕王奇生則批評傳統革命史的書寫多關注「精英」，而漠視「大眾」，只見「肋骨」而不見「血肉」，主張社會文化史取向的革命史書寫〔註 41〕。各執一端，自有偏頗，正如張靜如針對中共黨史撰寫問題的看法，即「精英史觀和民眾史觀兩個都要寫全」。〔註 42〕

根據此種理解，民國時期的消費史研究，無疑也應該包括精英消費和大眾消費兩個層面。目前的相關研究，大抵各重一端，尤其是隨著社會史的興起和發展，大眾消費史反而愈受重視，精英消費似有偏廢之虞，尤其是精英消費對大眾消費的影響，更須重視。

## 第三節　消費社會的歷史追問

20 世紀八十年代以降，隨著中國改革開放的日益推進，中國城市已經出現了比較典型的「消費革命」，〔註 43〕甚至被視為中國的「第二次解放」。〔註 44〕

---

〔註 39〕王曾瑜：《宋朝的貢士——兼評士大夫群體精英論》，《首都師範大學學報》（社會科學版），2014 年第 1 期。

〔註 40〕（美）盧漢超：《從精英到大眾：近年美國中國城市史研究的「從上到下」取向》，《史學月刊》，2008 年第 5 期。

〔註 41〕王奇生：《革命與反革命：社會文化視野下的民國政治》，北京：社會科學文獻出版社，2010 年，前言，第 5 頁。

〔註 42〕張靜如：《精英史觀和民眾史觀兩個都講全》，《黨史研究與教學》，2010 年第 4 期。

〔註 43〕（美）戴慧思、盧漢龍譯、著：《中國城市的消費革命》，上海：上海社會科學院出版社，2003 年。參見（美）戴慈思、盧漢龍：《消費文化與中國的消費革命》，《社會學研究》，2001 年第 5 期。

〔註 44〕第一次「解放」，無疑是指中華人民共和國的成立。參見趙文詞，《結語：第二次解放》，（美）戴慧思、盧漢龍譯、著：《中國城市的消費革命》，上海：上海社會科學院出版社，2003 年，第 366～375 頁。

「有關中國消費革命的認識自然引發出對商業文化興起及其走向的思考」，〔註45〕正如高家龍的追問：由於消費文化諸種力量的推動，「發生於社會主義中國的『消費革命』」，是否在「前社會主義時代便已經發生」。〔註46〕實際上，自上個世紀九十年代以來，已有學者認為中國近代甚至「近代早期」已經出現「消費革命」，甚至進入「消費社會」。

中國史學界對消費史的重視，明顯受到西方史學界由生產轉向消費這一重大學術轉向的影響，尤其是受到工業革命史研究「消費主義」學術路向的影響。〔註47〕法國社會學家坎貝爾於1987年指出，「在過去的二十年裏，經濟史家越來越認識到，他們的學科特點是過分強調供給因素，並且過於緊跟古典經濟學家的領導，對工業革命的分析往往側重於生產技術的變化，而不是需求性質的變化。由於這一認識，人們更加注意與市場擴張的需求側有關的問題，有必要對如下現象提供一個解釋，即不把需求看作是『機械化生產上升浪潮的反映』。同時，人們姍姍來遲地認識到這樣一個事實，即將工業革命理解成構成供給的急劇轉變，在邏輯上都『以消費的同時發展和擴展為預設』。因此，消費革命形成了工業革命的必需的對應物，需求側的必要的痙攣等於供給側的必要的痙攣。」〔註48〕同年，麥克拉肯說：「長期以來，在消費者研究和歷史界，消費史被系統地忽視，這是知識社會學的奇怪之處。……消費的歷史沒有歷史，沒有學者群體，沒有學術傳統。在一個流行的學術短語中，這個領域是『前範式』的，或者，也許更準確地說，它是『新生兒』。」〔註49〕但是布羅代爾開啟的消費史研究潮流，「拯救了被忽視的消費史，並將其確立為一個合法的研究領域」。〔註50〕此後，至少有三位學者

〔註45〕盧漢龍：《中文版序：消費革命與消費者自主》，（美）戴慧思、盧漢龍譯、著：《中國城市的消費革命》，上海：上海社會科學院出版社，2003年，第13頁。

〔註46〕（美）高家龍：《中華藥商：中國和東南亞的消費文化》，褚豔紅等譯，上海：上海辭書出版社，2013年，第169～170頁。

〔註47〕關於工業革命的種種解釋，參閱 Colin Campbell. *The Romantic Ethic and the Spirit of Modern Consumerism*. Oxford: Basil Blackwell, 1987, pp.49~157。另可參見張衛良：《英國「工業革命問題」評述》，北京大學世界現代化進程研究中心主編：《現代化研究》（第2輯），北京：商務印書館，2003年，第347～379頁。

〔註48〕Colin Campbell. *The Romantic Ethic and the Spirit of Modern Consumerism*. Oxford: Basil Blackwell, 1987, pp.49~157.

〔註49〕Grant McCracken. The History of Consumption: a Literature Review and Consumer Guide. *Journal of Consumer Policy*, Vol.10, Iss.2, 1987, pp.139~166.

〔註50〕Grant McCracken. The History of Consumption: a Literature Review and

都向布羅代爾這位「開創者表示適當的敬意，並追隨他令人印象深刻的領導」。〔註 51〕

麥克拉肯所稱的布羅代爾的追隨者，包括麥肯德里克、威廉姆斯和穆克吉。麥肯德里克認為，近代西方偉大變革的歷史一直被書寫為工業革命史，卻忽視了「消費革命」，而消費革命是工業革命必要的「歷史伴侶」。〔註 52〕威廉姆斯從路易十四的宮廷到 19 世紀的巴黎的百貨公司，考察了消費在社會生活中的作用。〔註 53〕穆克吉追溯了 15 世紀和 16 世紀歐洲「消費主義文化」的興起，並將其發展的意義追蹤到 18 世紀。他堅持認為，消費革命不僅僅是工業革命的伴侶，而且是工業革命的必要前身〔註 54〕。此後，西方消費史研究蔚成大觀。〔註 55〕

「消費社會」「消費主義」以及「消費革命」等概念，一般是後現代主義分析的理論基點，也是對當代資本主義或者「晚期資本主義」社會的分析工具。〔註 56〕但對歷史學而言，消費文化與消費社會絕非只是 20 世紀晚期資本主義的產物，而應該從更長遠的歷史發展脈絡去找尋其源頭〔註 57〕。歷史學家眼中的「消費社會」，誕生時間雖然不盡一致，但往往更早。從 16 世紀到

---

Consumer Guide. *Journal of Consumer Policy*, Vol.10, Iss.2, 1987, pp.139~166。作者指的是布羅代爾的《15 世紀至 18 世紀的物質文明、經濟和資本主義》。

〔註 51〕Grant McCracken. The History of Consumption: a Literature Review and Consumer Guide. *Journal of Consumer Policy*, Vol.10, Iss.2, 1987, pp.139~166.

〔註 52〕McKendrick, N.; Brewer, J.; Plumb, J. H.. *The Birth of a Consumer Society: The Commercialization of Eighteenth-century England*. Bloomington, IN: Indiana University Press, 1982.

〔註 53〕Williams, R.. *Dream Worlds: Mass Consumption in Late Nineteenth Century France*. Berkeley, CA: University of California Press, 1982.

〔註 54〕Mukerji, C.. From Graven Images: Patterns of Modern Materialism. New York: Columbia University Press, 1983.

〔註 55〕西方消費史研究的詳細梳理和書評，可參閱 Grant McCracken. The History of Consumption: a Literature Review and Consumer Guide. *Journal of Consumer Policy*, Vol.10, Iss.2, 1987, pp.139~166.Colin Campbell. *The Romantic Ethic and the Spirit of Modern Consumerism*. Oxford: Basil Blackwell, 1987, pp.49~157. Basil Blackwell; Paul Glennie. *Consumption Within Historical Studies*, In Daniel Miller（eds.）. *Acknowledging Consumption: A Review of New Studies*, London: Routledge, 1987.

〔註 56〕張衛良：《20 世紀西方社會關於「消費社會」的討論》，《國外社會科學》，2004 年第 5 期；曹瑞臣：《18 世紀英國消費社會的興起》，《中國社會科學報》，中國社會科學網，2017 年 10 月 16 日。

〔註 57〕巫仁恕：《品味奢華：晚明的消費社會與士大夫》，北京：中華書局，2008 年，第 2 頁。

兩次世界大戰之間的各種看法，都有學者主張和堅持。〔註 58〕

格倫尼曾經細緻梳理了歐美消費史的研究進展，並提出四個「一般性結論」，他認為，「西方文化過程具有獨特性、構成獨特的消費歷史的觀點」，本質上是一種「信仰」。〔註 59〕因此，部分成果嘗試將中國與西歐進行比較，或把明、清時期的消費現象置於世界歷史脈絡之中，以期重新檢視西歐歷史發展的獨特性。阿茲黑德的《1400 至 1800 年間歐洲與中國的物質文化——消費主義的興起》與彭慕蘭的《大分流——中國、歐洲及現代世界經濟的發展》，可謂此一研究路徑的代表性作品。阿茲黑德認為，中國南宋時的消費能力領先於西北歐，15 世紀以後西北歐超過中國，尤其是服飾時尚和能源使用兩方面的趨勢最為明顯。在他看來，15 世紀以後促使物質文化巨變的主要動力，主要是心態巨變，亦即「消費主義」的形成和發展。他強調的「消費主義」，並非僅限於經濟行為，而是一種面對物質世界的特殊心態，不僅要消費享受得更多，也要消費享受得更好。他認為，歐洲與中國在消費心態的發展方向以及消費能力的優劣消長，決定了雙方近代經濟成長的先後順序與速率快慢。〔註 60〕彭慕蘭的《大分流》列有專章，從三層視角比較中、西的消費情況。他認為從奢侈品大眾化、普及化，以及耐用品與奢侈品消費的角度審視，則表明中、西之間的差異並不大。若比較中、西方的舶來品需求與時尚變化速度，則可發現 18 世紀中葉以後，中、西方的消費速度出現了西快而中慢的差異。〔註 61〕

如果從消費文化的視角著眼，消費革命甚至不能視為近現代西方的獨有

〔註 58〕分歧的產生，主要緣於對「消費革命」的不同定義。參見連玲玲：《從零售革命到消費革命：以近代上海百貨公司為中心》，《歷史研究》，2008 年第 5 期。

〔註 59〕Paul Glennie. *Consumption Within Historical Studies,* In Daniel Miller（eds.）. *Acknowledging Consumption: A Review of New Studies,* London: Routledge，1987, p.182.

〔註 60〕S.A. M. Adshead. *Material Culture in Europe and China, 1400~1800, The Rise of Consumerism*. Houndmills, Basingstoke: Macmillan Press, 1997, pp.23~30, 207, 244.

〔註 61〕（美）彭慕蘭：《大分流：歐洲、中國及現代世界經濟的發展》，史建雲譯，南京：江蘇人民出版社，2008 年。彭慕蘭和黃宗智之間就相關問題展開了激烈的爭鳴，參見黃宗智：《發展還是內卷？十八世紀英國與中國——評彭慕蘭〈大分岔——歐洲，中國及現代世界經濟的發展〉》，《歷史研究》，2002 年第 4 期；彭慕蘭：《世界經濟史中的近世江南：比較與綜合觀察——回應黃宗智先生》，《歷史研究》，2003 年第 4 期；黃宗智：《再論 18 世紀的英國與中國——答彭慕蘭之反駁》，《中國經濟史研究》，2004 年第 2 期。

現象，歐洲、中東、東南亞和東亞的諸多早期現代社會，都是「一個共同的消費革命」的一部分。柯律格的《長物志：近代早期中國的物質文化與社會地位》，利用社會學理論考察晚明商品經濟發展背景下的文化消費，認為文人建構的「鑒賞品味」成為區分身份的時尚〔註 62〕。該書被巫仁恕評價為從社會角度重新解釋晚明時期文化消費現象的經典之作。〔註 63〕卜正民的《縱樂的困惑——明代的商業與文化》，將晚明多變的時尚舞臺視為社會階層追逐與競爭名分地位的場域，認為時尚由上層社會既有地位者創造與裁定，旨在阻止與排擠上流社會的追隨者，兩者之間存在永無止境的衝突。他以時尚服裝業作為例證，認為百姓傚仿士紳，而士紳同時扮演時尚變化代言人和反對者的雙重角色。〔註 64〕這些成果本質上是對「西方世界的興起」這一宏大命題的一種解釋和敘事，試圖「從中國發現歷史」，以期回應和質疑「西方中心主義」的現代性模式，甚至可以視為世界體系理論的一部分〔註 65〕。或者正如巫仁恕的洞見，阿茲黑德和彭慕蘭的研究結論並不一致，前者強調此一時期中、西兩方的差異性，而後者傾向於凸顯兩者的相似性，但兩人具有「類似的企圖心」，在比較策略上也更加接近歐洲史的研究取向。〔註 66〕

巫仁恕則明確將晚明視為「消費社會的形成時期」。其理由是，從消費文化角度審視，晚明時期的奢侈消費呈現處幾個重要的特徵，包括「從市場購物的頻率增高」「奢侈品成為日常用品」「奢侈消費的普及化」「流行時尚的形成」「身份等級制度的崩解」，以及「奢侈觀念的新思維」。〔註 67〕在他看來，晚明消費社會興起有幾個背景，一是「商品經濟與國內外市場的擴展」，二是「城市化的增長」，三是「家庭收入的提高」，四是「浪漫情慾觀的蔓延」。〔註 68〕巫仁恕根據英國進入消費社會形成的標準衡量比對晚明，得出中國消費社會

〔註 62〕Clunas, C. *Superfluous Things: Material Culture and Social Status in Early Modern China*. Oxford: Polity Press, 1991.

〔註 63〕巫仁恕：《明清消費文化研究的新取徑與新問題》，《新史學》，2006 年第 4 期。

〔註 64〕（加）卜正民：《縱樂的困惑：明代的商業與文化》，方駿等譯，北京：生活·讀書·新知三聯書店，2004 年。

〔註 65〕參閱（加）卜正民、格力高利·布魯布魯主編：《中國與歷史資本主義》，古偉瀛等譯，北京：新星出版社，2005 年。

〔註 66〕巫仁恕：《明清消費文化研究的新取徑與新問題》，《新史學》，2006 年第 4 期。

〔註 67〕巫仁恕：《品味奢華：晚明的消費社會與士大夫》，北京：中華書局，2008 年，第 27～40 頁。

〔註 68〕巫仁恕：《品味奢華：晚明的消費社會與士大夫》，北京：中華書局，2008 年，第 40～55 頁。

的形成比英國還要早一個世紀的結論，這也遭到部分學者的質疑。〔註 69〕岩間一弘認同巫仁恕的判斷，認為源自唐宋的「消費主義風潮」，在明末江南大都市中業已廣泛化和擴大化〔註 70〕。他又說，中國的消費主義「發端於宋代，發達於明末，清代中葉得到復興、擴大」。〔註 71〕

一般認為「商標」是西方資本主義的重要特徵，韓格理和黎志剛對此提出兩點質疑，一是「英國究竟是否為世界上第一個消費者社會」，二是「消費主義是否只在工業資本主義的條件下才會誕生」。他們兩人細緻地梳理了「近世中國」（他們界定為自宋至清）的商標與消費之間的關係，認為「最晚在 16 世紀以後，中國消費者可依隨自己的價值取向、身份地位，甚至基於他們對將來的期望來選擇不同品類的物品消費」，他們將此「商品分殊化現象」視為中國出現「消費社會」的標誌。換言之，「近世中國城市確是一消費者社會，與現代的西方社會類似」。他們甚至認為，「在近世中國，大量的商標商品在都市市場湧現」，「這一消費主義最少已有一千年的歷史，從宋代開始逐漸的發展」。〔註 72〕

英國史學家將消費社會的誕生視為工業革命的起源，而中國早已進入消費社會，但卻並未出現工業革命。對此悖論，巫仁恕認為，中國的個案研究恰恰可以反證西方結論的非普適性，亦即消費社會的形成「『不必然』會導引工業革命的到來」。他進一步提示性的指出，中西之間對奢侈觀念的接受程度存在很大差異，這可能是影響此後中西歷史不同發展的關鍵。從社會經濟背景的差異看，「一個仍強調以農立國，一個已是商業時代，似乎已經看到未來分道揚鑣的趨勢。」〔註 73〕而從中國消費文化的發展脈絡著眼，巫仁

〔註 69〕相關評析，參見汪榮祖關於巫仁恕《品味奢華：晚明的消費社會與士大夫》的書評，汪榮祖：《晚明消費革命之迷》，《臺灣「中研院」近代史研究所集刊》，2007 年第 58 期。

〔註 70〕他聲稱其分析係「主要以巫仁恕的研究為依據」。（日）岩間一弘：《上海大眾的誕生與變貌：近代新興中產階級的消費、動員和活動》，葛濤、甘慧傑譯，上海：上海辭書出版社，2016 年，第 8 頁。

〔註 71〕（日）岩間一弘：《上海大眾的誕生與變貌：近代新興中產階級的消費、動員和活動》，葛濤、甘慧傑譯，上海：上海辭書出版社，2016 年，第 9 頁。

〔註 72〕韓格理、黎志剛：《中國近世的「品牌」和「商標」：資本主義出現之前的一種消費主義》，黎志剛、馮鵬江譯，韓格理、張維安，《中國社會與經濟》，陳介玄、翟本瑞譯，臺北：臺灣聯經出版事業公司，1990 年，第 269～302 頁。

〔註 73〕巫仁恕：《品味奢華：晚明的消費社會與士大夫》，北京：中華書局，2008 年，第 290、301 頁。

恕曾經提出一個「朝代轉換下的斷裂或延續」的問題，其一就是明、清兩代在消費文化上的差異。他追問道：「清代相較晚明的流行風尚，是否呈現停滯不前的現象？又如中國在十九世紀的消費力，是否又比十八世紀衰退呢？」他提示說，清代消費文化的研究更應注重清代後期，亦即 19 世紀的消費現象，「因為我們最終仍要思考的重大問題是：如果說明清時期和同時期的西方具有非常類似的『消費社會』的話，那麼兩者之間又有什麼樣的差異，造成十九世紀中西方截然不同的發展？我們還可以更進一步地探討，中國在十九世紀末至二十世紀初形成的消費文化，有多少是明清消費文化的延續，多少是新的變化呢？總而言之，只有對各個時期的消費現象與消費文化有更深入的瞭解，才能從比較中找出中國近五百年消費文化整體變遷的軌跡，進而體現中國社會變遷的過程。」〔註 74〕

縱觀中國近現代史的研究成果，少數學者使用消費社會，更多學者則使用消費革命、消費主義或消費文化等概念。前者如岩間一弘，他明確肯定近代上海等地形成了「大眾消費社會」。其理由有五，一是設立租界之後，上海居民與西洋物質文明發生直接接觸，由驚異而豔羨，進而模仿。二是機器大工業使大量生產成為可能，由此產生「大眾消費者」。三是發達的傳媒使生活空間充滿大量信息。四是城市中、上層的婦女取代妓女成為「消費領袖」。五是女性形象經過大眾傳媒而激發欲望，助推消費主義傾向和促進大眾消費。〔註 75〕

樂正可能是較早甚至最早提出近代「消費革命」的國內學者。早在 20 世紀八十年代末期，他即以社會心態史作為博士論文選題。其博士論文以《近代上海人社會心態（1860～1910）》為題，於 1991 年由上海人民出版社出版。他宣稱，早在 19 世紀末 20 世紀初，「上海正經歷著一場跨世紀的消費革命」。他分別從時間和空間上的變化進行比較性審視，將上海人消費革命的內涵分為兩個層面，一是消費觀念或者消費心理發生重大變化，消費意義與消費功能超越了傳統範圍，上海人的消費方式蘊含著一種新的價值觀。二是上海人開始形成自己「獨特的消費風格」，在生活態度、審美情趣乃至人格體驗方面都與內地居民存在明顯差異。〔註 76〕樂正的開創性研究，深刻影響到日後的諸多研

〔註 74〕巫仁恕：《明清消費文化研究的新取徑與新問題》，《新史學》，2006 年第 4 期。

〔註 75〕（日）岩間一弘：《上海大眾的誕生與變貌：近代新興中產階級的消費、動員和活動》，葛濤、甘慧傑譯，上海：上海辭書出版社，第 9～11 頁。

〔註 76〕樂正：《近代上海人社會心態（1860～1910）》，上海：上海人民出版社，1991 年，第 103～131 頁。

究。一些成果可以視為樂正「消費革命」論的繼承、豐富、拓展、細化。

朱英在分析近代中國「商業發展」與「消費習俗變遷」的互動關係時，認為近代中國消費方式變革具有「涉及面廣」「變化大」和「影響深」的顯著特點，「稱得上是消費領域中前所未有的一場革命」。他從內、外兩個方面解析消費方式重大變革的原因，內因也就是「新型經濟」，亦即資本主義生產方式和新式商業，其產生和迅速發展對傳統消費方式形成巨大衝擊，「進而直接導致了消費革命的出現」。外因也就是西方消費方式的示範作用，用朱英的話來說，「上海可以說是最早模仿和接受西方生活方式而出現近代消費革命的大都市」。〔註 77〕陳三井亦有類似看法，認為上海開埠之後的社會價值觀之改變，富商大賈之奢華成風，若經濟發展角度審視，不僅「不足為病」，反可視為「一種消費革命，一種人們為實現自我價值的手段」。〔註 78〕

戴慧思在其主編的《中國城市的消費革命》一書的「導論」中指出，中國在改革開放之後「不到 10 年的時間裏，數千萬人有了新的通信方式，新的社交語彙，以及通過新的商業化途徑產生的新的休閒方式。」因此可以「毫不誇張地說，中國經歷了並正在經歷著一場消費革命。」〔註 79〕高家龍根據戴慧思評估消費革命的標準，選取一個與戴慧思研究的時間段長度相當的時間單元，指出，「有理由認為在 20 世紀上半期中國已經發生了一場消費革命」。高家龍認為，在 20 世紀二十年代中期到三十年代中期的這一時段，「可以斷言」中國「數百萬人獲得了更先進的溝通方式，接觸到新的社會話語詞彙，通過新的商業門店體驗了新穎的休閒娛樂形式」。高家龍的證據，一方面是他自己在《中華藥商》中探討的「先進的溝通方式（尤其是印刷媒介）、新的社會話語詞彙（特別是通過廣告畫）和新的商業門店（比如遍布全國的連鎖店和當地擁有的聯號經營店）的產生」。另外，他認為其他研究成果提出的一些證據，也「支持中國在 20 世紀早期就經歷了一場消費革命這一結論」。〔註 80〕

---

〔註 77〕朱英：《近代中國商業發展與消費習俗變遷》，《江蘇社會科學》，2000 年第 1 期。

〔註 78〕陳三井：《近代上海人的消費習性與經濟發展》，《四分溪畔論史》，北京：九州出版社，2013 年，第 159 頁。

〔註 79〕戴慧思：《一場消費革命》，（美）戴慧思、盧漢龍譯、著：《中國城市的消費革命》，上海：上海社會科學院出版社，2003 年，第 3 頁。

〔註 80〕（美）高家龍：《中華藥商：中國和東南亞的消費文化》，褚豔紅等譯，上海：上海辭書出版社，2013 年，第 181 頁。該書將美國學者 Deborah davis 翻譯為戴維斯。高家龍所指的其他證據，由其「注釋」看，包括（美）葛凱的《製造中國：消費文化與民族國家的創建》（黃振萍譯，北京：北京大學出版社，

高家龍強調，當代中國的消費革命「有其 1949 年之前」的歷史淵源，並且「理應在發生於二戰以前的世界消費文化的歷史上佔據一席之地」，「換句話說，中國消費文化的開端需要追溯到 1949 年之前，而世界性的消費文化也須向外突破原有的界限，將中國歷史囊括在內。」〔註 81〕他借用了美國文化研究中的「原大眾文化」概念，認為「消費文化的中國推動力量和同時期的美國的消費文化推動力量一樣，也在 20 世紀早期為大眾文化打下了根基。」20 世紀上半期的中國企業家和企業緊跟美國、歐洲和日本的文化潮流，而 20 世紀四十年代晚期，「它們似乎穩當地促成了一場更高水平的消費革命」，「這些消費文化自上而下的推動力量，早已和自下而上的消費者以及中介人步調一致地推動了一場消費革命，並催生了大眾文化的最初的一批萌芽。」〔註 82〕

消費革命離不開意識形態的辯護，需要一種消費主義對其進行正當化或者合法化。正如許紀霖指出的那樣，消費革命僅僅涉及市民的消費觀念和消費模式，並非「一套包括人生態度、價值和目標的意識形態」，從「消費革命」到「消費主義」，從「不自覺的消費傾向到有相當自覺成分的意識形態」，從「一部分人的超前意識到市民中普世化的價值觀念」，要實現這一轉型，需要一套在道德上為之合法化的意識形態，將消費同更形而上的人生價值、幸福標準和身份認同聯繫起來，形成一個「一般市民所接受的世俗化的理想生活模式和價值世界」。〔註 83〕實際上，消費主義已經成為分析近代北美和西歐歷史的一個關鍵概念，〔註 84〕一般被視為現代資本主義的意識形態或者精神驅動〔註 85〕，

---

2008 年）、（美）李歐梵的《上海摩登：一種新都市文化在中國》（毛尖譯，人民文學出版社，2010 年），以及 David Embrey Fraser. *Smoking out the Enemy: The National Goods Movement and the Adertising of Nationalism in China, 1880~1937*. University of California, Berkeley, Ph. D, Fall 1999.

〔註 81〕（美）高家龍：《中華藥商：中國和東南亞的消費文化》，褚豔紅等譯，上海：上海辭書出版社，2013 年，第 182 頁。

〔註 82〕（美）高家龍：《中華藥商：中國和東南亞的消費文化》，褚豔紅等譯，上海：上海辭書出版社，2013 年，第 183 頁。

〔註 83〕許紀霖、王儒年：《近代上海消費主義意識形態之建構》，蘇智良主編：《都市史學》，上海：上海人民出版社，2014 年，第 253 年。

〔註 84〕（美）葛凱：《製造中國：消費文化與民族國家的創建》，黃振萍譯，北京：北京大學出版社，2008 年，第 12 頁。

〔註 85〕在美國歷史上，消費文化意識形態亦即消費主義，被稱為 20 世紀「真正的贏家」和「獲勝的『主義』」。Cross, Gary S. *An All-Comsuming Century: Why*

而桑巴特直接將奢侈作為「資本主義精神」。〔註 86〕貝爾評論道，韋伯和桑巴特儘管各執一端，持論截然相反，但分別洞悉了資本主義生產和消費的根本特質〔註 87〕。格林菲爾德則在批駁韋伯和桑巴特兩人有關資本主義精神論的基礎上，認為民族主義才是現代經濟持續增長的強勁動力。〔註 88〕葛凱嘗試從消費主義視角來研究中國民族國家之形成。他強調，認為消費主義是獨特「西方」現象的看法是錯誤的，消費主義在全球的發展並非一成不變，從世界上消費主義發展史來看，「市場自由可能更是一種例外，而不是通則」。〔註 89〕他以中國的國貨運動和經濟抵制運動為例，認為中國的消費主義與民族主義相互界定和相互建構，或者說相互「明晰化」〔註 90〕。

許紀霖和王儒年在考察《申報》廣告時，將 20 世紀二三十年代上海市民的「消費主義意識形態」作為「基本假設」，通過圖像史學的方法，探討《申報》廣告參與建構上海市民消費主義意識形態的過程。作為大眾文化重要組成部分的《申報》廣告，「為處於世俗化過程中的上海市民提供了一整套消費主義的意識形態」。〔註 91〕沈潔則以「文化空間」為視域，強調 20 世紀二三十年代上海「印刷資本主義」的成熟及其功能，認為文化與市場、生產與消費、文化生活與文化空間的建構、互動和融通，組合成一「繁賾系統」。在消費主義興盛的歷史進程，近代上海奠定了「文化大都市的基本格局」。〔註 92〕而連玲玲則認為，百貨公司的低價促銷策略，完全反映了「為生產而消費」，甚至「為消費而消費」的資本主義邏輯。〔註 93〕白吉爾則把近代上海人視為

---

*Commercialism Won in Modern*. New York: Columbia University Press, 2000, p.1.

〔註 86〕（德）維爾納·桑巴特：《奢侈與資本主義》，王燕平、侯小河譯，上海：上海人民出版社，2000 年。

〔註 87〕（美）丹尼爾·貝爾：《資本主義文化矛盾》，趙一凡等譯，北京：生活·讀書·新知三聯書店，1989 年，第一章。

〔註 88〕（美）格林菲爾德：《資本主義精神——民族主義與經濟增長》，張京生、劉新義譯，上海：上海人民出版社，2009 年，導論。

〔註 89〕（美）葛凱：《製造中國：消費文化與民族國家的創建》，黃振萍譯，北京：北京大學出版社，2008 年，第 12～13 頁。

〔註 90〕（美）葛凱：《製造中國：消費文化與民族國家的創建》，黃振萍譯，北京：北京大學出版社，2008 年，第 4 頁。

〔註 91〕許紀霖、王儒年：《近代上海消費主義意識形態之建構》，蘇智良主編：《都市史學》，上海：上海人民出版社，2014，第 248～270 頁。

〔註 92〕沈潔：《文化空間的生成——20 世紀二三十年代上海的印刷與消費主義》，《史林》，2018 年第 5 期。

〔註 93〕連玲玲：《打造消費天堂：百貨公司與近代上海城市文化》，北京：社會科學

「消費的狂熱」，消費成為「現代性的標準」。〔註 94〕

斯特恩斯《世界歷史上的消費主義》一書，對 19 世紀以來中國消費主義的歷史脈絡進行了簡略地勾勒，可以視為巫仁恕前述一系列問題的一種解釋。他認為，18 世紀的中國，僅就上層社會的生活模式而言，確是一種消費主義，但所涉及的時尚則十分傳統。此種時尚趨勢影響食品和衣物的消費需求，但不同於同期西方典型的消費主義對新奇和瘋狂購物的狂熱。與歐洲擴張的消費者群體相比，中國時尚所涉群體在人口總數中可謂「小眾」。因此中國不是西方意義上的消費社會，只不過擁有豐富的消費品。而在 19 世紀中前期，鴉片抑制消費欲望，而不是刺激消費。19 世紀末的中國，一些高度商業化中心在西方影響下「正步入更宏大的消費主義中去」，但是由於普遍貧困以及「對過度炫耀和社會階層混亂等現象的文化擔憂」，阻礙了西方消費主義的進一步擴張。辛亥革命之後，「消費主義和消費體制的擴張」加劇，但仍然面臨民族主義的抵制，並且中國的經濟抵制運動比在西方有效，原因在於消費主義在中國並未「深深扎根」。〔註 95〕

## 第四節　消費示範的史學實踐

「消費主義方法」是對工業革命進行重新解釋的產物，它「超越了正統經濟分析的狹隘範圍」，不將凱恩斯式分析用於長期趨勢，而是超越與經濟理論相關的有限解釋變量，依靠社會變量來轉移需求曲線，特別是通過富人的「觸發性支出」，進而逐漸下移，並轉化為「大量生產／大眾消費」。〔註 96〕因此，從本質上講，「消費主義方法」乃是一個「強調模仿的模式」。〔註 97〕用哈羅德．珀金的話來說，「如果消費者需求是工業革命的關鍵，那麼社會傚仿（Social Emulation）是消費者需求的關鍵。」〔註 98〕

---

文獻出版社，2018 年，第 24 頁。

〔註 94〕（法）白吉爾：《上海史：走向現代之路》，王菊、趙念國譯，上海：上海社會科學院出版社，2014 年，第 181 頁。

〔註 95〕（美）彼得．N．斯特恩斯：《世界歷史上的消費主義》，北京：商務印書館，2015 年，第 105～111 頁。

〔註 96〕Ben Fine; Ellen Leopold. Consumerism and the Industrial Revolution. *Social History*, Vol.15, No.2, 1990, pp.151~179.

〔註 97〕Colin Campbell. *The* Romantic *Ethic and the Spirit of Modern Consumerism*. Oxford: Basil Blackwell, 1987, p.7.

〔註 98〕H. J. Perkin. The Social Causes of the British Industrial Revolution. *Transactions*

珀金是社會傚仿帶動工業革命這一說法的最早提出者，〔註 99〕其後，麥肯德里克則將此說發揚光大，成為對工業革命進行「消費主義方法」研究的代表性人物。他對陶瓷生產商韋奇伍德的經典研究中，強調產品設計和技術創新只不過是其營銷策略的「僕人」，何時以及如何開發新的產品圖案，以及為此而尋找新的製作技術的決定，都與以著名貴族命名瓷器的方法有關。〔註 100〕也就是說，韋奇伍德的成功，在於利用精英階層的示範效應。麥肯德里克關於剃鬚商業化的論文，亦詳細展示了剃刀業企業家喬治·帕克伍德作為這一時期成功企業家營銷價值的證據。〔註 101〕在「時尚商業化」一文中，麥肯德里克認為，十八世紀後半葉的社會模仿、階級構成和競爭性支出，成為五十年後大眾消費需求發展的主要推動者。需求成為隨後大量生產增長的必要先決條件和刺激因素，特別是奢侈品需求的「滴下效應」，即上層階級品味的逐步滲透和擴散到社會各階層中，預測並加速了大眾市場的到來。根據麥肯德里克的說法，一旦不斷擴大的人口追求奢侈品成為可能，它的潛力被釋放，成為一個增長引擎和大眾生產的驅動力量。〔註 102〕因此，消費傚仿概念成為麥肯德里克相關研究的核心，「它為上層階級在創建消費社會方面確立了進步的角色」，「被視為需求的最終來源，為消費品引入各種理念，隨著它們從奢侈品到體面品再到必需品的轉型，傳播到社會所有其他階層」。〔註 103〕

很明顯，在麥肯德里克關於現代消費社會誕生的描述中，凡勃倫的炫耀性消費理論以及他對有閒階級角色的強調佔據了中心位置，「社會傚仿和競爭性

*of the Royal Historical Society*, Vol.18, No.18, 1968, pp.123~143.

〔註 99〕此一判斷，參見巫仁恕：《明清消費文化研究的新取徑與新問題》，《新史學》，2006 年第 4 期。

〔註 100〕McKendrick N.. Josiah Wedgwood: an Eighteenth-Century Entrepreneur in Salesmanship and Marketing Techniques. *Economic History Review*, Vol.12, No.3, 1960, pp.408~433.

〔註 101〕McKendrick N.. George *Packwood and the Commercialization of Shaving: The Art of Eighteenth-Century Advertising or The Way to Get Money and be Happy*, In McKendrick, N.; Brewer, J.; Plumb, J. H.（eds.）. *The Birth of a Consumer Society: The Commercialization of Eighteenth-century England*. Bloomington, IN: Indiana University Press, 1982, pp.146~196.

〔註 102〕McKendrick, N.; Brewer, J.; Plumb, J. H.( eds. ). *The Birth of a Consumer Society: The Commercialization of* Eighteenth-*century England*. Bloomington, IN: Indiana University Press, 1982, p.66.

〔註 103〕Ben Fine; Ellen Leopold. Consumerism and the Industrial Revolution. *Social History*, Vol.15, No.2, 1990, pp.151~179.

支出比以往任何時候都更深入地滲透到十八世紀社會的緊密階層中」〔註104〕，這一過程也被麥肯德里克明確稱為「凡勃倫效應」，並認為這僅在過去兩個世紀才成為全社會的一股力量〔註105〕。

麥克拉肯強調，消費「在創造現代西方世界」具有「核心作用」，而消費史乃是「一項極其複雜的研究」。他評論說，麥肯德里克「正是作為任何新興領域所應擁有的、值得我們進行一場激動人心的、有說服力的爭論」。他進而闡述說，「以擴散理論和輿論領袖模型的形式考慮一個群體消費對另一個群體消費的連續影響，這在研究生活風格和技術革新方面非常有用。個人作為群體成員之間的競爭是通過炫耀性消費、垂直和水平地位競爭來研究的。」〔註106〕在另外一篇論文中，麥克拉肯又指出，個體消費行為很大程度上是由其所處社會等級層次結構中的位置決定的，「一句話，是由階級成員身份決定的」。他強調，社會等級制度鼓勵個人欣賞和模仿高階階層，並期待更高階層來傳播創新。〔註107〕

麥肯德里克的研究在西方遭到到不少學者的挑戰，〔註108〕而消費傚仿論在中國史研究中的境遇，則以否定和拋棄為輔，以肯定和運用為主。馮客是前一種觀點的代表。他雖然承認消費示範效應很難全盤否認，但整體上對此則持批評立場。他說，「不同社會背景的個人可能試圖通過模仿的方式來彼此趕超，『傚仿』的概念的確可能潛藏其中——我們不僅可以在社會科學中，也

〔註104〕McKendrick, N.; Brewer, J.; Plumb, J. H.( eds. ). *The Birth of a Consumer Society: The Commercialization of Eighteenth-century England*. Bloomington, IN: Indiana University Press, 1982, p.56.

〔註105〕McKendrick, N.; Brewer, J.; Plumb, J. H.( eds. ). *The Birth of a Consumer Society: The Commercialization of Eighteenth-century England*. Bloomington, IN: Indiana University Press, 1982, p.38.

〔註106〕Grant McCracken. The History of Consumption: a Literature Review and Consumer Guide. *Journal of Consumer Policy*, Vol.10, Iss.2, 1987, pp.139~166.

〔註107〕Grant McCracken. Rank and Two Aspects of Dress in Elizabethan England，*Culture-Canadian Ethnology Society*，Vol.2，No.2，1982，pp.53~62.

〔註108〕有關「消費革命」說的全面檢討，參見 Jan de Vries. Between Purchasing Power and the World of Goods: Understanding the Household Economy in Early Modern Europe, In John Brewer; Roy Porter( eds. ). *Consumption and the World of Goods*. London & New York: Routledge, 1993, pp.85~132. Ben Fine; Ellen Leopold. Consumerism and the Industrial Revolution. *Social History*, Vol.15, No.2, 1990, pp.151~179.有學者在檢討消費史時，認為 Fine「正確地批評了麥肯德里克的論點」，參見 Paul Glennie. Consumption Within Historical Studies, In Daniel Miller. *Acknowledging Consumption: A Review of New Studies*. London: Routledge, 1987, p.175.

可以在原始資料中發現，而後者常常是由受過教育的精英生產的，他們把底層民眾視為沒頭腦的機械執行者。」〔註 109〕他將消費示範理論以及相關的「原始資料」，均視為精英主義的傲慢與「臆斷」。「特定社會群體在一個傚仿的等級體系中通過炫耀性消費來確認自己的地位，於是窮人總是模仿富人」，他指出這一觀點發端於凡勃倫的經典著作《有閒階級論》，同時認為「儘管只有社會精英才是歷史行動的主體這一臆斷在當時頗為普遍，這在梁章鉅的筆記中俯首即是。」他進一步批評說，「『傚仿』是一個流行的概念，因為它提供了一個整合性的分析框架。與所有的總體性解釋一樣，它把複雜的人類行動和歷史簡化為一個單一的變量——為什麼貨物會增加並沿著社會等級向下和在全球範圍內傳播？它給出了原因背後的一個明確動機。在傚仿型消費的模式中，窮人不斷希望提升自己的社會等級，因此，他們永遠跟隨著富人帶動的潮流並適用他們的物品，這一模式甚至已經被應用到發展理論對國際秩序的解釋中：發展中國家擴張中的資產階級能夠方便地獲得外國貨品，他們努力傚仿那些更加富裕的社會的購買習慣。」〔註 110〕

馮客甚至認為，清人梁章鉅有關消費模仿的話語，實際上暗含精英階層的地位焦慮，亦即「社會地位較高的人當然害怕自己被下等社會階層取而代之，特別是在社會流動性和經濟機會增加的時代。」〔註 111〕不僅如此，在他看來，西方有關消費示範的理論家們與梁章鉅的擔憂存在同樣的邏輯，他說，「更為重要的是，過去兩個世紀，歐洲社會分析家作出的經濟解釋，我們幾乎都能從中看到，社會理論的冷靜表面下所潛藏的原罪的幽靈——嫉妒，這一基督教關懷中最重要的主題，是潛藏在所謂對他者社會優越性模仿的驅動力背後的常態，無論是在明確指出這一點的凡勃倫的《有閒階級論》中，還

〔註 109〕Frank Dikötter. *Exotic Commodities: Modern* Objects *and Everyday Life in China*. New York: Columbia University Press, 2006. 本處引用主要參見馮客：《近代中國的物質文化》，潘瑋琳、章可譯，復旦大學歷史學系、復旦大學中外現代化進程研究中心編：《近代中國的物質文化》，上海：上海古籍出版社，2015 年，第 228 頁。

〔註 110〕馮客：《近代中國的物質文化》，潘瑋琳、章可譯，復旦大學歷史學系、復旦大學中外現代化進程研究中心編：《近代中國的物質文化》，上海：上海古籍出版社，2015 年，第 227～228 頁。

〔註 111〕馮客：《近代中國的物質文化》，潘瑋琳、章可譯，復旦大學歷史學系、復旦大學中外現代化進程研究中心編：《近代中國的物質文化》，上海：上海古籍出版社，2015 年，第 228～229 頁。

是在暗含此意的內爾．麥肯德里克的《消費社會的誕生》。」〔註 112〕

廣告作為市場營銷和實現示範效應的媒介，不僅是麥肯德里克相關研究分析的重要內容，也是消費文化研究的重要對象，但在馮客看來，「物是多義的，其中注入了來自人的多元詮釋和個人經驗。」因此，研究物質文化的歷史學家應該超越話語分析，「弄清特定社會語境中的實際使用者，理解和挪用物品的複雜且往往充滿矛盾的方式」。他認為，廣告是「追尋現代性的文化史研究者鍾愛的材料」，但它們僅僅反映生產者的營銷策略，「廣告的臆想與消費者的經驗之間存在距離」。〔註 113〕

馮客試圖解構精英主義話語及其研究範式，但縱觀其研究，顯然存在困難。首先在資料運用上，作者「面臨由下而上書寫歷史的難處，即一般人民生活的資料紀錄不易取得。」因為「近代中國知識並未普及，一般人民多目不識丁，因此所留下的資料，仍多為知識分子所作，至少是識字者所書寫的。」因此，這些資料反映的近代中國普通大眾的「物質面向與接受度，便稍嫌薄弱」，這乃是日常生活史研究「經常遭遇的問題」。〔註 114〕二是馮客反對將大眾視為簡單的模仿者，強調大眾的文化適應性和「創造性挪用」，強調並非「所有物品都是自上而下地流動」，並且以煙草史為例，從中「找到反映沿著社會等級向上流動的絕佳例證」，最早吸煙的是水手，然後煙草才在中等階級間流行開來〔註 115〕。問題在於，根據前文的理論梳理，「自下而上」仍然是消費示範效應的一種形式而已。三是馮客雖然批評凡勃倫的相關理論，但他有關精英消費的大量案例，仍被視為精英階層炫耀性消費以及與大眾區隔的證據。

與馮客否定消費示範效應的研究取向相反，目前已有不少成果，或隱或

〔註 112〕馮客：《近代中國的物質文化》，潘瑋琳、章可譯，復旦大學歷史學系、復旦大學中外現代化進程研究中心編：《近代中國的物質文化》，上海：上海古籍出版社，2015 年，第 229～230 頁。

〔註 113〕馮客：《近代中國的物質文化》，潘瑋琳、章可譯，復旦大學歷史學系、復旦大學中外現代化進程研究中心編：《近代中國的物質文化》，上海：上海古籍出版社，2015 年，第 230～231 頁。

〔註 114〕柯伶蓁：《評馮客 Exotic Commodities：Modern Objects and Everyday Life in China》，《臺灣師大歷史學報》，2011 年第 45 期。

〔註 115〕馮客：《近代中國的物質文化》，潘瑋琳、章可譯，復旦大學歷史學系、復旦大學中外現代化進程研究中心編：《近代中國的物質文化》，上海：上海古籍出版社，2015 年，第 229 頁。

顯將消費示範效應作為審視中國消費變遷的理論工具。高家龍在其《中華藥商》一書的一個「注釋」中提示,「研究中國的專家也發現消費文化在 20 世紀之前尤其是在明朝時候所存在的證據」。〔註 116〕究其所指,一是卜正民的《縱樂的困惑——明代的商業與文化》,作者將晚明多變的時尚舞臺視為社會階層追逐與競爭名分地位的場域,認為時尚由上層社會既有地位者創造與裁定,旨在阻止與排擠上流社會的追隨者,兩者之間存在永無止境的衝突。他以時尚服裝業作為例證,認為出百姓傚仿士紳,而士紳同時扮演時尚變化代言人和反對者的雙重角色。〔註 117〕

巫仁恕將明清視為「消費社會的形成時期」,〔註 118〕曾經梳理了明清婦女消費研究的學術史,強調明、清時期奢侈消費風氣在上、下社會階層之間的擴展過程,歷史意義非常重大。因為在此之前,歷代中國雖有奢侈現象,但卻多侷限於「統治階層」或「富民階層」,而明清奢侈風氣是中國歷史上「首次波及社會中下階層」。他援引麥肯德里克有關「消費革命」的論說,尤其是麥肯德里克關於奢侈品大眾化成為工業革命前提的觀點,認為與英國消費革命「類似的現象也在明清時期的中國發生,而且時間比起英國還要更早」。〔註 119〕在《奢侈的女人:明清時期江南婦女的消費文化》一書中,巫仁恕提出了「奢侈消費普及化」的觀點,「就算是一般的奴僕商販或是市井小民,都有經濟能力效法上層社會的奢侈消費。」〔註 120〕值得特別提出的是,麥肯德里克在其《消費社會的誕生》中,認為情婦和女僕是社會時尚自上而下傳播的中介,而此一觀點又被批評者視為麥肯德里克論點的「根深蒂固的一個核心缺陷」。〔註 121〕但是,與麥肯德里克驚人一致的是,巫仁恕發現,在明末清初的松江府,「服飾風尚受到富貴縉紳家的影響,再由其家的妻妾、婢女將此風傳播到親戚、鄰

〔註 116〕(美)高家龍:《中華藥商:中國和東南亞的消費文化》,褚豔紅等譯,上海:上海辭書出版社,2013 年,第 182 頁。

〔註 117〕(加)卜正民:《縱樂的困惑:明代的商業與文化》,方駿等譯,北京:生活·讀書·新知三聯書店,2004 年。

〔註 118〕巫仁恕:《品味奢華:晚明的消費社會與士大夫》,北京:中華書局,2008 年。

〔註 119〕巫仁恕:《婦女與奢侈——一個明清婦女消費研究史的初步檢討》,復旦大學歷史系編:《古代中國:傳統與變革》,上海:復旦大學出版社,2005 年,第 387~388 頁。巫文將 Neil McKendrick 翻譯為「麥肯迪克」。

〔註 120〕巫仁恕:《奢侈的女人:明清時期江南婦女的消費文化》,北京:商務印書館,2016 年,第 23~24 頁。

〔註 121〕Ben Fine; Ellen Leopold. Consumerism and the Industrial Revolution. *Social History*, Vol.15, No.2, 1990, pp.151~179.

里，就連一般百姓也紛紛效法他們，在服飾裝扮上務求奢華。」〔註 122〕

在考察明清「流行風尚的形成」時，巫仁恕提供了消費示範效應的更多例證。他說，早在明代後期，即出現了「時樣」一詞，相當於現在的所謂「時裝」。在揚州府屬通州的服飾變化中，「里中子弟」追求遠方「價高而美麗」的稀有衣料，再做成「倏忽變易」的新奇流行式樣，號稱為「時樣」，亦即「創造時尚、帶動時尚」。他認為，流行風尚多以城市為中心，「江南就是明清時期流行時尚最重要的中心」，甚至北京服飾風尚都受到江南的影響。〔註 123〕他總結說，「從流行風尚的形式變化來看，剛開始流行的復古或新奇形式，所反映的消費心態是經濟能力的提升，助長了一般大眾求新求變的服飾品位，這還是一種滿足感官性的需求。然而，當服飾風尚轉變成模仿與僭越之風，反映的是服飾風尚背後變化的動力，已不只是經濟能力，而是一種特殊的消費心態。亦即認為服飾不再只是彰顯經濟能力而已，而是將服飾視為社會身份與地位的象徵，甚至是視為政治地位的象徵。所以當庶民社會階層中諸如富室商人這類有錢階級足以消費時，他們已不只是以穿著新奇、華麗奢侈為滿足，還要模仿官員、命婦與士人的服飾。其實這也是反映出當時有錢階級致力於透過其經濟力量，達到社會流動的企圖。」〔註 124〕

消費示範效應必須以社會等級制度的崩解作為前提，在中國古代社會的適用性可能比較狹窄，因而可能更多地適用於分析中國近代社會的消費風尚。張東剛的《近代中國消費者行為的宏觀分析》，運用消費者行為理論，結合近代中國實際情況，全面考察了近代中國的消費者行為特徵。他強調指出，在近代社會的「過渡經濟體制」中，收入分配形式多樣化、金融資產擴大、消費品分配方式多元化、投資和投資機會可選擇化，以及流動約束鬆馳和價格特性變異，中國城市與農村、富裕階層與普通階層消費者的特徵存在差異。〔註 125〕也就是，必須對精英與大眾的消費特徵分類進行分析。因此，他在考察「預算約束和流動約束的時間跨度」問題時，認為富裕階層「憑藉其沉澱的財富和豐

〔註 122〕巫仁恕：《奢侈的女人：明清時期江南婦女的消費文化》，北京：商務印書館，2016 年，第 25 頁。

〔註 123〕巫仁恕：《奢侈的女人：明清時期江南婦女的消費文化》，北京：商務印書館，2016 年，第 30～32 頁。

〔註 124〕巫仁恕：《奢侈的女人：明清時期江南婦女的消費文化》，北京：商務印書館，2016 年，第 38 頁。

〔註 125〕張東剛：《近代中國消費者行為的宏觀分析》，《南開學報》，1996 年第 3 期。

厚的現期收入，可不受預算約束限制，可以跨時甚至跨代計劃其消費，使其在終生乃至後代的不同時期享受消費均勻。」「而廣大的貧窮階層則由於收入水平較低，現期收入決定現期消費，明顯受預算約束影響，甚至有時入不敷出，靠民間私人借貸度日，其預算約束是現期一時的。」在他看來，富裕階層的消費者不同程度上「呈現出新古典型消費者那種精明、前瞻的行為特徵」，而普通階層則「完全是凱恩斯型的消費者」。〔註126〕

張東剛將影響消費者行為的因素分為「外部環境」和「內在條件」。對於前者，他專列一條目，即「消費示範效應和不可逆性強化」。他認為，收入分配差異使近代消費者之間的「示範效應」「強化」，其理論基礎來自杜森貝利「相對收入假說」，亦即消費不僅是收入的函數，也受「周圍其他人消費行為及其收入和消費相互關係的影響」。張東剛據此指出，一般而言，消費示範效應主要影響低收入階層的消費傾向，「低收入者總是極力模仿、攀比高收入者的消費模式和生活方式，並努力將自己納入高收入階層的消費者的『關係集團』中」。因此，高收入者的消費模式成為低收入者消費行為的「引導器」，後者努力「模仿」並力圖「趕上」前者的傾向，即係消費「示範效應」的典型反映。他以近代中國紳士階層為例進行說明，認為他們作為高收入者，在住宅、飲食、娛樂等方面都有「傳統的生活標準和消費模式」，這些標準和模式既是紳士階層維持「名譽與聲望」不可或缺的條件，也是他們「權力和富貴地位的象徵」。他進而分析說，19世紀後半期中國商品經濟的進一步發展，「更加刺激了富有階層的消費欲望和消費行為」，尤其是隨著對外貿易的發展，「追求西方舶來消費品又成為一種時尚」，也成為紳士階層權力和地位「新的象徵」。他們「揮金如土、奢侈糜費」的消費方式和生活方式對其他富有階層乃至貧窮者都產生了強烈示範作用，「努力進行傚仿，並力圖盡快趕上，不考慮預算約束的限制，一味地極力攀比，成為許多人追求的生活目標和行為準則。」〔註127〕由此看來，張東剛實際上闡明了消費示範效應的兩種模式，亦即自上而下的傳播與同層之間的傳播。

由於消費示範效應，導致消費者行為具有消費「不可逆性」特徵。張東剛仍以援引杜森貝利的理論對消費不可逆性進行闡述，認為「消費者的消費支出不僅依賴於其現期收入水平，而且依賴於其過去收入即相對收入和消費

〔註126〕張東剛：《近代中國消費者行為的宏觀分析》，《南開學報》，1996年第3期。
〔註127〕張東剛：《近代中國消費者行為的宏觀分析》，《南開學報》，1996年第3期。

水平，特別是受過去『高峰』時期收入和消費水平的影響和牽動。」換言之，消費是「現期收入和以前達到最高收入之間比率的函數」。在他看來，近代中國一部分「破落的官宦富紳或書香門第的後代雖已十分窘困」，但仍然極力維持原有消費模式，不願意改變消費方式和生活方式，此即「消費不可逆性特徵的真實寫照」。〔註 128〕

李長莉的系列研究成果，對消費示範問題均有所涉及。在《晚清上海：風尚與觀念的變遷》中，她指出，19 世紀中後期「崇奢之風」盛行，「衣飾爭趨華麗、追逐時尚」，這實際上是「趨奢之風」的表現，「在這種風氣之下，人們競相仿傚，形成了尚新求異、追逐時尚的時風」。〔註 129〕她實際上指向消費時尚的互為示範問題。而在《中國人的生活方式：從傳統到近代》中，她強調了富豪階層自上而下的示範效應。她說，「炫耀式消費是一種較早興起並引人注目的現象」，買辦和商人等新富「為了顯示自己的財富實力以征逐於商場，炫耀自己的闊綽和成功，提高自己在人們眼中的地位，遂爭相趨奢鬥富，出現了炫耀式消費，形成追求奢華、講究排場的消費風氣。」富商巨賈「代表著財富和成功，為人們所羨慕、嚮往」，在其「炫耀式消費方式的影響之下，一般市民也紛紛追求奢華，競相誇耀，形成跨越各階層的炫耀式消費風氣。」〔註 130〕因此她明確指出，近代城市生活促使「消費時尚化」，「新的消費形式由中上社會引導，遍及市民各個階層」。〔註 131〕蔣建國從消費文化的視角，涉及到洋貨消費時尚在廣州社會上、下階層之間的模仿與傳播。他認為廣州洋貨經營在晚清城市消費史上的意義重大，儘管初期的洋貨店經營品種和數量相對有限，服務對象以廣州城內中上社會階層為主，但作為一種新式商店，「打破了傳統洋貨消費的私人空間，使模仿和時尚成為可能，洋貨作為交易的對象，具有了被買賣、轉移和流行的可能，並且具有區分社會階層的意義。」他強調，「在封閉的社會交換體系中，洋貨作為社會上層的專用奢侈品，無法演化為社會風尚，而洋貨店可以改變傳統洋貨消費方面的壟斷，使社會中上

---

〔註 128〕張東剛：《近代中國消費者行為的宏觀分析》，《南開學報》，1996 年第 3 期。

〔註 129〕李長莉：《晚清上海：風尚與觀念的變遷》，天津：天津人民出版社，2010 年，第 213 頁。

〔註 130〕李長莉：《中國人的生活方式：從傳統到近代》，成都：四川人民出版社，2008 年，第 152～154 頁。

〔註 131〕李長莉：《中國人的生活方式：從傳統到近代》，成都：四川人民出版社，2008 年，第 162 頁。

層有機會利用洋貨進行『身份認同』，從而擴大時尚的範圍，對整個城市消費文化的轉向產生深刻影響。」〔註 132〕

孫燕京討論了社會風尚的地域差異及其空間傳播問題。她認為，19 世紀六十年代以後，「沿海省份變化了的風尚隨著西方文化的廣泛滲透，自東徂西地向其他地區擴展」，「變化順序呈點狀放射線，隨即變成帶狀分布」。她雖然以社會心理學的行為互動理論為依據，認為風尚傳播途徑乃是通過「民眾互動完成」，但其研究顯然更加強調中心對邊緣的影響。她總結說，「晚清上海以及其他口岸城市的風尚變化隨著人口流動、商業經濟往來、人們之間生活樣式的模仿與薰染，向周邊以及更大的區域內四散開來」。她強調，「特別是 1872 年上海《申報》創刊，使上海以及少數商品經濟發達地區的崇尚浮華、經商逐利、開放、求新的社會風氣更便於傳播」。〔註 133〕李長莉觀察到消費示範效應在城鄉之間的傳播問題，她以洋貨為例進行說明，「從通商城市回鄉的人，也往往帶回一些新奇的洋貨分送親友，以示誇耀」，「這些送給鄉下小孩子新奇的洋貨，也引起鄉下人對洋貨及城市消費生活的嚮往，鄉下人也開始仿傚城里人，以擁有新奇洋貨為時尚。」〔註 134〕

忻平亦大抵認可消費示範效應。他在與豐簫合作的《20 世紀三十年代上海人的消費觀》一文中強調，隨著經濟發展的跌盪起伏，上海中產階層經歷了新舊換代的變革，不僅中產階層的成功之路「具有強大的社會示範效應」，而且其「需求影響上海消費的主流，強化了普通市民追逐中產之夢的意願」。他根據《申報》的消費話語，認為「年輕人更容易受到時尚觀念的影響」，其中的學生又是「追逐時尚的領先一族」。此外，他還強調，中產階級生活較為優裕，但又將「富裕階層的生活視為參照」，「社會中上層引領的時尚風潮」使得上海「保持其摩登時尚的一面」。〔註 135〕在此前出版的《全息史觀與近代城市社會生活》一書中，忻平將「領導上海消費新潮流」者歸結為買辦、商人、寓

〔註 132〕蔣建國：《廣州消費文化與社會變遷（1800～1911）》，廣州：廣東人民出版社，2006 年，第 146 頁。

〔註 133〕孫燕京：《略論晚清社會風尚的地域差異》，王俊義主編：《炎黃文化研究》（第 2 輯），鄭州：大象出版社，2006 年，第 172 頁。

〔註 134〕李長莉：《中國人的生活方式：從傳統到近代》，成都：四川人民出版社，2008 年，第 147 頁。

〔註 135〕忻平、豐簫：《20 世紀 30 年代上海人的消費觀——以〈申報〉檢討為中心》，《上海大學學報》（社會科學版），2012 年第 3 期。

公、紈袴子弟、妓女、暴發戶等，並且認為「超前的『消費革命』」成為晚清上海的「一股旋風」，「將人人都捲入這一風洞的漩渦之中而難以自拔」。他雖然強調20世紀二三十年代，由於政治環境和經濟條件的變化，上海人的消費模式呈現新特徵，譬如普通市民奉行「量入為出」，甚至民族資本家被迫「勤儉」，但同時他也指出，上海呈現出「消費的全息多元格局」，消費生活充滿「新、奇、變的欲望心理和個性風格」，此種消費模式從個體傳播至整個社會，「內在的競爭衝動」的「外化釋放」，「不斷創造新的消費內容與生活方式，從而在消費領域構築了推動社會不斷變化、持續向新的動力源」。〔註136〕他所分析的這些特徵，實際上正是消費社會的典型樣態。

## 第五節　本項研究的基本設想

### 一、本研究的主要內容和框架設計

本課題研究主要包括三大內容，一是梳理消費示示範效應的主要理論模式，二是考察民國時期精英階層消費示範的話語和實踐，三是揭示經濟精英對消費示範效應的運用和政治精英對消費示範效應的應對。

第一部分的內容，意圖在於奠定本研究的概念基礎和理論基礎。首先從語義學視角梳理精英理論的源流，以期確立研究的概念基礎。次則詳細梳理經濟學、社會學、文化學和市場營銷學等不同學科對消費示範問題的詮釋，主要研究工作又包括三個方面，一是解析出消費示範效應的三種類型，亦即「滴下效應」「滴上效應」「環滴效應」。二是從理論上釐清女性與時尚消費的關係。三是基於發展理論，對消費的國際示範效應說進行簡略討論。由此而確定研究的理論基礎。

第二部分的內容包括四章，主要從民國時期的消費話語與消費實踐兩個層面展開。首先回到歷史現場，主要聚焦於民國時期知識精英對消費示範問題的言說書寫，在剖析近人有關欲望的分類以及消費根本動機之認知的基礎上，依次分別剖析近代社會學、經濟學和歷史學對消費示範問題的理解和詮釋，並以民國時期撰修的地方志為中心，揭示其中暗含的城—鄉之間的消費

〔註136〕忻平：《全息史觀與近代城市社會生活》，上海：復旦大學出版社，2009年，第236～251頁。

輻射問題。次則聚焦於精英階層的價格偏好問題，首先梳理民國時期知識精英對價格問題的認知，重點關注他們對價格之社會意義的理解，進而以服飾、飲食、娛樂和教育等消費品和服務為個案，揭示精英階層價格選擇暗含的社會區隔邏輯，最後基於價格的社會信號功能，對近代工商兩業的價格策略進行初步探討。

本研究第二部分研究的第三個問題，是民國時期精英階層的汽車消費問題。本研究將消費視為一種社會關係，將物視為一個符號系統，首先概略討論交通工具的社會分層功能，次則剖析民國汽車消費的工具性價值和象徵性價值，進而分析汽車的購置和使用成本，揭示其財富展示功能，最後則分別考察精英階層對汽車品牌和稀缺牌號的爭奪，以及汽車消費中的性別問題。本部分的第四個研究對象是民國時期精英女性的時尚消費問題，以時尚領袖與時尚跟班的關係為主線，重點討論示範效應的「滴上」和「滴下」兩種效應。首先探討民國早期的妓女示範現象，進而分析在時尚領袖轉型的歷史進程中，明星和名媛扮演的示範角色，以及妓女示範效應面臨的種種規制。

本課題第三個部分，首先考察民國時期市場營銷的階層邏輯。將廣告視為社會消費的「修辭手法」或消費主義意識形態，聚焦於民國時期的精英消費與市場營銷的歷史關聯，首先基於產品命名和商標名稱，考察經濟精英對各種精英身份的商業性利用，進而揭示廣告符碼中的精英化策略，並且以香煙廣告為個案，重點剖析產品等級與廣告區分功能之間的對應關係。其次從政治精英的視角切入討論消費規制的精英悖論。對於此一問題的探討，本研究首先以以「中山」牌商標為中心，剖析政治精英如何因應工商業對精英符號的商業利用。其次討論南京十年時期的公車私用問題，主要從社會期待與政治回應兩個視角切入。最後分別以汽油節約運動和飲食節約運動作為個案進行討論，主旨仍然是為了梳理對精英消費進行政治管控的舉措，並試圖揭示其中的歷史困境。

## 二、本研究的主要特色和創新之處

一是本土關懷與全球視野的結合。本研究雖以民國時期為著眼點和著力點，但極力放寬視域，對全球的消費示範現象及國內外的相關學術成果，都進行了比較全面的審視和觀照。本研究涉及了 110 種英文文獻和近 80 種中譯外文著作，一定程度上可以作為全球視野的證據。

二是歷史實證與理論工具的結合。本成果的研究屬於消費史範疇，而消費示範效應具有很強的主觀性，研究難度極大。本研究主要運用兩個方面的史料進行分析和互證，一是近人關於消費現象的觀察、言說和書寫，主要涉及民國時期的學人著述、報刊文章、地方史志等，二是近人的日記、回憶錄等。同時，本成果的研究對象具有較強的理論性，並且相關理論具有多學科性和跨學科性，因此必須將消費經濟學、消費社會學、消費人類學、消費文化學和市場營銷學等相關理論與消費史研究進行結合，較好地實現了歷史邏輯與理論邏輯的一致性。

三是學術創新與學術繼承的結合。本成果的學術創新性主要有三，一是迄今對民國時期消費示範問題首次進行全面系統的研究。二是對學術界基本未有關注的一些主題進行了探討，例如，炫耀性價格、公車私用的符號價值等。三是在學界關注較多的主題中，開闢出新的研究視角和提出新的觀點，例如，從「勢力效應」和「從眾效應」解讀廣告營銷、從消費示範解讀民國政府的消費規制等。

## 三、本研究的難題和缺憾

首先，史料運用和學術文獻的把握存在較大困難，因而缺憾難免。首先，儘管課題組成員付出了艱辛的努力，但由於未能熟諳日語，故而本研究中雖然參閱了不少中譯的日文文獻，但顯然遠遠不夠，對英文文獻的把握遠遠強於日文文獻。其次，儘管課題組對相關檔案資料或史料彙編儘量予以關照，但囿於時間、精力和經費等條件限制，原始館藏檔案的利用尤顯不足。三是消費示範問題具有很強的個體主觀性，日記和回憶錄當然是非常有用的史料，本研究雖多有運用，但自認為遠遠不夠。

其次，研究方法和理論運用亦不無缺憾。消費示範問題是典型的跨學科研究對象，所涉理論甚廣，消費經濟學、消費社會學、消費文化學、消費人類學、廣告學、市場營銷學等等，對此問題均有觸及。相反，中外消費史對消費示範問題成果偏少，亦少有自身的理論框架，而多借用其他學科的理論資源。本研究亦莫能外，但由於消費示範問題的史學研究與其他學科的實證調查研究相比，難度更大，而借用其他理論來進行歷史研究，可能難免存在先入之見，或有以史料強行論證理論預設的情況。

再次，研究內容尚有日後進一步優化和深化的空間。一是本研究無法以編年史體例進行謀篇布局，而只能以專題形式進行詮釋和文本結構，因而導致部分論述的時間線索不夠清晰，民國時期幾個歷史階段所佔內容亦有輕重不一的情況。二是個別問題採取個案性的審視視角，因而宏觀把握稍顯不足。三是本研究對馬克思主義者的消費論雖有專節討論，但囿於研究題旨和取向，對新民主主義革命時期中國共產黨人的消費示範基本未能關照，尤其是沒有對兩黨有關奢侈消費的規制和整治進行比較，從而削弱了提供歷史經驗的研究意圖。

# 第一章　分界與跨界：消費示範的理論源流

精英與大眾構成一組對立性範疇。緒章對中國史研究文本有關精英概念的語用學檢討，業已表明學界對精英概念的使用，或者存在分歧，或者視為不言自明的概念，因而本章首先梳理理論界對精英概念的語義界定，為後文研究精英消費確立概覽基礎。其後三節聚焦於消費示範理論的源流和嬗變，首先總結出消費示範效應的三種類型，進而釐清女性與時尚消費的關係，最後則主要基於發展理論，對消費的國際示範效應說進行簡略討論。階層、性別和空間，成為本課題研究民國時期精英消費的三個核心維度。同時，無論是精英概念的語義學，還是消費示範現象的詮釋，都不同程度地涉及到經濟學、社會學、政治學和文化學等，因而學科之間的分界與跨界，成為貫穿本章內容的一條暗線。

## 第一節　精英概念的語義演進

西班牙的奧爾特加是「大眾社會」概念的原創者。他宣稱，社會是由少數精英（Minorities）與大眾構成的「一種動態平衡」，前者是指具有「特殊資質」的個人或群體，而後者則指沒有「特殊資質的個人之集合體」。大眾即普通人，意味著「在欲望、思想觀念和生活方式上的一致」，「從不根據任何特殊的標準來評價自己」，只是強調自己「與其他每一個人完全相似」，因此大眾僅僅具有「數量意義」或者「視覺意義」，「既不應該亦無能力把握他們自己的個人生活，更不用說統治整個社會」。他強調，將社會區分為大眾與少數精英，這並非「社會階級」的劃分，而是兩類人的劃分，不能將此種區分與基於階級出身的「上層」階級和「下層」階級的劃分混為一談。雖然在上層階級中更有可能發現選擇「大道」的人，下層階級則通常由品行較差的個人組成，但他又指出，並不能如此進行簡單對應，因為兩個社會階級中都存在大眾與真正的精英之分，傳統精英群體中也充斥著「大眾人和粗俗鄙陋的庸人」，「偽知識分子的勢力正在逐步上升」，而在以前可能被視為「大眾」典型的工人階級中，「也不難發現高貴的、嚴於律己的心智」。〔註1〕奧爾特加對其精英主義歷史觀和社會觀毫不隱晦，對精英政治推崇備至，但對於如何培養精英、如何實現精英的循環等問題，卻幾乎沒有提出任何建設性意見。〔註2〕

奧爾特加旨在確定「大眾」的內涵和外延，附帶確定「精英」的內涵和外延。而意大利的帕累托作為精英理論的最重要代表之一，旨在確定「精英」的內涵和外延，當然也相應地確定「大眾」的內涵和外延。他宣稱，「在歷史上，除了偶而的間斷外，各民族始終是被精英統治著」，「人類的歷史乃是某些精英不斷更替的歷史」。〔註3〕他按照詞源的意思使用精英（Elite）一詞，即指「最強有力、最生氣勃勃和最精明能幹的人」。〔註4〕實際上，帕累托給精英下的定義有兩個：一個是廣義的定義，指全部社會精英，另一個是狹義的定義，即統治精英。〔註5〕

帕累托劃分精英與非精英的依據是素質的高低或程度，而並非素質的不同性質。他明確指出，「根本不考察人們素質的不同性質：好或壞、有利或有害、值得讚譽或應受詛咒；只注意它們具有的程度：輕微、一般、強烈，更確

〔註1〕（西班牙）奧爾特加．加塞特：《大眾的反叛》，劉訓練、佟德志譯，長春：吉林人民出版社，2010年，第1～9頁。

〔註2〕劉訓練、佟德志：《大眾的反叛與歐洲的前途》，「中譯者引言」，第6～7頁，（西班牙）奧爾特加．加塞特：《大眾的反叛》，劉訓練、佟德志譯，長春：吉林人民出版社，2010年。

〔註3〕（意）帕累托：《精英的興衰》，劉北成譯，上海：上海人民出版社，2003年，第13～14頁。

〔註4〕（意）帕累托：《精英的興衰》，劉北成譯，上海：上海人民出版社，2003年，第14頁。

〔註5〕（法）雷蒙．阿隆：《社會學主要思潮》，北京：華夏出版社，2000年，第307頁。

切地說，對每人素質的高低口頭上能打多少分。」〔註6〕他據此而假設，在每一項人類活動中，對每人的能力都能打一個類似考試時所得的分數。他舉例說，給最優秀的專業人員打10分，對鬥可羅雀者打1分，給笨蛋打0分；對掙得數百萬里拉者打10分，掙得幾千里拉者打6分，對「數米而炊」、一貧如洗者打1分，給病魔纏身、常住醫院者打0分。對於伯里克利山的阿斯帕西婭、路易十四的曼特農夫人、路易十五的蓬巴杜夫人這些頗具政治才幹的女人，帕累托認為她們「善於贏得執掌重權的男人的寵愛並干預朝政」，給她們打8或9分的高分，而對「以色事人、只滿足統治者肉慾而對政權未施加絲毫影響的婊子」即給0分。對於詐騙犯，他根據受騙上當者和詐騙錢財之多寡，給大詐騙犯分別打8分、9分和10分；而僅「騙取餐館老闆一副餐具就被憲兵捕獲的可憐的」小騙子打1分。給卡爾杜齊這樣的大詩人打8分或9分，而給「一朗誦自己作品、聽眾紛紛離場的蹩腳詩人」打0分。「依此類推，對各項人類活動都是如此」。〔註7〕簡而言之，帕累托認為「在自己活動領域內擁有高分的人們形成一個階級」，並稱之為「精英階級」或「精英」。〔註8〕

正如法國學者雷蒙·阿隆的理解，帕累托有關精英的廣義定義，是將「一小部分在自己的活動範圍內取得了成功，並達到職業等級較高的層次的人」視為精英。〔註9〕帕累托的精英界說，僅僅關注「事實狀態」，而不考量「潛在狀態」。阿隆對此舉例說，如果某人參加英語考試時說：「只要我願意，英語可學得非常好；由於我不想學，所以我不會。」主考者回答：「您不會的原因，我不感興趣；您不會，我給您0分，」同樣，有人說：「此人未偷，不是因為他不會，而因為他是君子。」我們回答：「很好，我們很讚賞他這點，但作為小偷，我們給他0分。」〔註10〕

〔註6〕（意）帕累托：《普通社會學綱要》，田時綱等譯，北京：生活·讀書·新知三聯書店，2001年，第296頁。
〔註7〕（意）帕累托：《普通社會學綱要》，田時綱等譯，北京：生活·讀書·新知三聯書店，2001年，第296～297頁。
〔註8〕（意）帕累托：《普通社會學綱要》，田時綱等譯，北京：生活·讀書·新知三聯書店，2001年，第298頁。
〔註9〕（法）雷蒙·阿隆：《社會學主要思潮》，北京：華夏出版社，2000年，第307頁。
〔註10〕（法）雷蒙·阿隆：《社會學主要思潮》，北京：華夏出版社，2000年，第369頁。

帕累托對精英的廣義界定，似乎秉持了韋伯意義上的「價值無涉」，根本不進行價值判斷，亦即不論「好人還是壞人」。〔註 11〕他以拿破崙一世的評價分歧為例，或者把他視為上帝，或者視同「惡貫滿盈的壞蛋」。但在帕累托看來，「不管善惡與否，拿破崙一世肯定不是蠢材，也不是微不足道的常人，這樣的常人有數百萬之眾。他具有超凡的品質，這足以讓我們將他列入精英之列，但決不想妨害關於這些品質的倫理學問題以及社會效用問題的解決。」〔註 12〕

帕累托對精英的廣義界定，目的在於對精英進行狹義界定。他認為，對精英階級一分為二，對其「社會平衡」研究十分有益。所謂一分為二，即將「直接或間接在政府中居主導部分並構成執政的精英階級的人們區分開來」，其餘為不執政的精英部分。如果根據其廣義的劃分依據，一名著名棋手無疑屬於精英階級，但作為棋手的功績並未為其「開拓通向政界之路」，因此，如果不是由於該棋手因其他品質而從政的話，他肯定不能歸屬於「執政的精英階級」。君主的情婦屬於精英階級，但僅有某些情婦極富政治天賦，在政府中佔有一席之地。因此，帕累托將社會群體分為上、下兩層，後者是「非精英階級」，而前者是精英階級，並可再次一分為二，即「執政的精英階級」和「不執政的精英階級」。執政的精英階級亦有高低之分，既有公務名分較高的部長、參議員、眾議員、各部局長、上訴法院院長、將軍、上校等，也有「一定比例的名不副實者」〔註 13〕。

帕累托的精英界定兼具「高度」與「素質」的雙重維度，而拉斯韋爾則捨棄了帕累托的「素質」成分，僅用「高度」指標作為精英的衡量標準。他認為，精英是「用於分類的、描述的概念」，指涉對象是「某一社會中佔據高級職位」者，價值的數量與精英的種類大致相等，除了權力（政治精英）外，還有財富、名望和知識等方面的精英〔註 14〕。作為政治學家，拉斯韋爾將權勢和權勢人物界定為政治研究的對象，而所謂權勢人物，即「在可以取得的價

〔註 11〕（意）帕累托：《精英的興衰》，劉北成譯，上海：上海人民出版社，2003 年，第 13 頁。

〔註 12〕（意）帕累托：《普通社會學綱要》，田時綱等譯，北京：生活·讀書·新知三聯書店，2001 年，第 297～298 頁。

〔註 13〕（意）帕累托：《普通社會學綱要》，田時綱等譯，北京：生活·讀書·新知三聯書店，2001 年，第 298～299 頁。

〔註 14〕（美）哈羅德·D·拉斯韋爾：《政治學》，上海：商務印書館，1992 年，第 14 頁。

值中獲取最多的那些人們」，可望獲取的價值包括尊重、收入、安全等類別，取得價值最多的人是精英，其餘的人即為群眾〔註 15〕。如同莫斯卡、帕累托，拉斯韋爾也自稱精英理論是基於科學的觀察和分析，並且將政治學與政治哲學的研究任務予以切割，認為前者的任務在於闡明情況，而後者則要為政治選擇提供辯護。〔註 16〕

帕累托「執政的精英階級」之語義，與意大利政治學家莫斯卡所稱的「統治階級」或「政治階級」大體一致。後者認為，從簡單社會到發達社會，都可以劃分為統治階級和被統治階級，「前一個階級總是人數較少，行使所有社會職能，壟斷權力並且享受權力帶來的利益。而另一個階級，也就是人數更多的階級，被第一個階級以多少是合法的、又多少是專斷和強暴的方式所領導和控制。被統治階級至少在表面上要供應給第一個階級物質生活資料和維持政治組織必需的資金。」〔註 17〕不僅如此，兩人劃分社會階級的依據亦驚人一致，都不同程度地將精英與大眾的生成，歸結為個人稟賦或素質。帕累托認為，同一社會不同階層的「剩餘物」分布不同，力量因而有異。下層階級存在「迷信和新恐懼症」，上層階級比下層階級「更易改變服裝式樣、情感和表達情感的方式」，「這些變化從未超越自己的界限」，因為「有機會抵達下層階級之前就消逝了」。〔註 18〕莫斯卡指出，「進行統治的少數人除了因為有組織而增加了優勢外，在統治者的構成中，組成他們的個人與被其統治的大眾的素質是不同的，這種素質使得統治者具有一定的物質、知識甚至道德優越性；或者統治者是具有這些素質的個人的繼承者。換句話說，進行統治的少數人團體的成員通常具有某種品質，不論它們是真的還是看似如此，都在統治者身處的社會中被高度認可，並具有影響力。」〔註 19〕

精英的狹義用法，在政治學文獻中得到延續。米爾斯的「權力精英」說

〔註 15〕（美）哈羅德．D．拉斯韋爾：《政治學》，上海：商務印書館，1992 年，第 3 頁。

〔註 16〕（美）哈羅德．D．拉斯韋爾：《政治學》，上海：商務印書館，1992 年，第 3 頁。

〔註 17〕（意）莫斯卡：《統治階級》，賈鶴鵬譯，上海：譯林出版社，2002 年，第 97 頁。

〔註 18〕（意）帕累托：《普通社會學綱要》，田時綱等譯，北京：生活．讀書．新知三聯書店，2001 年，第 235～236 頁。

〔註 19〕（意）莫斯卡：《統治階級》，賈鶴鵬譯，上海：譯林出版社，2002 年，第 100～101 頁。

堪稱典型。他將權力精英視為「三巨頭」。「曾經廣泛分布著眾多的小生產單位的自主平衡的經濟」,「現已被兩三百家巨型公司用行政管理和政治手段所左右，經濟決策的鑰匙被集中掌握」。「曾經由一根中軸維繫的幾十個分權化的州」的政治秩序,「現已變成一個集中的行政體系」,「它吸納了以往分散的諸多權力，滲透到社會結構的每個縫隙之中」。「曾經是一個小小的編制，在缺少信任的氛圍中以州國民軍的形式維繫著」的軍事秩序,「現已成為政府最龐大和最昂貴的組成部分」, 軍隊「已成為一個隨意擴展的官僚制領域中冷酷而齷齪的效率機器」。這種「權力三角是縱橫交錯的聯合董事會的源泉，是當代歷史框架的重中之重。」〔註 20〕

法國的蒂埃里・布魯克文將社會經濟權力比作金字塔，認為銀行界精英高踞塔頂，其次是屬於最強階級結構鏈之中的資本精英，然後是大企業主，最後是民選代表、政府官員和政治專家代表的管理精英。這些人物共同構成「統治階級」。他強調，經濟精英成為整個社會的真正主宰，控制與自己享有共同利益的公權精英,「結構、網絡和精英共同掌握了世界的格局」, 應將「包括生產力、資本、商業領域在內的經濟精英與政治、公共、軍事、媒體和知識領域的精英區分開來」, 因為「倘若不為全球資本統治效力，便很難在精英階層中獲得凸顯，脫穎而出。如果某位精英人士敢於表達反對之聲，他就會感到處處掣肘。考慮到個體可能會破壞整個階層的布局謀劃，損毀他們營造的良好形象，其他精英就會竭力限制乃至扼殺其影響力的發揮。在握有國家傳統權力手柄的精英階層內部，不同的行為、價值觀及意識形態都會被視作真正的威脅。」〔註 21〕

與同時代的許多學者一樣，莫斯卡也是與馬克思主義為敵的。他認為，總的來說，人們承認情感隨職業的類型變化。所謂的經濟唯物主義理論也支持這一觀點：只是不取決於經濟狀況，主要是相互依存，應該給「因果惟一關係補充交織在一起的其他許多關係」。〔註 22〕對帕累托來說，歷史唯物主義還算是「科學上的進步」, 而在莫斯卡看來，馬克思主義則是對西方文化的全

〔註 20〕（美）哈羅德・D・拉斯韋爾：《政治學》，上海：商務印書館，1992 年，第 5～6 頁。

〔註 21〕（法）蒂埃里・布魯克文：《精英的特權》，趙鳴譯，海口：海南出版社，2016 年，第 3～4 頁。

〔註 22〕（意）帕累托：《普通社會學綱要》，田時綱等譯，北京：生活・讀書・新知三聯書店，2001 年，第 236 頁。

面否定。他認為歷史唯物主義的缺點在於用一種因果關係來解釋複雜的社會現象。他說，「社會也是有機的整體，其中法律、軍事、科學和經濟的因素和諧地共處一體。不能說其中的一種活動決定其他的活動」。莫斯卡聲稱他「克服」了歷史唯物主義並變其為「歷史現實主義」。莫斯卡認為，人類社會如同空氣一樣，「由於熱能分布不均勻，基於惰性之上的慣性傾向與運動的傾向始終處於衝突狀態。這兩種傾向互為消長，主宰著地球上的不同地域，時而靜，時而風，時而暴風驟雨。從形式上說，人類社會也是這樣，時而是封閉的、固定形成的階級的慣性傾向占主導地位，時而階級緩慢或快速的更新是主導傾向」。所謂的「熱能」究竟是什麼，莫斯卡也沒有能夠說得很清楚。在解釋社會的運動和變遷的時候，他不得不引進「新興力量」「社會力量」的概念，從而「不情願地向馬克思靠近了」。但是，莫斯卡強調說，「社會力量」並不等於馬克思所說的階級，而是指「一切賦予……個人道德上的信譽以及精神和經濟上的優勢的那些東西」。為了同馬克思劃清界線，莫斯卡更強調文化和心理因素的重要性。他說：「在同一文化層次上，各民族之間心理上的相似性總是大於同一時代或同一人種中各民族之間心理上的相似性。就其思想方式來說，現代的意大利人或德國人比起他們的中世紀祖先來與柏拉圖和亞里士多德時代的希臘人更為接近。」〔註 23〕

如果說莫斯卡是堅定的反馬克思主義者，而帕累托至少認為馬克思的階級鬥爭學說是「極為正確」的，那麼米歇爾斯直到去世之前仍然讚揚馬克思主義對工人運動的重大貢獻。他認為馬克思主義被人誤解了，而這個責任要由工人政黨中「資產階級化了的領導人」來承擔。歷史唯物主義雖然過於強調經濟因素，但是仍然可以解釋一切歷史現象，他的「鐵的規律」只是對歷史唯物主義的一種補充，即把大眾心理因素考慮進來〔註 24〕。

拉斯韋爾認為，除技能外，精英還可以從階級方面來進行比較。他將階級視為具有類似職能、地位和觀點的重要社會集團。當今世界政治上，主要的階級結構分為貴族階級、富豪階級、中產階級和體力勞動者。〔註 25〕他認為，下層中產階級由一些靠技術換取微薄金錢報酬的人組成，這個階級包括

〔註 23〕關山：《社會精英理論的三位經典作家》，《國外社會科學》，1992 年第 3 期。
〔註 24〕關山：《社會精英理論的三位經典作家》，《國外社會科學》，1992 年第 3 期。
〔註 25〕（美）哈羅德．D．拉斯韋爾：《政治學》，上海：商務印書館，1992 年，第 7 頁。

小農民、小生意人、低工資的專業人員、熟練工人與工匠。體力勞動者則是指那些沒有專門技能的人，這些人是真正的無產階級。他認為，如何劃分富豪階級、小資產階級和無產階級之間的界限，這是政治實踐中一個激烈爭論的問題，學界的意見很不一致。社會主義宣傳家有時企圖把熟練工人，甚至把低收入的專業人員都包括到無產階級裏去。而富豪階級宣傳家則把「企業」說成一個整體，企圖把大企業、大財主與小企業、小財主之間的區別加以抹煞。〔註 26〕

法國社會學家塔爾德基本上將貴族與精英等同。他說，「在任何一個國家，發財本身不足以使人成為貴族，雖然有時它足以使人生而富有。然而生而富有並不等於高貴。在富有之上還得加上令人尊敬的地位和世襲的令人尊敬的地位，因為嚴格地說，這就是界定貴族身份的必要特徵。」在他看來，貴族有四個源泉，即軍事、經濟、宗教和唯美。〔註 27〕美國學者克拉克對塔爾德的有關看法評價甚高，認為塔爾德從其「觀念框架中演繹出一系列社會分層的思想，在那個時代，這是異常高深的思想。」克拉克分析說，塔爾德運用「貴族」概念，實際上所指的就是精英，「精英反映了社會的核心價值，雖然他們領導著價值系統的革新」。根據克拉克的理解，塔爾德的「精英群體可以是戰功卓著，也可以是富可敵國；可以表現出聖潔的品格，也可以表現出高尚的品質；可以是審美俊傑，也可以是文明高手。」克拉克評論說，塔爾德對社會領袖的闡述，為精英的結構和功能提供了「渾然一體的理論基礎」，因此「在這一點上，他顯然要比社會分層理論家略勝一籌，才華橫溢的馬克斯・韋伯也不如他。」塔爾德「系統地把領袖模式和廣泛的社會結構聯繫起來，進一步推動社會思想走向一個整合的領袖理論和社會分層理論。」〔註 28〕

上述討論表明，多數學者對精英概念的使用，基本上秉持價值無涉的立場。本研究基本上沿用帕累托對精英的廣義界定，也就是各行各業的優秀分子，如政治精英、經濟精英、文化精英、娛樂精英等。

---

〔註 26〕（美）哈羅德・D・拉斯韋爾：《政治學》，上海：商務印書館，1992 年，第 8 頁。

〔註 27〕（法）加布里埃爾・塔爾德：《傳播與社會影響》，何道寬譯，北京：中國人民大學出版社，2005 年，第 194 頁。

〔註 28〕（美）特里・N・克拉克，「緒論」，（法）加布里埃爾・塔爾德：《傳播與社會影響》，何道寬譯，北京：中國人民大學出版社，第 34～35 頁。

## 第二節　消費示範的三大類型

梅森曾經評論說，19 世紀末的經濟學家很少考慮消費者需求往往取決於個人的社會需求和期望，1920 年代以後，經濟學家試圖將經濟學發展成為「精確的科學」，能夠提供精確的經濟制度、經濟模型和經濟測量，從而使主流經濟學更加遠離與社會性引發的消費有關的問題。此後三四十年，不但未有嘗試在消費者需求理論之內兼容消費的社會性，而是將其貶為「心理學化」。消費之社會意義的觀點並未獲得認同，理由是無法提出一個用純粹經濟術語表達的消費者行為的替代性理論，並得到有說服力的經驗證據支持，從而證明社會因素在確定消費需求模式方面可以而且確實發揮了相當大的作用。在梅森看來，1949 年，杜森貝利出版的《收入、儲蓄和消費者行為理論》，上述長期的批評被有效地「去除」了。〔註 29〕

杜森貝利批評此前的經濟學家對消費理論採取「精神分裂」的態度，認為凱恩斯主義消費函數中總需求理論的兩個基本假設是無效的〔註 30〕。他不贊成消費偏好獨立的假設，而主張偏好相互依存〔註 31〕。他強調，真正理解消費者行為必須從充分認識消費模式的社會特徵開始。從偏好理論或邊際效用論的角度看，人的欲望是對特定商品的欲望，但是，關於欲望如何產生以及如何改變的，上述理論並未做出解釋。在他看來，欲望是消費問題的本質，只能從偏好相互依存這一角度才能予以說明〔註 32〕。他試圖解釋在收入給定條件下促使人們增加消費的動力。他分析說，在特定環境下，人們都會不同程度地接觸到一些優於自己既有東西的貨物，每一次接觸都是這些貨物優越性的「示範」，因而對當前消費模式的存在構成威脅，一個特定消費者的消費支出將不得不上升，直到與高級商品接觸的頻率降到一定水平為止。因此，

〔註 29〕Roger Mason. The Social Significance of Consumption: James Duesenberry's Contribution to Consumer Theory. *Journal of Economic Issues*（Association for Evolutionary Economics）, Vol.34, No.3, 2000, pp.553~572.早期的關注者主要有：Patten, Simon N.. *The Consumption of Wealth*. Philadelphia: University of Pennsylvania Press, 1889. Thorstein Veblen. The Limitations of Marginal Utility. *Journal of Institutional Economy*, Vol.5, Iss.3, 2009, pp.379~397.

〔註 30〕James, S. Duesenberry. *Income, Saving and the Theory of Consumer Behavior*. Cambridge, Massachusetts: Harvard University Press, 1949, p.1.

〔註 31〕James, S. Duesenberry. *Income, Saving and the Theory of Consumer Behavior*. Cambridge, Massachusetts: Harvard University Press, 1949, p.6~16.

〔註 32〕James, S. Duesenberry. *Income, Saving and the Theory of Consumer Behavior*. Cambridge, Massachusetts: Harvard University Press, 1949, p.19.

即使沒有收入或價格的變化，消費的習慣模式可以被打破。對於任何特定家庭來說，與較優商品接觸的頻率主要隨著其他人消費支出的增加而增加。增加支出的衝動將會不斷增加，而且無力阻止此種衝突，結果將是增加開支而犧牲儲蓄。杜森貝利將此概括為「示範效應」。他強調說，僅僅瞭解高級商品的存在，並不能非常有效的改變他們的消費習慣，經常接觸這些商品才有可能改變。增加開支的頻率和強度，取決於與優於自己慣常消費貨品的接觸頻率。〔註 33〕

消費示範效應凸顯了消費的社會意義，本質上是社會地位之爭。杜森貝利認為，獲得優質商品的願望已經成為一種「具有生命的自在體」，為更高開支提供了動力。因此，他將示範效應的機制予以抽象化描述，即「當任何目的的實現成為普遍公認的社會目標時，實現這一目標的重要性將由社會化過程而輸入每個人的頭腦。在精神分析方面，此一目標被納入自我理想。當這種情況發生時，一定程度上成功地實現上述社會目標，就成為維護自尊的必要條件。維護自尊是每個人的基本動力。」「如果生活水平的提高成為一個社會目標，那麼維護自尊的動力將成為獲得更高質量商品的動力。」在一個「雖無正規的階級劃分，但有差別性的社會地位制度」的社會中，必定充斥地位性商品的消費，「有些社會聲望是通過獲得某種好東西而獲得的」，「這些好東西在滿足任何需要方面毫無用處，……但得到他們，可能對獲得威望或維護自尊至關重要。在獲取這些無用的物品方面可能會花費大量的精力。」〔註 34〕

杜森貝利的消費示範效應，亦被稱為「相對收入假說」，對其理論價值，學界褒貶不一。贊成者將其視為「理解經濟行為的最重要貢獻之一」，試圖更直接地把經濟理論與心理動機及消費者學習過程直接聯繫起來，〔註 35〕試圖擴大理論經濟學家的「地平線」。〔註 36〕批評者將其視為「在辦公室裏做出的假設」，批評其結論「並非事實」。〔註 37〕

---

〔註 33〕James, S. Duesenberry. *Income, Saving and the Theory of Consumer Behavior*. Cambridge, Massachusetts: Harvard University Press, 1949, p.25~27.

〔註 34〕James, S. Duesenberry. *Income, Saving and the Theory of Consumer Behavior*. Cambridge, Massachusetts: Harvard University Press, 1949, p.29.

〔註 35〕Arrow, Kenneth J. Income, Saving and the Theory of Consumer Behavior（Book Review）, *American Economic Review*, Vol.40, No.5, 1950, p.906.

〔註 36〕Shackle, G. L. S. Income, Saving and the Theory of Consumer Behavior（Book Review）. *Economic Journal*, No.61, Iss.241, 1951, pp.131~134.

〔註 37〕經濟學家庇古評論說：「我們知道，從 1879 年至 1928 年，美國的長期儲蓄收

雖然杜森貝利並不完全贊同凡勃倫的「炫耀性消費」說，明確指出消費示範效應「根本不需要依賴於傚仿或『炫耀性消費』的考慮」，〔註 38〕但兩人之間顯然存在相似性，〔註 39〕以致於《新帕爾格雷夫經濟學大辭典》將兩者納入同一詞條，〔註 40〕並且以兩人的研究為基點，衍生出關於消費需求的豐碩成果，成為消費理論的重要一脈。關於消費效用和消費需求之人際效應方面的文獻，大致可以分為社會學、福利經濟學和純理論三類。其中人際效應，名稱不一，或相似，或相關，大致有「炫耀性消費（Conspicuous Consumption）」和「凡勃倫效應（Veblen Effect）」、「消費外部性（Consumption Externality）」「示範效應（Demonstration Effects）」「鑽石效應（Diamond Effects）」「位置消費（Positional Consumption）」〔註 41〕「地位效應（Status Effects）」等等。〔註 42〕囿於本研究的主旨，此處僅集中於消費示範效應的概略梳理。

早在 1834 年，加拿大社會學家和經濟學家約翰·雷（John Rae）就對炫耀性消費、時尚等問題進行討論，從虛榮心的角度解釋炫耀性商品的性質和效用，認為炫耀性消費並不增加總的社會福利，只不過是一種零和博弈，一部分人的相對地位提高必然對應著其他人相對地位的下降〔註 43〕。但是，凡

入比率非常穩定。如果心理狀況如杜森貝利教授的方程表示，如果放棄多種解的難度，這種穩定性將被考慮。總之，這種心理狀況的存在是一種假設，如果有效的話，可以解釋觀察到的事實。正如杜森貝利教授似乎所暗示的那樣，這不是我們獨立於這些事實而知道的，這會使我們期望它們成為它們。該假設可能有效。但顯然，如果比杜森貝利教授做得更好，我們可以找到一些理由，而不是在它辦公室相信它是有效的……我試圖這樣做，但一直沒有成功。」A. C. Pigou. Professor Duesenberry on Income and Savings. *The Economic Journal*, Vol.61, No.244, 1951, pp.883~885.

〔註 38〕James, S. Duesenberry. *Income, Saving and the Theory of Consumer Behavior*. Cambridge, Massachusetts: Harvard University Press, 1949, p.28.

〔註 39〕McCormick, Ken. Duesenberry and Veblen: the Demonstration Effect Revisited. *Journal of Economic Issues*, Vol.17, No.4, 1983, pp.1125~1129.

〔註 40〕（英）約翰·伊特韋爾等編：《新帕爾格雷夫經濟學大辭典》第 4 卷，陳岱孫主編譯，北京：經濟科學出版社，1996 年，第 144 頁，「相對收入假說」詞條。

〔註 41〕Michael Schneider. The Nature, History and Significance of the Concept of Positional Goods. *History of Economics Review*, Iss.45, 2007, pp.60~81.

〔註 42〕詳細述評，可參閱鄧曉輝、戴俐秋：《炫耀性消費理論及其最新進展》，《外國經濟與管理》，2005 年第 4 期。袁少鋒：《炫耀性消費研究綜述與展望》，《經濟問題探索》，2012 年第 6 期。

〔註 43〕John Rae. *The Sociological Theory of Capital*. London: The Macmillan Co., 1905. 尤其是第 13 章經濟分層和附錄 1 的奢侈品的討論。

勃倫於 1899 年出版的《有閒階級論》一書，才使得「炫耀性消費」概念變得著名。〔註 44〕在凡勃倫看來，炫耀性消費就是為財富和權力提供證明以獲得並保持榮譽的消費活動。他將炫耀性消費的動機分為歧視性對比與金錢競賽，前者指財富水平較高的階層通過炫耀性消費以區別於財富水平較低的階層，而後者則指財富水平較低的階層努力通過炫耀性消費來倣仿財富水平較高的階層，以期被視為上一階層的一員。〔註 45〕

凡勃倫把從爭名、顯示財富和炫耀性消費財富中獲得的滿足稱之為第二級效用，把從消費中獲得的物質滿足稱之為第一級效用。人們追求財富的主要動力來自於對第二級效用的追求，來自於對出人頭地的追求。不管一個人的絕對財富是多少，只要它少於他與之比較的財富標準，比如社會的人均財富或人均收入，他就會感到不滿足、不幸福。即使現有絕對財富足以滿足他的物質需求，對第二級效用的不滿和追求，會刺激他無窮地追求絕對財富，以增加與人比較的相對經濟地位。〔註 46〕

凡勃倫強調，由中產階級和下層階級的家庭實行的「代理消費」，不能視為有閒階級生活方式的直接表現，因為此類金錢等級的家庭已不在有閒階級的範圍之內。這種「代理消費」只能視為有閒階級生活方式的「次一級的表現」。他認為，就榮譽來說，有閒階級在社會結構中居於首位，其生活方式、其價值標準，都成為社會中「博得榮譽的準則」，遵守這些標準，力求在若干程度上接近這些標準，成為等級較低的一切階級的義務。在現代文明社會中，社會各階級之間的分界線已經變得越來越模糊，越來越不確定，因而上層階級所樹立的榮譽準則「很少阻力地擴大了它的強制性的影響作用」，通過社會結構一直貫串到最下階層。結果是每個階層的成員總是把他們上一階層流行

〔註 44〕凡勃倫此書最早由胡伊默翻譯，中華書局 1936 年出版。刊載於《申報》的圖書廣告說：「所謂有閒階級，可視為現代生活中的一種經濟因素。本書目的，即在討論其地位與價值。對於這制度的起源與其演進的路線，以及其他普通不屬於經濟範圍的社會生活的諸特徵，均根據科學的社會學觀點作正確的理論。內容極為豐富，從古代有閒階級直至現代有閒階級，詳細推論，且涉及宗教、哲學、人種學、心理學、社會學、經濟學以至日常生活等，極饒興趣。本書原為世界名著，而譯筆力求通達而不失真。章細明晰，條理井然，讀者極易瞭解。」定價九角。參見《申報》，1936 年 9 月 15 日第 3 版。

〔註 45〕（美）凡勃倫：《有閒階級論——關於制度的經濟研究》，蔡受百譯，北京：商務印書館，2011 年，第 21～29、54～75、123～137 頁。

〔註 46〕王建國：《爭名的經濟學——位置消費理論》，湯敏、茅於軾主編：《現代經濟學前沿專題》（第 3 集），北京：商務印書館，1999 年，第 89 頁。

的生活方式，作為他禮儀上的典型，並全力爭取達到這個理想的標準。在凡勃倫看來，較低階層如果在這方面沒有能獲得成功，其聲名與自尊心就不免受損，因此必須力求符合這個理想的標準，「至少在外貌上要做到這一點」。〔註 47〕

100 年前出版的《有閒階級論》，至今仍然是對新古典主義消費理論的有力批判。與個人根據外生性偏好的靜態效用最大化不同，凡勃倫在新古典主義方法的假設下，發展出一個演化性框架，其中偏好決定於個人在社會階層的位置。根據凡勃倫的炫耀性消費理論，個體會模仿其他層次較高者的消費模式〔註 48〕。但是，除了在主流經濟學中持續而有限的角色外，〔註 49〕炫耀性消費理論受到了來自主流經濟學之外的廣泛批評。相關批評主要集中於三個主要問題。

首先，有人批評凡勃倫的解釋過於嚴格，消費示範效應僅僅依賴於社會上層消費模式的「滴下（Trickle-Down）」，因為消費「標兵」也可能是社會底層〔註 50〕。對某些商品來說，可能出現與「滴下」相反方向的模仿，如「地位上浮」現象，即「時尚實踐傾向於從下向上，傳播到更高地位的群體」〔註 51〕。牛仔褲的傳播係一有力案例，該產品起源於工人階級的消費〔註 52〕。關於時尚趨勢，有學者提出，美國選美比賽中的先導者往往是妓女和合唱女孩，他們往往被社會地位更高者模仿。〔註 53〕亦有學者追問：在工業革命中，新資

---

〔註 47〕（美）凡勃倫：《有閒階級論——關於制度的經濟學研究》，蔡受百譯，北京：商務印書館，2011 年，第 65～66 頁。

〔註 48〕Andrew B. Trigg. Veblen, Bourdieu, and Conspicuous Consumption. *Journal of Economic Issues,* Vol.35, Iss.1, 2001, pp.99~116.

〔註 49〕Bagwell, L.S.; B. D. Bernheim. Veblen Effects in a Theory of Conspicuous Consumption. *American Economic Review*, Vol.86, Iss.3, 1996, pp.349~373.

〔註 50〕Fine, B.; E. Leopold. *The World of Consumption*. London: Routledge, 1993.

〔註 51〕Ramstad, Y.. Veblen's Propensity for Emulation, is it Passe？In *Thorstein Veblen in the Twenty-First Century,* D. Brown（eds.）. Aldershot: Edward Elgar, 1998., P.110. George A. Field. The Status Float Phenomenon, the Upward Diffusion of Innovation. *Business Horizons*, Vol.13, No.4, 1970, pp.45~52.

〔註 52〕Fine, B.; E. Leopold. *The World of Consumption*. London: Routledge, 1993.德國學者對牛仔褲的起源、演變歷程及其簡單而又複雜的時尚潮流進行了令人信服的解讀。詳見（德）安娜·朔貝爾：《牛仔褲》，陳素幸譯，哈爾濱：哈爾濱出版社，2003 年。

〔註 53〕Lears, T. J. Beyond Veblen: Remapping Consumer Culture in Twentieth Century America, In *Marketing* Volume II, S. C. Hollander and K. M. Russell（eds）. Aldershot: Edward Elgar, 1993, p.28.

本家階層推翻貴族且同時仿傚它，這怎麼可能？〔註 54〕對於凡勃倫的批評者來說，一個共同的主題是：消費模式的「滴下」可能至少和「滴上（Trickle-Up）」一樣重要。

其次，自凡勃倫所處時代以後，消費者不再炫耀性地展示其財富，表達社會地位的方式更加複雜和微妙〔註 55〕。有學者認為，20 世紀三十年代大蕭條的爆發，改變了富人的消費觀，他們以更加謹慎的方式花費自己的錢財，而五十年代則繼續採取更加保守的生活方式。〔註 56〕第二次世界大戰之後，富人與中產階層的消費變得更加難以區分，隨著社會財富的普遍增加，消費不再是有用的彰顯社會地位的標誌〔註 57〕。中產階級可以模仿富人的服裝甚至汽車，尤其是當富人也使用沃爾沃汽車時〔註 58〕。換言之，富人和高收入中產階級減少炫耀性消費的現象，降低了炫耀性消費理論的重要性。

再次，對於堅持後現代理論的學者來說，消費者行為不再由社會地位，而是通過跨越社會階層的生活方式來塑造〔註 59〕。他們認為，就後現代消費者而言，社會階級與消費的關係已經消散。在一些學者看來，隨著當代資本主義的發展，「作為社會群體成員的標識，生活風格的重要性變得重要。通過適當的消費模式，這些群體的身份擺脫了社會階級和固定地位團體的舊限制」。〔註 60〕在後現代主義視野下，「社會結構分解為生活方式」，個人可以自由地將自己的主觀性投射到商品上，「個人形象比展示和競爭更為重

〔註 54〕Colin Campbell. *The Romantic Ethic and the Spirit of Modern Consumeris-m.* Oxford: Basil Blackwell, 1987.

〔註 55〕Mason, R.. *The Economics of Conspicuous Consumption: Theory and Thought since 1700*. Aldershot: Edward Elgar, 1998. Canterbery, E. R. The Theory of the Leisure Class and the Theory of Demand, In W. J. Samuels（eds.）. The *Founding of Institutional Economics*. London: Routledge, 1998, pp.139~156.

〔註 56〕Mason, R.. *The Economics of Conspicuous Consumption: Theory and Thought since 1700*. Aldershot: Edward Elgar, 1998, p.107.

〔註 57〕（美）加耳佈雷斯：《豐裕社會》，徐世平譯，上海：上海人民出版社，1965 年，第 3～72 頁。

〔註 58〕Canterbery, E. R. The Theory of the Leisure Class and the Theory of Demand, In W. J. Samuels（eds.）. The *Founding of Institutional Economics*. London: Routledge, 1998, pp.139~156.

〔註 59〕（英）費瑟斯通：《消費文化與後現代主義》，劉精明譯，上海：譯林出版社，2000 年。

〔註 60〕Mason, R.. *The Economics of Conspicuous Consumption: Theory and Thought since 1700*. Aldershot: Edward Elgar, 1998, p.130.

要」〔註 61〕。「對象和關係並無牢固的起源或基礎。消費現在是個人的義務，不再作為一個公民或工人，而是作為一個消費者而存在。」〔註 62〕總之，凡勃倫的方法已經與當代消費社會新文化不再相關，或者已經過時。

在某種程度上，上述批評對凡勃倫的理論似有「歪曲和過度簡單化」，而炫耀性消費理論實際上更加「複雜和微妙」。並且，布爾迪厄的文化資本理論，是以凡勃倫框架的一些「微妙」方面為基礎，可以視為炫耀性消費理論的當代發展。經由考察和連接兩者之間的關係，可以建立一個更為普遍性的理論框架〔註 63〕。

凡勃倫主要關注商品和服務的消費，但也強調上層階級的既有成員利用其積累的文化來區分自己和所謂的「新富」，強調「高級學識是金錢文化的一種表現」，審美能力的培養需要時間和實踐。〔註 64〕而在布爾迪厄看來，具有較高文化資本的審美品位，是社會「區隔」的標誌，「品味」是一種「後天的性情」，能夠將大眾「拋開」。上層階級為維護其地位，需要有別於中產階級的品味，因此品味可能從工人階級上移到上層階級，允許後者包圍中產階級〔註 65〕。也就是，布爾迪厄認為存在品味的「環滴（Trickle-Round）」，品味傳播是循環的，而不是單向的流動，在某種程度上既包含滴下效應，同時也存在地位上浮現象。鑒於上個世紀以來流行文化的日益重要，文化資本理論可以視為凡勃倫理論框架的「更新」，但同時也可以認為，布爾迪厄的理論框架在否定「滴下」效應方面可能有些「僵化」。〔註 66〕

杜森貝利認為，消費示範效應的實現，根本不需要依賴於模仿或「炫耀性消費」。〔註 67〕而塔爾德從社會心理學視角歸納出三種類型的模仿。他在回

〔註 61〕Slater, D. *Consumer Culture and Modernity*. Cambridge: Polity Press, 1997, p.193.

〔註 62〕McIntyre, Richard. Consumption in Contemporary Capitalism: Beyond Marx and Veblen. *Review of Social Economy*, Vol.50, No.1, 1992, pp.40~60.

〔註 63〕Andrew B. Trigg. Veblen, Bourdieu, and Conspicuous Consumption. *Journal of Economic Issues,* Vol.35, Iss.1, 2001, pp.99~116.

〔註 64〕（美）凡勃倫：《有閑階級論——關於制度的經濟研究》，蔡受百譯，北京：商務印書館，2011 年，第 281～308 頁。

〔註 65〕（法）皮埃爾·布爾迪厄：《區分：判斷力的社會批判》（上、下），劉暉譯，北京：商務印書館，2015 年。

〔註 66〕Andrew B. Trigg. Veblen, Bourdieu, and Conspicuous Consumption. *Journal of Economic Issues,* Vol.35, Iss.1, 2001, pp.99~116.

〔註 67〕James, S. Duesenberry. *Income, Saving and the Theory of Consumer Behavior*. Cambridge, Massachusetts: Harvard University Press, 1949, p.28.

答「什麼是社會」這一問題時，直截了當地回答「社會是模仿」〔註68〕。「一切或幾乎一切社會相似性都來自於模仿，正如一切或幾乎一切生物相似性都是靠遺傳獲得的。」〔註69〕第一種是「從上到下」的模仿，也就是「下對上」的模仿，他稱之為「超邏輯模仿律」，亦即「在距離相等的情況下，模仿總是從高到低、從高位人到低位人。」〔註70〕「即使在口音上，我們也可以感覺到上層階級對下層階級、城里人對鄉下人、白種殖民者對黑人土著、成人對兒童、上層人對下層人的影響；因此在書寫、手勢、表情、衣飾和風俗上，高位人對低位人的影響就更加強大了，更不容置疑了。」〔註71〕

第二種類型剛好相反，是「從下到上」的模仿，也就是「上對下」的模仿。他以歷史上征服民族和被征服民族關係的例子作為證據，認為「有時甚至經常也會發生這樣的情況：征服者模仿被征服者，借用其習慣、法律和語言。法蘭克人征服高盧後被拉丁化了，他們不得不改用羅曼語。征服英格蘭的諾曼人、征服俄羅斯的瓦蘭吉人等，都遭遇到同樣的下場。」〔註72〕

第三類型是「相互的模仿」。他認為「互相模仿是人的普遍天性」，〔註73〕「事事處處」都被人模仿的個體已經不復存在。在諸多方面受到別人模仿的人，在某些方面也要模仿那些模仿他的人。〔註74〕

總結上述討論，可以總結出消費示範效應的三種模式，並圖示如下：

〔註68〕（法）加布里埃爾·塔爾德：《模仿律》，何道寬譯，北京：中國人民大學出版社，2008年，第54頁。

〔註69〕（法）加布里埃爾·塔爾德：《模仿律》，何道寬譯，北京：中國人民大學出版社，2008年，第73頁。

〔註70〕（法）加布里埃爾·塔爾德：《模仿律》，何道寬譯，北京：中國人民大學出版社，2008年，第166～167頁。

〔註71〕（法）加布里埃爾·塔爾德：《模仿律》，何道寬譯，北京：中國人民大學出版社，2008年，第156頁。

〔註72〕（法）加布里埃爾·塔爾德：《模仿律》，何道寬譯，北京：中國人民大學出版社，2008年，第159頁，注釋4。何道寬發表於1997年《東方》雜誌創刊號上的《水向高處流》，探討也就是這一規律，亦即低文化對高文化的影響。他討論了漢族向少數民族學習的例子。

〔註73〕（法）加布里埃爾·塔爾德：《模仿律》，何道寬譯，北京：中國人民大學出版社，2008年，第173頁。

〔註74〕（法）加布里埃爾·塔爾德：《模仿律》，何道寬譯，北京：中國人民大學出版社，2008年，第167頁。

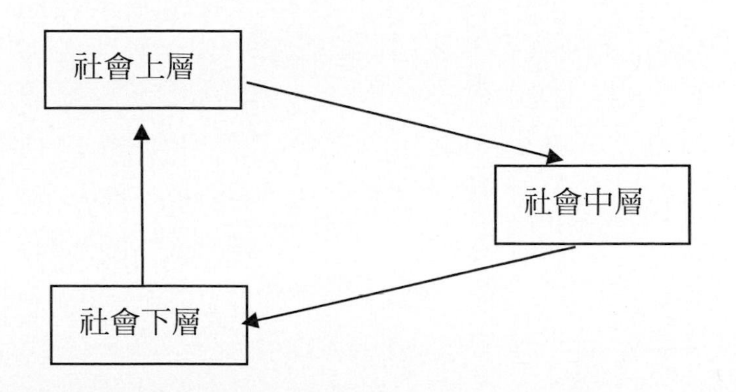


# 第三節　男性消費的女性代理

將女性視為男性消費的代理人，此種觀點的典型代表無疑是凡勃倫。他將女性的炫耀性消費視為有閒階級地位的物化和外化。在他看來，「作為一個由古老制度演變的後果，妻子在開頭時，不論在事實上或理論上，都要為丈夫作苦工，她是丈夫的動產，是為他生產、供他消費的；現在則變成了為禮儀上的要求而執行消費的人，所消費的就是她丈夫所生產的。但在理論上她仍然明明白白地是她丈夫的動產；因為經常執行代理有閒和代理消費，是無自由的僕役的一個不變標誌。」〔註 75〕主婦和家庭其餘成員在飲食、衣著、住宅和家具方面的消費，是一種「顯著而流行的更加廣泛的代理消費方式」〔註 76〕，由家庭主婦表現的「代理有閒和代理消費」，是有閒階級「出於對榮譽的追求」，是一種不容忽視的習俗。女性成為家庭在「金錢禮儀上的實際上的唯一代表者」，甚至極度貧困的家庭也不例外〔註 77〕。

凡勃倫不承認女性消費的主體性，而桑巴特則認為女性是「盲目的奢侈品成癮者」〔註 78〕。桑巴特贊同凡勃倫炫耀性消費的觀點〔註 79〕，但有關奢

〔註 75〕（美）凡勃倫：《有閒階級論——關於制度的經濟研究》，蔡受百譯，北京：商務印書館，2011 年，第 65 頁。

〔註 76〕（美）凡勃倫：《有閒階級論——關於制度的經濟研究》，蔡受百譯，北京：商務印書館，2011 年，第 54 頁。

〔註 77〕（美）凡勃倫：《有閒階級論——關於制度的經濟研究》，蔡受百譯，北京：商務印書館，2011 年，第 66 頁。

〔註 78〕Jon Stobart. Status, Gender and Life Cycle in the Consumption Practices of the English Elite: The Case of Mary Leigh, 1736~1806. *Social History*, Vol.40, Iss.1, 2015, pp.82~103.

〔註 79〕桑巴特援引 1787 年一名外省的參觀者對巴黎的觀感：「感官不再感到滿足，它們已經遲鈍。我們不再遇到令人興奮的變化，而是面對怪誕的和使人生厭

侈的動力分析，則不太一致。凡勃倫主要將奢侈視為階級地位的表徵，而桑巴特則將其歸結宮廷的高級妓女，認為「宮廷寵姬」成為「野心勃勃的城鎮女郎、輕佻的女人追隨的標準」，「品行端正的女士不得不自我調整，以便與那些情婦展開競爭」，「正是妓女間接地迫使品行端正的女士洗澡」，「這種發展最重要的後果是『風流社會』的生活方式決定了交際花的生活方式，即社會的生活方式。」〔註 80〕

在時尚學研究中，女性一般被視為時尚的主體和載體。理論家們總是追問，為什麼一個群體而不是另一個群體是某些時尚的載體。桑巴特提出，儘管偶而特別是在「不正常」的社會，男人是服裝時尚的代理人，但在大多數社會中，婦女才是服裝時尚的代理人。〔註 81〕西美爾將時尚女性化現象與解決系統的存在或不存在，以及和／或引起注意的需求聯繫起來。他認為，「時尚總是階級時尚」，「在社會學的關係中，時尚是一種階層劃分的產物」。〔註 82〕但是，他特別強調，「一般說來，女人尤為強烈地追隨時尚。如果說科學的審慎在對女人作複數形式的全稱判斷時應該有所忌憚，人們至少仍然可以將這一點引為共識：就女人與男人的社會學本質截然有別而言，女人的社會學本質在於缺乏差別，在於相互之間更大的相似性，在於受到社會平均化更為強烈的制約。這一點直接說明了女人與習俗、與合乎禮儀的普遍有效形式之間的密切關係。

---

的鋪張浪費；這就造成了時尚、衣著、風俗、舉止、言語在沒有恰當原因的情況下持續不斷變化。富人很快就對新的快樂感到麻木。他們房中的陳設像舞臺設備一樣可以隨意改變；穿著成了真正的任務；吃飯則是為了炫耀。在我看來，奢侈對於他們就如同貧困對於窮人一樣，是一種苦惱。啊！為奢侈而犧牲任何事物，這太值了！巴黎那些富人的巨大災難就是瘋狂的消費，他們總是花得比預計的要多。奢侈以如此可怕的消費形式出現，以致沒有哪份私有財產不被其逐漸消耗掉。從沒有一個時代像我們現在這樣恣意揮霍！人們浪費自己的收入，揮霍盡財產：每個人都試圖通過讓人吃驚的鋪張排場，在鄰居中出人頭地。」桑巴特認為，「雄心、喜歡展示、炫耀以及權力欲都可能是重要的動機，它們實際上是一種力圖勝過後來者的欲望。凡勃倫在那本關於『有閒階級』的名著中，認為對奢侈和財富的看重均出自這種出人頭地的衝動。」參見（德）維爾納·桑巴特：《奢侈與資本主義》，王燕平，侯小河譯，上海：上海人民出版社，2000 年，第 82～84 頁。

〔註 80〕（德）維爾納·桑巴特：《奢侈與資本主義》，王燕平、侯小河譯，上海：上海人民出版社，2000 年，第 74 頁。

〔註 81〕Rolf Meyersohn and Elihu Katz. Notes on a Natural History of Fads. *American Journal of Sociology,* Vol.62 No.6, 1957, pp.594～601.

〔註 82〕《時尚的社會心理學研究》，（德）西美爾：《金錢、性別、現代生活風格》，顧仁明譯，上海：學林出版社，2000 年，第 95 頁。

但是在習俗、平均化和一般標準的穩固基礎上，女人卻強烈地追求個體人身相對的個性化和引人注目，而其個體人身與社會界限又並不牴牾。時尚為女人提供了這樣的結合：一方面是普遍模仿的範圍，在最寬闊的社會航道中暢遊，另一方面是個體人身的顯眼、強調和個性化的打扮。」〔註 83〕

西美爾總是強調兩性之間的本質差異和「天性」對立。在《賣弄風情的心理學》中，他認為，在「女性心靈和男性心靈」之間存在「本質對立」，就天性而言，女性「更專注自身的存在物」，其欲望和思想更集中於一個點或者幾點上，而且可以更直接受到這些點的激發。而男人「較為分化」，其「興趣和行為更多體現在客觀確定的自主性、勞動分工同個性整體和內心的脫節。」〔註 84〕而在《時尚的哲學》中，他強調，男性對時尚的追求力度明顯不如女性，因為前者力量相對強大，相信自身價值的唯一性，而女性作為弱者，被迫從流行的社會生活方式中獲取庇護，容易隨波逐流，即追求「一般化」與「平均化」。但女性為了凸顯自我，在緊跟潮流的同時，亦須張揚個性或「非凡性」，而追求時尚成為女性實現上述悖論性滿足的最佳途徑。〔註 85〕

服裝是分析消費的性別差異的重要個案之一。凡勃倫認為，服裝是「金錢文化」的一種表現，炫耀性消費在服裝消費中起「支配作用」，證明著裝者「並不從事也不宜於從事任何粗鄙的生產工作」，是女性服裝最突出的特徵。而高跟鞋、長裙、胸衣、不切實用的女帽以及並不顧及服用者舒適的現象，是「一切文明婦女服裝的顯著特徵」，並且足以證明在現代文明的生活方式中，婦女仍然處於經濟上依賴男子的地位〔註 86〕。符號學家巴特曾將時裝與女性等同，認為時裝「似乎擁有兩個時期，一個是嚴格意義上的歷史時期。另一個可以稱之為記憶時期，因為它玩弄的就是某位女士對某一年份之前的時裝所持有的記憶。」〔註 87〕

---

〔註 83〕《時尚的社會心理學研究》，（德）西美爾：《金錢、性別、現代生活風格》，顧仁明譯，上海：學林出版社，2000 年，第 97～98 頁。

〔註 84〕《賣弄風情的心理學》，（德）西美爾：《金錢、性別、現代生活風格》，顧仁明譯，上海：學林出版社，2000 年，第 160 頁。

〔註 85〕《時尚的哲學》，（德）西美爾：《時尚的哲學》，費勇等譯，北京：文化藝術出版社，2001 年，第 70～93 頁。

〔註 86〕（美）凡勃倫：《有閑階級論——關於制度的經濟研究》，蔡受百譯，北京：商務印書館，2011 年，第 130～146 頁。

〔註 87〕（法國）羅蘭·巴特：《流行時裝的歷史和歷時》，敖軍譯，區鉷編纂：《今文選 5：譯作卷》，北京：中國言實出版社，2015 年，第 117 頁。

雖有個別歷史學家強調婦女既是時尚主導的消費革命的「同謀」，也是「不幸的犧牲品」，〔註 88〕但更多的歷史學家則反對剝奪女性消費主體性的觀點，認為婦女作為積極的消費者，在塑造精英家庭和中產家庭的物質文化方面發揮著重要作用，或者強調她們注重「優雅、禮貌和美德」，是改變「跨越空間和社會距離」的品味的重要力量，或把家庭主婦視為「積極消費者」，或者展示出一系列精英女性是如何對她們的家庭做出重大調整的〔註 89〕。有學者對 18 世紀英國上層的單身女性進行了極為精彩的個案研究，認為精英女性的消費和購物行為由性別、地位和家庭等因素合力塑造，而其中各因素的相對重要性呈現出「生命週期」的特徵〔註 90〕。

## 第四節　國際示範的正負效應

國際示範效應是發展經濟學中頗有影響力的一種主張〔註 91〕。1953 年，訥克斯在其出版的《不發達國家的資本形成問題》中，以世界上收入分配不平等這一經驗性事實作為立論的出發點〔註 92〕，將杜森貝利的消費示範理論擴展到國際經濟關係，提出了國際示範效應這一命題。

訥克斯拋棄了凡勃倫的炫耀性消費論，「不認為在國際範圍內生活水平不平等的壞影響是受那種『向瓊斯家族看齊』的心理所決定的」，強調起決定作用的「完全是示範作用引起了模仿」，不發達國家的人們「知道新的消費模式或者同新的消費模式相接觸」，因而打開了眼界，知道了原先不知道

〔註 88〕McKendrick, N.; Brewer, J.; Plumb, J. H.. *The Birth of a Consumer Society: The Commercialization of Eighteenth-century England*. Bloomington, IN: Indiana University Press, 1982, pp.9~33.

〔註 89〕Judith S. Lewis.When a House Is Not a Home: Elite English Women and the Eighteenth-Century Country House. *Journal of British Studies*, Vol.48, No.2, 2009, pp.336~363.

〔註 90〕Jon Stobart. Status, Gender and Life Cycle in the Consumption Practices of the English Elite: The Case of Mary Leigh, 1736~1806. *Social History*, Vol.40, Iss.1, 2015, pp.82~103.

〔註 91〕彼特・鮑爾：《自給自足、貿易和交換：理解發展中的經濟》，（美）詹姆斯・A・道、（美）史迪夫・H・漢科、（英）阿蘭・A・瓦爾特斯編著：《發展經濟學的革命》，黃祖輝、蔣文華主譯，上海：上海人民出版社，2014 年，第 223 頁。

〔註 92〕（美）訥克斯：《不發達國家的資本形成問題》，謹齋譯，北京：商務印書館，1966 年，第 61 頁。

的東西，「擴大了想像和欲望」，因而並不僅僅是一個「嫌貧愛富」的問題。〔註 93〕他說，先進國家消費水平所產生的吸引力，也就是國際示範效應的強度取決於兩個因素，一是實際收入和消費水平的差異程度，一是人民對這種情況注意的程度。〔註 94〕對後進國家來說，這種吸引力是經濟發展方面的一大障礙，不但影響到自願的個人儲蓄，而且還造成政治上的困難，使政府難於靠徵稅作為強迫儲蓄的手段，難於拒絕把政府開支花在眼前用途上的要求。〔註 95〕「還有一個惱人的可能性」，亦即窮國生活水平的上升，如果富國的生活水平也同樣隨之上升的話，往往會增加雙方接觸和交往的程度，從而增加示範作用的力量。〔註 96〕窮國在同富國接觸以後，不得不把它們的貨幣收入和支出保持在高出於自己的生產能力的水平上。結果就在國內造成了通貨膨脹的壓力，在國際收支方面產生了入不敷出的趨勢〔註 97〕。正是由於這個原因，國際收入的不等，也許不但應當被認為是國際收支緊張的一個原因，而且應當被認為確實是貧窮國家國內儲蓄和資本形成的一個障礙。〔註 98〕

訥克斯的國際示範效應理論在批評中不斷得到修正。一般而言，發展理論可以使用兩個標準來進行區分，一是堅持還是拒絕南北關係中的互利主張，二是堅持還是拒絕存在一個適用於任何時期、任何國家的經濟學規律，即單一經濟學的主張。發展經濟學傾向於拒絕單一經濟學主張，但是堅持互利的主張〔註 99〕。有論者指出，訥克斯的「某些學說並未經受住時間的考驗」。儘管他有關資本積累和工業化的觀點被實踐所證實，但其國際示範效

〔註 93〕（美）訥克斯：《不發達國家的資本形成問題》，謹齋譯，北京：商務印書館，1966 年，第 65 頁。

〔註 94〕（美）訥克斯：《不發達國家的資本形成問題》，謹齋譯，北京：商務印書館，1966 年，第 66 頁。

〔註 95〕（美）訥克斯：《不發達國家的資本形成問題》，謹齋譯，北京：商務印書館，1966 年，第 69 頁。

〔註 96〕（美）訥克斯：《不發達國家的資本形成問題》，謹齋譯，北京：商務印書館，1966 年，第 70 頁。

〔註 97〕（美）訥克斯：《不發達國家的資本形成問題》，謹齋譯，北京：商務印書館，1966 年，第 73 頁。

〔註 98〕（美）訥克斯：《不發達國家的資本形成問題》，謹齋譯，北京：商務印書館，1966 年，第 78 頁。

〔註 99〕保羅，P．斯特利頓：《發展二分法》，（美）吉拉德．M．米耶都德萊．西爾斯：《經濟發展理論的十位大師》，北京：中國工人出版社，1990 年，第 347 頁。

應，「並不像他原來想像的那樣，是國際收支逆差的強有力因素」，「意味著農業勞動力的邊際生產力為零的隱蔽失業論在邏輯上和經驗上都是有缺陷的」〔註 100〕。也有學者評價說，如果要正確地理解國際貿易活動及其影響，那麼主流發展經濟學將從根本上發生改變，國際示範效應的主張將獲得西方貨物視為為犧牲儲蓄和投資的「消費激勵」，因而抑制經濟增長，「然而事實上，貿易活動及獲得進口激勵性物品將被用於開創和維持一個過程，在這一過程中，消費和投資的增長能齊頭並進。因而，整個第三世界中最發達的地區是那些和西方有商業聯繫的地區，而大多數貧窮落後的則是那些很少與西方有商業聯繫的地區。」〔註 101〕

訥克斯重點關注國際示範對後進國家的負面效應，但有學者主張，基於二元制經濟的格局，國際示範具有正、負雙重效應，實際上在不發達國家可能扮演「英雄」和「惡棍」兩個角色，不可偏執一端。不發達國家的「二元制經濟」，是指不發達國家並非一個以具有統一文化為特徵的同質化實體，通常由兩個地理和經濟上相互區別、可以分別稱為「接觸點」和「腹地」的不同文化部分組成。為使一個社會的消費模式吸收新產品，那麼這些商品必須與其文化模式相適應。在文化消費命題有效的情況下審視國際示範效應的性質和影響，訥克斯有關新商品和新消費方式的知識傾向於提高消費一般傾向的觀點，其有效性是否有效，無疑值得商榷，也就說在「腹地」很難成立，西方文化對生產和消費的影響力只能侷限於「接觸點」。不僅如此，國際示範效應扮演著英雄的角色，一是「建立相互的客戶關係，以增加投資機會」，二是「在均衡增長的過程中，通過擴大消費範圍，刺激經濟努力」，三是「通過提供一種有意義的替代—儲蓄—消費來減少由外國刺激的奢侈品消費」。簡而言之，「惡棍在接觸點的舞臺上表演，而英雄的角色主要是在內地舞臺上扮演」。〔註 102〕

訥克斯的國際示範效應明確否定富人的國際模仿與尋求地位有關的可能性，其正確性受到部分學者的質疑，同時，國際示範效應也得到更加細緻的

〔註 100〕保羅，P·斯特利頓：《發展二分法》，（美）吉拉德·M·米耶都德萊·西爾斯：《經濟發展理論的十位大師》，北京：中國工人出版社，1990 年，第 343 頁。

〔註 101〕彼特·鮑爾：《自給自足、貿易和交換：理解發展中的經濟》，（美）詹姆斯·A·道，史迪夫·H·漢科，（英）阿蘭·A·瓦爾特斯編著：《發展經濟學的革命》，黃祖輝、蔣文華主譯，上海：上海人民出版社，2014 年，第 223 頁。

〔註 102〕Alpha C. Chiang. The "Demonstration Effect" in a Dual Economy. *The American Journal of Economics and Sociology*, Vol.18, No.3, 1959, pp.249~258.

審視和驗證。有學者認為，訥克斯將國際示範效應與凡勃倫炫耀性消費概念「脫鉤」的根據很不充分，因為訥克斯的討論僅僅基於發展中國家「品味形成過程」這一「狹窄視角」，「完全忽略了個人對通過示範效應傳播的先進國家產品知識的反應和傾向」，而且「它也沒有解決這樣一個問題，即在改變產品品味的過程中，個人的其他傾向也會受到影響」，因而需要採用更為「廣泛的社會—經濟框架重新評價這些概念之間的關係」。根據最新的研究成果，基於地位追求的消費具有強大的福利意蘊，將炫耀性消費運用於國際範圍，比既有做法具有更大的意義。〔註 103〕

但是，消費主義的全球傳播史，已經為國際示範效應提供了有力的歷史證據。「消費主義的核心動力與求新欲望密切相關」，但所謂「新」，可以細分為「新東西（the New）」「新的東西（the Innovative）」和「新奇的東西（the Novel）」。後發型現代化國家對先發型現代化國家商品的崇拜，可從後兩種意義上理解。〔註 104〕在前工業化時代，歐洲上流社會曾將中國貨物視為新奇之物，示範而成「中國風」。〔註 105〕隨著英國、法國等國工業化的推進，倫敦和巴黎也相繼成為國際時尚中心，而在第二次世界大戰之後，美國成為全球消費模式的典範，〔註 106〕甚至出現所謂的「社會麥當勞化」。〔註 107〕因此，在

〔註 103〕Jeffrey James. Positional Goods, Conspicuous Consumption and the International Demonstration Effect Reconsidered. *World Development*, Vol.15, NO.4, 1987, pp.449~462.

〔註 104〕柯林·坎貝爾：《求新的渴望：其在諸種時尚理論和現代消費主義當中表現出的特性和社會定位》，羅鋼、王中忱主編：《消費文化讀本》，北京：中國社會科學出版社，2003 年，第 266、272 頁。

〔註 105〕沈福偉：《中國與歐洲文明》，太原：山西教育出版社，2018 年，第 251～265 頁。17 至 18 世紀，雨傘在英國的流行是一個並非眾所周知的例證。「17 世紀，巴黎貴族顯然受到了中國人的啟發，引進了雨傘，隨後雨傘就沿著社會等級向下流行開來。在多雨的英國，雨傘從 18 世紀 70 年代以後逐漸開始廣泛使用。打傘的人遭到批評，因為這樣做像外國人，而且有點女人氣。評論家沃波爾猛烈批評法國人雨中打傘在街上漫步，避免戴帽子。但是雨傘的流行未能阻止，而且很快開始與英國風格聯繫在一起。」參見（美）彼得·N·斯特恩斯：《世界歷史上的消費主義》，北京：商務印書館，2015 年，第 28 頁。

〔註 106〕此一傳播史，參見（美）彼得·N·斯特恩斯：《世界歷史上的消費主義》，北京：商務印書館，2015 年，第 28 頁。

〔註 107〕（美）喬治·里茨爾：《社會的麥當勞化：對變化中的當代社會生活特徵的研究》，顧建光譯，上海：上海譯文出版社，1999 年。該書從社會學的角度對目前主導美國社會及世界越來越多部門的麥當勞快餐店的原則作了分析和批判，指出了當今世界麥當勞化的進程的發展趨勢及可能帶來的危害性。

前現代社會，國際示範效應以互動模式為主，而近現代社會，明顯出現了一種「類階層」模式，亦即先發型現代化國家對後發型現代化國家的消費示範效應。〔註 108〕中國近代的消費「崇洋」現象，乃是國際示範效應的一個歷史注腳。

〔註 108〕當印度汽車製造商塔塔汽車（Tata Motors）在 2008 年推出新的「人們汽車」Kano 時，人們普遍預測，這將徹底改變印度的自動駕駛。然而上市七年後，該車幾乎沒有對印度汽車市場產生影響。其失敗原因，不是因為它是「平庸」的，也不是因為它超越了人們的經濟能力，而是它被高級階層定位為低端產品，使其無法充分利用印度新興階層的消費願望。對 Nano 的拒絕，是印度消費者拒絕該汽車暗含的象徵意義，即在全國和全球消費等級中的特定身份和地位。Kenneth Bo Nielsena; Harold Wilhiteb. The Rise and Fall of the'People's Car: Middle-Class Aspirations, Status and Mobile Symbolism in'New India'. *Contemporary South Asia*, Vol.23, No.4, 2015, pp.371~387.

# 第二章　異域與本土：消費示範的精英書寫

上一章主要著力於釐清消費示範效應理論的流變，以此作為本研究的理論基點，並且已經大致闡明消費示範理論的兩個基本視角，亦即經濟社會學的視角和社會經濟學的視角。本章回到歷史現場，聚焦於民國時期的消費論，首先分析時人有關消費界定、欲望類型以及消費動機的認知，進而依次梳理社會學、經濟學和歷史學對消費示範問題的認知和詮釋，最後則以地方志為中心，剖析城市對鄉鎮的消費示範問題。

## 第一節　消費界說、類型及本質

### 一、消費界說

在現代英文中，消費作為普遍通用的描述性名詞，意指享用各種各類的貨品與服務，消費及其一系列衍生詞，存在一段較長的詞意演變史。〔註1〕波

〔註1〕自14至16世紀，消費意指完全消耗、吞食、浪費、花費等，具有負面意涵。從18世紀中葉開始，消費開始以中性的意涵出現在有關中產階級政治、經濟的描述裏，但其負面意涵一直持續到19世紀末期。20世紀中葉，這個詞從狹義的政治、經濟用法轉為較廣義的一般用法。從詞義演變歷史來看，後來用「消費社會」一詞來批判一個浪費的、隨意丟棄的社會，是合理的。然而，資本主義模式成為主流，力不可擋，擴及到政治、教育、衛生的領域。不只是在這些領域中，而且是在一般的貨品與服務的領域裏，都是使用user而不是使用consumer，其目的就是要強調兩者之間的差異。（英）雷蒙・威廉斯：

德里亞在對消費社會的後現代主義批評中，將消費設想為工業文明特有的作用模式，認為消費並非一種與「主動生產相對的被動的吸收和佔有」，而是一種「建立關係的主動模式」，而且不只是人與物品之間的關係，也是人和集體與世界之間的關係。消費並非一種「物質性的實踐」，也不是「豐產的現象學」，而是一種「符號的系統化操控活動」。〔註 2〕與波德里亞符號消費論的晦澀相比，個別經濟學家的界定就要通俗得多，消費就是一切「花錢的行為」。〔註 3〕

中國現代消費觀萌發於 19 世紀下半葉，關於民生的觀點開始經歷急劇轉變，逐步偏離傳統儒家體系的民生觀，而更加接近西方「生活標準」的概念，並且經常與民生一詞交替使用。民國時期關於消費的爭論經常圍繞普遍流行的「衣食住行」而進行闡述，孫中山將此四種基本物質需要作為其民生主義的基礎，在新生活運動中，蔣介石亦將「衣食住行」作為核心要素，並援引孫中山的民生觀作為其政治合法性的來源，同時對「衣食住行」進行了保守化的重構。〔註 4〕不過，孫中山對消費一詞曾有比較通俗的解釋。在他看來，消費「就是解決眾人的生存的問題，也就是民生問題」，故而他將民生視為「政治的中心」「經濟的中心」以及「種種歷史活動的中心」。〔註 5〕換言之，孫中山將消費直接等同於民生。

與孫中山不同，民國時期經濟學界關於消費的界說，則多採用西方經濟學的效用論。馬歇爾曾經聲稱，「人類所能生產和消費的只是效用，而不是物質本身，人類不能創造有形物質。」雖然在精神和道德領域裏，人類可以產生新思想，但生產有形物質時，其實只是生產出物質的效用而已。而消費被他視為「負生產」，「正如人所能生產的只是物質的效用一樣，人所能消費的也只是物質的效用而已。」人能生產各種服務及其他非物質產品，也能消費

---

《關鍵詞：文化與社會的詞彙》，劉建基譯，北京：生活·讀書·新知三聯書店，2005 年，第 85～87 頁。Joy Parr. *Domestic Goods: The Material, the Moral, and the Economic in the Postwar Years*. Toronto: University of Toronto Press, 1999, pp.5~6.

〔註 2〕（法）波德里亞：《消費社會》，劉成富、全志鋼譯，南京：南京大學出版社，2000 年，第 222～223 頁。

〔註 3〕（美）朱麗葉·斯格爾：《過度消費的美國人》，尹雪姣等譯，重慶：重慶大學出版社，2010 年，第 32 頁。

〔註 4〕（美）曾瑪莉：《節約、消費和新生活：蔣介石的社會經濟思想》，陳紅民主編：《中外學者論蔣介石：蔣介石與近代中國國際學術研討會論文集》，杭州：浙江大學出版社，2013 年，第 18～19 頁。

〔註 5〕孫中山：《三民主義》，北京：東方出版社，2014 年，第 204 頁。

它們，但是正像人生產物質產品，其實不過是「重新整理物質、使物質具有新的作用」一樣，人對這些產品的消費，也只不過是「打亂物質排列順序，減少或破壞其作用而已」。〔註6〕

幾乎相同或基本類似的看法，反覆出現在近代中國經濟學家的著作之中。葛定華在其《國民經濟建設要論》中說，所謂生產與消費，「只為創造或增加財的效用，與消滅或減少財的效用」。〔註7〕馬寅初的《經濟學概論》大量引述奧地利學派的效用理論，認為效用是「財貨滿足欲望的能力」，無論何種財貨，「凡能滿足經濟的欲望者皆有效用」。他甚至認為，即使是雪茄煙、酒與鴉片，雖然對人類有害，但因其具有滿足欲望的能力，在經濟學上亦被視為「經濟財貨」。故而效用只能稱為滿足欲望的能力，不能稱為滿足幸福的能力。在他看來，「物品之生產為滿足欲望也，人取所需之物，以滿足其欲望，謂之消費。」〔註8〕李權時分別援引西方經濟學界關於消費的三種解釋，亦即「滿足欲望的行為」「使用財貨」「財貨效用之毀滅」。他認為，第一種界說係就消費目標而言，存在「籠統之弊」，其二則是就消費工具而言，其弊在於「太拘束」，第三說是就消費性質而論，「卻合經濟學的口味」，因此他採用「財貨效用毀滅」說，並將消費者界定為「毀滅財貨效用的人」，亦即「一般民眾」，並且認為消費者並不能單獨構成一個階級，因為人人都是消費者，也都是生產者或未來的生產者。〔註9〕

在馮客看來，過去兩個世紀歐洲社會分析家作出的經濟解釋，「幾乎都能從中看到，社會理論的冷靜表面下所潛藏的原罪的幽靈——嫉妒，這一基督教關懷中最重要的主題，是潛藏在所謂對他者社會優越性模仿的驅動力背後的常態」。因此，他質疑將「這樣一種富含宗教意味的理論對分析基督教世界之外的問題是否具有價值」，從而在研究中將消費者與生產者置於同等地位，使用「挪用」這一概念來詮釋中國近代的物質文化。他將消費替換為「適用」，「通過這一社會活動，本來是別人生產的東西，變成了某人自己的所有，使

〔註6〕（英）阿弗里德．馬歇爾：《經濟學原理》，廉運傑譯，北京：華夏出版社，2005年，第53～54頁。

〔註7〕葛定華編著：《國民經濟建設要論》，上海：正中書局，1937年，第252頁。

〔註8〕馬寅初：《馬寅初全集》（第11卷），杭州：浙江人民出版社，1999年，第212、296頁。馬寅初從邊際效用出發界定價值論，曾遭到馬克思主義學者的反對和駁斥。參閱孫大權：《中國經濟學的成長：中國經濟學社研究（1923～1953）》，上海：三聯書店，2006年，第218～221頁。

〔註9〕李權時：《消費論》，上海：東南書店，1928年，第45～46頁

物服從於他的私人性意義和差異化的使用方式。」他解釋說，「使用者」和「消費者」兩個術語，「把個人與交易發生的社會空間即市場，區隔開來，這與經濟學理論中的一般用法相反。」〔註10〕

## 二、欲望分類

中國傳統消費觀以「量入為出」作為基本原則，並與肯定人慾的「知足樂生」觀和「守分執禮」觀相結合，形成「奢儉應分」的消費倫理。隨著晚清商業社會的逐漸發展，「量出為入」的原則初露端倪，「奢儉應分」這一表述的內涵也發生變化，〔註11〕其中的身份由先賦逐步轉向後致。20世紀初，精英階層多借用西學資源為新式精英的消費行為正名，或者說奠定消費的合法性。

德國經濟學家羅雪爾有關欲望和消費品的三分法，是20世紀上半期政治精英和知識精英經常援引的西學資源。孫中山的《建國方略》援引歐美學者的觀點，將人類生活程度分為三級，其一為「需要程度」，「在此級所用之貨物若有欠缺，則不能生活也」；其二為「安適程度」，「在此級所用之貨物若有欠缺，則不得安適也」；其三為「繁華程度」，「在此級所用之貨物乃可有可無者，有之則加其快樂，無之亦不礙於安適也」。他對此從共時性與歷時性兩個層面加以發揮，「然以同時之人類而論，則此等程度實屬極無界限者也。有此一人以為需要者，彼一人或以為安適，而他一人或以為快樂者也。惟以時代論之，則其界限頗屬分明矣。」他以錢幣產生為界，之前為「需要時代」，「蓋當時之人，最大之欲望無過飽暖而已，此外無所求，亦不能求也。」錢幣產生之後，他稱之為「安適時代」，「蓋此時人類之欲望始生，亦此時而人類始得有致安適之具也。」機器發明之後可稱為「繁華時代」，「蓋此時始有生產過盛，不患貧而患不均者，工業發達之國有汲汲推廣市場輸貨於外之政策，而文明社會亦有以奢侈為利世之謬見矣。」他將此名為「三時期之進化」，並且判定中國生活程度處於第二級，理由是我國「農工事業，猶賴人力以生產，

〔註10〕馮客也引用了喬伊·帕爾對消費的否定性觀點。馮客：《近代中國的物質文化》，潘瑋琳、章可譯，復旦大學歷史學系、復旦大學中外現代化進程研究中心編：《近代中國的物質文化》，上海：上海古籍出版社，2015年，第230～～231頁。

〔註11〕李長莉：《晚清上海：風尚與觀念的變遷》，天津：天津人民出版社，2010年，第221頁。

而尚未普用機器以羈勒自然力，如蒸氣、電氣、煤氣、水力等以助人工也。」如果我國能夠採用機器生產，則可「立進於繁華之程度」。而歐美各國在工業革命之後，「物質發達，突如其來，生活程度遂忽由安適地位而驟進至繁華地位」。〔註 12〕

1924 年，孫中山的三民主義系列演講第四講「穿衣」，反映出他對自己三期進化說的堅守。他將人類生活程度置於文明進化之中，並將文明進化分為需要、安適和奢侈三級，逐一滿足和相繼進化。因此，他明確提出，解決民生問題的目標，不是解決安適問題和解決奢侈問題，而是解決需要問題，也就是滿足全國四萬萬人的衣食需要。他用「進化的眼光」審視衣食需求變遷史，認為古時衣服夏葛冬裘，便算滿足需要，但到安適程度，不只追求夏葛冬裘，更要適體和很舒服。安適程度達到之後，於適體之外還要再進一步，又求「美術的雅觀，夏葛要弄到輕綃幼絹，冬裘要取到海虎貂鼠」。吃飯問題也是如此，「最初只求清菜淡飯的飽食，後來由飽食便進而求有酒有肉的肥甘美味，更進而求山珍海味」。他認為廣東酒席「飛禽走獸、燕窩魚翅，無奇不有，無美不具，窮奢極欲」，已經進化到極為奢侈的程度。〔註 13〕

孫中山對消費的社會意義似無太多討論，但從其對服裝功能的認識可窺一斑。他根據服裝發展史，將其功能歸結為三，即「護體」「彰身」「等差」。他說，「穿衣之作用第一就係用來保護身體」，隨著文明漸進，「就拿來彰身」，要好看，「叫做壯觀瞻」，「至今文明雖進，而穿衣作用仍以彰身為重，而禦寒保體的作用反多忽略了」。「近代窮奢鬥侈，不獨材料時時要花樣翻新，就衣裳之款式也年年有寬狹不同。而習俗之好尚，又多有視人衣飾以為優劣之別，所以有『衣冠文物』就是文化進步之別稱。迨後君權發達，則又以衣服為等級之區別，所以第三個作用，衣服即為階級之符號。至今民權發達，階級削平，而共和國家之陸海軍，亦不能除去以衣飾為等級之習尚。」他又提出，為了順應「階級平等、勞工神聖之潮流」，為了勞動大眾工作之需要，衣服要增加一個「方便」的功能，必須「能護體，能美觀，又能方便不礙於作工，乃為完美之衣服」。〔註 14〕

---

〔註 12〕《建國方略（1917～1919 年）》，《孫中山選集》（上），北京：人民出版社，2011 年，第 142～143 頁。

〔註 13〕孫中山：《三民主義》，北京：東方出版社，2014 年，第 242～243 頁。

〔註 14〕孫中山：《三民主義》，北京：東方出版社，2014 年，第 255～256 頁。

孫中山的詮釋，日後成為國民黨人所謂民生主義經濟學的基礎。1929 年，傅鎔發表於《浙江黨務》的《民生主義中的—需要—安適—奢侈三個問題》，其中完整地援引了孫中山關於欲望的三級說，認為民生主義的重點在於「需要」。他說，三種欲望逐一推進，以善意解之，欲望促進文明進化，以惡意解之，則造成不平等的畸形狀態。他甚至認為，實行民生主義的「需要」，比平均地權和節制資本更加重要。〔註 15〕1930 年，吳鼎昌在「國立清華大學經濟學會」的演講中宣稱，三民主義中的經濟主張，「都詳述於民生主義一書中」，研究三民主義經濟理論，「自然就是研究民生主義」。〔註 16〕他在《中國新經濟政策》一文中，以「效用」作為標準，將消費品劃分為「必需品」和「奢侈品」，主張「凡必需品外一切奢侈品製造之公司企業，概予禁止」，但也承認奢侈品之範圍，「本難規定，嚴格言之，舉凡不合於普通衣食住之高貴用品，皆屬之」。〔註 17〕吳鼎昌的所謂奢侈品，大體上包括孫中山所稱的「安適品」和「奢侈品」。

孫中山在闡述生活程度的「三級」論時，僅僅使用「歐美學者有言」，並未指明其來源。雖然無法考證孫中山此一觀念的確切來源，但其說法與德國經濟學家羅雪爾的表述基本一致。同時，羅雪爾的思想早在 20 世紀初年，即已被國內學界介紹和述評。1903 年，《湖北學生界》在其「普通經濟學」專欄中，以「論欲望」為題，介紹了羅雪爾的欲望論。文章明確說明其欲望類型的劃分，係源自德國學者「羅霞」的分類。一是「必要的欲望」，如衣食住三者，「全係天然不可或缺之物，無論如何人類如何社會，皆不能超脫於此欲望之外，所謂得之則生，弗得則死也。」二是「應分的欲望」，也就是「因吾人地位身世而異，往來交遊必維持應分之需用」。三是「奢侈的欲望」，亦即「無保衛身家地位之必要，不准於知識能力，苟然求愉快於一朝，即所謂策輕肥於寒畯之子，纏錦繡於乞丐之身也。」此文並不完全認同羅雪爾的劃分方式，認為其分類，「一見雖似易明，然三者之界限模棱曖昧，實不能劃然定其範圍」。〔註 18〕此後，羅雪爾的欲望三分說，成為我國知識界

〔註 15〕傅鎔：《民生主義中的—需要—安適—奢侈三個問題》，《浙江黨務》，1929 年第 43 期。

〔註 16〕吳鼎昌：《三民主義中經濟理論》，《大公報》（天津），1930 年 3 月 29 日，林緒武編：《吳鼎昌文集》，天津：南開大學出版社，2012 年，第 181 頁。

〔註 17〕吳鼎昌：《中國新經濟政策》，林緒武編：《吳鼎昌文集》，天津：南開大學出版社，2012 年，第 399 頁。

〔註 18〕《普通經濟學：論欲望》，《湖北學生界》，1903 年第 4 期。該文將羅雪爾翻譯為「羅霞」。威廉·羅雪爾（Wilhelm Roscher，1817～1894），係德國舊曆

討論消費問題或風俗問題的理論基點。〔註19〕孟蓀根據欲望的性質，將其劃分為「自然欲望」「地位欲望」和「奢侈欲望」三種。〔註20〕葛定華在其《國民經濟建設要論》，也根據欲望性質，劃分為「自然欲望」「應分欲望」和「奢侈欲望」。〔註21〕因此，近人所謂的應分欲望，亦即地位欲望或身份欲望。

關於欲望的其他分類方法，雖然與羅雪爾並不完全相同，但均不能排除「應分」一類。1907年，《農桑學雜誌》刊載的「欲望之種類談」，分為四類，一是「必要的欲望」，作者解釋說，「此為人生不可缺之對象，苟有不充足，即有害衛生，即衣食二是住上必要之要求也」。二是「資格欲」，「此為其人對於社會上經濟上保持其資格之要求也，即有不足，亦無害於衛生，惟其於身份相應之資格有損」。三是「歡樂欲」，「喜其耳目，悅其心意之要求，調樂器以聽聲音，弄文章以開襟懷皆屬之」。四是「奢侈欲」，作者將其解釋為「為浪費以取樂者也」。〔註22〕1920年，樓明遠區分了五種欲望，分別「生存欲望」「情交欲望」「聲聞欲望」「健康欲望」和「精神欲望」。他的「生存欲望」，指的是衣食住之欲望，「聲聞欲望」，即「求他人尊敬及認識之欲望也」，並且認為「盛飾華裝，藉以誇耀，無論男女，具有同情，即蠻人之間，此欲亦早發達，觀其貿易之商品、裝飾品多於日用品，其心理可見矣。」〔註23〕

## 三、地位競爭

滿足應分欲望，實際上就是消費社會學所謂的「位置消費」。厲以寧曾從比較經濟史的視角，以「剛性體制」與「彈性體制」為解釋框架，認為資本主義之所以起源於西歐，核心在於西歐封建社會的剛性體制，其等級制和身份

---

史學派的主要代表人物，著有《歷史方法的國民經濟學講義大綱》（商務印書館，1981年）。

〔註19〕分別參見方宗鼇：《經濟上奢侈之問題》，《讜報》，1913年第2期。陳可均：《論奢侈之弊害及挽救之方法》，《蜀風報》，1914年第9期。《欲望不可過於奢侈（錄江西通俗教育旬報）》，《吉林通俗教育講演稿範本》，1916年第7期。補庵：《說奢侈之害》，《社會教育星期報》，1916年第27期。李培祿：《論奢侈》，《大公報》（天津版），1916年10月4日第2版。劉星晨：《奢侈與儲蓄》，《河南大學學報》，1934年第1卷第3期。

〔註20〕孟蓀：《欲望之性質與消費問題之關係》，《北大經濟學會半月刊》，1923年第4期。

〔註21〕葛定華編著：《國民經濟建設要論》，上海：正中書局，1937年，第263頁。

〔註22〕牛獻周：《欲望之種類談》，《農桑學雜誌》，1907年第1期。

〔註23〕樓明遠：《欲望發生之順序》，《申報》，1920年11月22日第18版。

制嚴格，社會流動不易，貌似穩固，但調適能力低，容易崩解。而中國自宋代即建立彈性體制的封建社會，並無嚴格的等級制度和身份制，社會流動在縱向和橫向層面均可進行，因而不易解體，反而制約了資本主義的誕生。〔註 24〕中國宋、明「消費社會」論的一些成果，亦引入了「地位競爭」的解釋模式，認為中國宋、明時期的社會等級不如歐洲固化。韓格理借用托克維爾有關「民主政體社會的結構性特質」的思想資源，認為唐宋以後的中國沒有「世襲的精英分子」，人們通過教育與私人關係的方式，以取得「正式與非正式的權力地位」。〔註 25〕民國建立之後，傳統的等級制度徹底崩解，精英嬗變，社會流動性加強，成為消費領域地位競爭的基礎。

從物質文化史視角看，珍貴毛皮曾經具有「保暖、炫耀與權勢」三大功能。〔註 26〕孫中山以其學生生活為例，強調了服裝的炫耀性功能。他說，「我在廣州做學生的時候，西關的富家子弟一到冬天便穿起皮衣。廣州冬天的天氣本來不大冷，可以用不著皮衣的，但是那些富家子弟每年到冬天總是要穿皮衣，表示他們的豪富。在天氣初冷的時候，便穿小毛；稍為再冷，便穿大毛；在深冬的時候，無論是什麼天氣，他們都是穿大毛。」〔註 27〕皮衣是廣州富家子弟誇示財富以及與其他普通大眾進行區分的工具，也就是孫中山所謂的「等差」功能。《婦女雜誌》的一篇文章寫道：「社會被一般富人攪壞了。他們並不稀罕經久耐穿的衣服，卻喜歡年年換，或者月月換，甚或日日換的新衣裳，因為他們有的是錢，愛的是出風頭。於是苦殺一般窮人，他們未始沒有競爭心、模仿心與好勝心，也要追隨於富人之後，計較衣服的新舊。每逢年節，不穿新衣，就悒鬱不歡；每逢集會，沒有新衣裳，寧可不去。他們的重視新裝，實在可驚。若手頭稍寬，便不惜拋開了正用，急急做新衣。至於在沒有錢而欲望強大的人，就是連負債去置辦新裝也情願的。」〔註 28〕根據連玲玲的看法，百貨公司消費門檻降低，意味著更多人有能力或有興趣加入「趕

---

〔註 24〕厲以寧：《資本主義的起源——比較經濟史研究》，北京：商務印書館，2004 年。

〔註 25〕韓格理：《中國人對外國商品的消費：一個比較的觀點》，陳介玄、翟本端譯，（美）韓格理、張維安：《中國社會與經濟》，陳介玄、翟本瑞譯，臺北：臺灣聯經出版事業公司，1990 年，第 208～211 頁。

〔註 26〕邱仲麟：《保暖、炫耀與權勢：明代珍貴毛皮的文化史》，《臺灣「中研院」歷史語言研究所集刊》，2009 年 12 月，第 555～631 頁。

〔註 27〕孫中山：《三民主義》，北京：東方出版社，2014 年，第 220 頁。

〔註 28〕戴之：《不要害人害己》，《婦女雜誌》，1929 年第 15 卷第 9 期。

時髦」行列，以致整體消費欲望不但提高，且向下傳播，「欲望民主化」強化了社會仿傚效應。〔註 29〕

楊成能將「縱侈」視為中國之「病源」。他解釋說，「舉動不循乎度」即為「縱」，而「生活不素乎位」即為「侈」。「舉動不循乎度，則常感外力之壓迫，而權勢之念熾，生活不素乎位，則常患經濟之困難，而貨賄之欲昌。夫權勢貨賄之在社會也，如魚水之在於地，此有所盈，彼必有所絀，而習於縱侈者不知焉。」他對近人的消費競爭有極佳的描繪，茲長引如下：

「一語默也，務以凌人為榮；一服御也，務以上人為快。己求凌人，人亦必思所以凌之，己求上人，人亦必思所以上之，於是互相齮齕互相炫耀，輾轉相勝，每進益上，而亂之起伏，亦且如環無端。」「試與觀夫下流社會，則見其冠必猗，領必開，視必怒目，坐必翹足，言語必穢惡，必吸煙，必酗酒，凡足以示其縱且侈者既如彼。試與觀夫上流社會，服必華，食必美，言必肆，動必倨，口無老幼必蓄須，目無遠近必架鏡，必遲刻赴約以見身份之尊，必賒帳購物以表信用之著，凡足以示其縱且侈者又如此。偶遇一循分守規、廉儉自矢之士，則群目為迂拘，咸加以狎侮。其甚也，競至不能維持其地位。苟欲維持地位、排除狎侮，則必有超出地位之奢費，凌躐同輩之餘威，而後人始不敢侮，地位始可保。夫同輩而被其凌躐，則必思有以反之；奢費而超出地位，則必不足以給之。於是乎不顧擇術之正否，而必求較今高出之地位以為償。迨地位既高出矣，而凌躐與奢費尚未有已，其足以召反抗而致窘迫也益甚。於是必又求較今更高之地位以為償，而夤緣奔競、巧取豪奪之術無不至。夫人豈甘為夤緣奔競、巧取豪奪哉，驕諂炎涼之態迫之於前，索逋收債之人追之於後，不能若伯夷之餓，必須為盜跖之貪。」「驕縱之習，愈演愈高，奢侈之風，愈趨愈烈……為士流者，一月不揮霍，則必有議其儉嗇，而望望然勿與為伍者。」〔註 30〕

與楊成能看法類似的觀察並不罕見。王宏儒關於「服用奢華之痛言」激烈抨擊世俗奢華，並指出不同社會階層之間的攀比：「彼貧者不自量，而欲與富者爭豪，富者不自量，而欲與貴者爭勝，乃一飲食之需，足給貧家一載之

〔註 29〕連玲玲：《打造消費天堂：百貨公司與近代上海城市文化》，北京：社會科學文獻出版社，2018 年，第 62 頁。

〔註 30〕楊成能：《戒縱侈以救亂亡論》，沈鎔：《近世文選》（第 4 集），上海：大東書局，1933 年，第 151～152 頁。

用，一婚嫁之禮，或耗中人數歲之資，食盡珍饈，尚嫌供奉之不豐，衣畫錦繡，尚厭觀瞻之不美，前人以為太過，今人猶以為未足。」〔註 31〕

徐式圭認為，消費奢侈與階級基礎互相促進。他認為，「古昔物我無分，萬人平等，不特無社會階級，並治人、被治之階亦無之。浸假而有部落，有酋長，有國家，政治之基礎愈固，人類階級愈多，層壘而上，有若承梯。位曰五，祿曰七，品曰九，是皆明定典型，發為政揆者也。」他將此命名為「成文階級」。此外尚有「不文階級」，所謂「縱則有士庶，有四民，橫則有主從，有貧富，町域之見，格於胸中」。「居高者，自謂得天厚，必須優異於齊民，於是乎車服有等，宮室有別，黻黼文章，悉視其地位之高低為隆殺。居其位而不如是者謂之瀆，非其位而如是者謂之譖。」階級區分體現於衣、食、住等方面，「有以衣之奢儉為標準者，曰衣錦，曰紈絝，曰布衣；有以食之奢儉為標準者，曰肉食，曰膏梁，曰黎民；有以住之奢儉為標準者，曰朱門，曰巨室，曰蔀屋小民」。他將奢侈劃分為「法定奢侈」和「人為奢侈」，但前者往往難以持久，必將受到後者的衝擊，因為「得之有財者，又必窮極奢侈，百計求異於庸眾。其次者，亦復不甘退讓，急起直追。前喏後邪，迄胡底極。社會成為風尚，流俗誇為美談，雖淡泊寡欲者儔，一入漩渦，亦不得不隨俗富貴。」他認為，能夠貫徹「『得志弗為』之意向者」舉世罕見，更為常見的現象往往是縮小「必要」和「有益」的需求，而逐「粉靡之末」。因此，他將「成文階級」視為「法定奢侈」的基礎，將「不文階級」視為「人為奢侈」的基礎，「人為之奢侈固依法定奢侈為步趨，所謂上有好之下必有甚；法定之奢侈，又為人為奢侈所反映，所謂『非使壯麗何以動人』」，兩者「互果互因，愈演愈進」。〔註 32〕

1924 年，時人伯純對廣東海豐地區的奢侈現象進行了詳細分析。他認為奢侈並非「好現象」，因而一地愈奢侈，愈能體現有產階級與無產階級之間的不平等，世界上許多無產者由於無力追趕有產者之奢侈習慣，因而「益感人生之困苦與乏趣」。就海豐而言，首先是官僚政客「大鏟地皮、剝奪民脂」，「一歸鄉土，則大施『闊佬』」，具體表現為「衣非呢絨綢緞不上身，食非珍饈美餚不入口，屋非高樓廣廈不安居，吹捲煙，飲美酒，緞鞋革履，一妻數妾，僕婢滿堂」，其本質在於「藉以炫耀身勢」。他們不計商品價格高低，「只計貨

〔註 31〕王宏儒：《服用奢華之痛言》，《痛言》，1921 年國慶號特刊。
〔註 32〕徐式圭：《奢侈欲望與階級思想》，《學藝》，1922 年第 4 卷第 5 期。

之美素」，導致當地日用之物價格普遍上漲。他進一步指出，官僚政客之奢侈對學生形成負面的示範效應，「蓋此輩之子弟家道既豐，而食用遂以奢侈自豪，衣食當然悉異於人，手錶戒指及許多裝飾品，燦爛奪目，叉麻雀，飲酒喝茶，更視為常事。」富豪子弟又成為平民子弟的儆仿對象，「為彼輩之時髦所炫，因而竟相仿儆，日以奢侈品相征逐，幾有『不若此殊非待友之道』之概」。〔註 33〕

消費文化理論指出，影響標誌性商品使用的一個重要因素，是為獲得「地位性商品」，為獲得表明步入上流社會的商品而展開的鬥爭，使得新商品生產率不斷提高，而這使人們通過標誌性商品獲得上層社會地位的意義，反而變得只具有相對性了。經常性地供應新的、時髦得令人垂涎的商品，或者下層群體僭用標誌上層社會的商品，便產生了一種「犬兔」越野追逐式的遊戲：為了重新建立起原來的社會距離，較上層的特殊群體不得不投資於新商品。〔註 34〕而與此類似的表達，則是「地位跑步機」。〔註 35〕基於散見於民國時期報刊言論的梳理，從中可以管窺近人對消費本質的理解。並且不難看出，近人的看法與當代消費文化理論竟然如出一轍。下文將分別對民國時期社會學、經濟學乃至歷史學對消費示範問題的討論進行集中剖析。

## 第二節　社會學家的消費示範論

民國時期社會學對消費示範效應的探討雖然並不多見，但馬克思主義社會學家李劍華則曾有專文討論。本節以李劍華的相關文本為中心，並與個別非馬克思主義學者的看法進行比較，以期揭示思想界關於消費示範論說的複雜性和思想資源的多元性。

李劍華（1900～1993 年），四川大邑人，1921 年中學畢業赴日留學，進修社會學。1925 年歸國，擔任上海學藝大學社會學教授，嗣後歷任上海法科大學、上海法學院教授和新中國公學社會學系系主任，並兼任上海復旦大學、

---

〔註 33〕伯純：《海豐幾年來之奢侈現象》（原載 1924 年《新生》雜誌），中共海豐縣委黨史辦公室、中共陸豐縣委黨史辦公室編：《海陸豐革命史料（1920～1927）》（第 1 輯），廣州：廣東人民出版社，1986 年，第 244～246 頁。

〔註 34〕（英）費瑟斯通：《消費文化與後現代主義》，劉精明譯，上海：譯林出版社，2000 年，第 26～27 頁。

〔註 35〕Llord A. Fallers. A Note on the "Trickle Effect". *Public Opinion Quarterly*, vol.18, No.3, 1954, pp.314~321.

中國公學大學部、上海法政大學、國立勞動大學教授。1934年加入中國共產黨，隨即潛入國民黨內部從事地下工作，始則南京，繼而蘭州、長沙、武漢、重慶、上海，先後接受謝覺哉、周恩來、李克農、張唯一等人的單線領導，「在敵人的心臟裏一直戰鬥到上海解放」。新中國成立後，他先後擔任上海市人民政府勞動局副局長、華東軍政委員會勞動部副部長、華東教育部視導、上海市高教局技術教育處負責人，以及上海第一醫學院、華東政法學院、上海社會科學院教授，上海財經學院教授兼工業經濟系主任。1979年「昭雪平反」之後，被聘為中國社會科學院法學研究所顧問，其後又擔任上海社會科學院顧問兼社會學研究所負責人。〔註36〕

李劍華是「無產階級革命戰士」、著名社會學家和法學家，著述甚豐，僅1949年以前即發表論文百餘篇，出版著作多達8部，個別著作甚至連續再版，〔註37〕亦擅詩詞，遺有《晚晴詩稿》《晚晴詩稿續編》。〔註38〕雷潔瓊認為李劍華「為發展社會學鞠躬盡瘁」，費孝通則評價他「治學嚴謹、誨人不倦」。〔註39〕但遺憾的是，目前關於李劍華的研究成果並不多見。在其逝世以後，上海社會科學院社會學研究所編印《李劍華先生紀念集》，其中收錄了各界的紀念性文字、李劍華的一少部分論文，以及為他人所作「序言」。〔註40〕另外幾篇文章則主要聚焦於李劍華的「紅色傳奇」。〔註41〕吳漢全的《中國馬克思

〔註36〕該簡介主要參見上海社會科學院社會學研究所編：《李劍華先生紀念集》，上海市新聞出版局內部資料，準印證編號（95）123號，1995年，第1～6頁。李劍華：《回憶在國民黨上海社會局的秘密鬥爭》，上海人民出版社黨史資料叢刊編輯部編：《黨史資料叢刊》（1981年第4輯），1982年，第55～68頁。

〔註37〕李劍華建國以前出版的著作有《勞動問題與勞動法》（上海太平洋書店1928年版）、《犯罪學》（上海法學編譯社1931年版），《社會事業》（世界書局1931年版）、《社會學史綱》（世界書局1931年版）、《勞工法論》（上海會文堂新記書局1933年版）、《犯罪社會學》（上海法學編譯社1935年版）、《監獄學》（中華書局1936年版）以及《非常時期之社會政策》（中華書局1937年版）。

〔註38〕分別由上海社會科學院出版社於1983年和1986年出版。

〔註39〕雖係李劍華逝世以後的「蓋棺定論」，但頗為中肯客觀。均參見上海社會科學院社會學研究所編：《李劍華先生紀念集》，上海市新聞出版局內部資料，準印證編號（95）123號，1995年。

〔註40〕上海社會科學院社會學研究所編：《李劍華先生紀念集》，上海市新聞出版局內部資料，準印證編號（95）123號，1995年。

〔註41〕分別參見許妙發：《「劍華書香覺後生」：追憶社會學家李劍華教授》，《社會學雜誌》，1995年第1期；葉雪楓：《李劍華：一個社會學家在上海灘的紅色傳奇》，《新民週刊》，2016年第25期。

主義學術史概論（1919～1949）》列有專節介紹李劍華的社會學成果，〔註 42〕強調李劍華學術研究的馬克思主義取向，惜未詳細展開。

李劍華是馬克思主義社會學家，留日期間深受馬克思主義影響。1931 年主編《流火月刊》，宣傳聯俄抗戰。不久又參加中國共產黨領導下的革命團體「中國左翼社會科學家聯盟」，並主編社聯機關刊物《現象月刊》，宣傳馬克思主義。1933 年 12 月，李劍華因受一名學生「赤化」嫌疑案而被捕入獄，證據之一是其家中搜出「日文左傾書籍多種」。〔註 43〕1929 年發表《達爾文與馬克斯》一文，他認為達爾文和馬克思都是 19 世紀「思想界革命的權威」，而馬克思是著名的「多讀家」「無神論者」「唯物論者」。〔註 44〕在《社會學史綱》「自序」中，他開篇就指出，第一次世界大戰的結果，是導致「兩種印刷品的大量生產」，其一是「不換紙幣」，其二即馬克思的文獻。他認為「唯物辯證法」「唯物史觀」「階級鬥爭」都是馬克思文獻重要內容，同時指出，在社會學尚處於「被誤解的時代」，「社會科學」「社會主義」「社會運動」「社會思想」「社會問題」「社會政策」「社會事業」等類名辭，普通大眾甚至社會學都「分辨不清」。〔註 45〕他還將日本學者永田廣志的《唯物史觀與客觀主義——對於歷史的態度》翻譯成中文，刊載於《國際每日文選》。〔註 46〕

在 1935 年「中國本位文化」的論戰中，他發表《試評胡適之「試評所謂中國本位的文化建設」》，其中反映了他對社會規律的理解。他說：「胡先生是信仰科學的人，而胡先生卻不相信科學方法可以指導文化的各方面的選擇去取，這是很可驚異的！社會科學的任務，在於發現社會現象的因果關係之法則，即社會現象的規律性。我們能夠把握著社會現象的規律，便能夠預言社會現象的變動，能夠對於社會現象的變動加以適當的人為的控制。固然，我們的社會科學迄今還沒有達到自然科學那樣正確的程度，可是社會科學正一天一天朝著正確的路上走，可以斷言，我們若不相信科學方法有控制文化的

〔註 42〕吳漢全：《中國馬克思主義學術史概論（1919～1949）》，長春：吉林人民出版社，2010 年。該書共三冊，其中有關李劍華的內容，參見該書第二冊第 751～757 頁。

〔註 43〕川：《李劍華轉變以後》，《社會新聞》，1934 年第 7 卷第 23 期。

〔註 44〕李劍華：《達爾文與馬克斯》，《月刊》，1929 年第 2 期。

〔註 45〕李劍華：《社會學史綱》，上海：世界書局，1931 年，自序，第 1 頁。該書將馬克思翻譯為「馬克斯」。

〔註 46〕永田廣志：《唯物史觀與客觀主義——對於歷史的態度》，《國際每日文選》，1933 年第 4 期。

力量，則我們的一切，社會計劃、經濟計劃、教育計劃、建設計劃，乃至一切社會政策等等，都成為不必要了。」〔註 47〕

1931 年，李劍華發表於《社會學刊》的《奢侈生活之社會學的觀察》，以奢侈生活為切入點，針對奢侈的界定、根源、原因和危害進行了比較全面系統的闡述，充分反映了他的消費社會學思想。

## 一、奢侈界說及其階級起源

首先是何謂奢侈的問題。在西方，奢侈的概念引發了長期的爭論，基本上貫穿於西方的整個歷史，「作為一個命題，橫跨多門學科，集哲學、歷史學、人類學、神學、經濟學及政治學的各種問題於一身」。〔註 48〕若僅從觀念層面而言，近代中國的情況亦大體類似，爭論不斷，眾說紛紜。在此僅僅檢視其中頗具代表性的幾種觀點，以便與李劍華的看法相互參照。早在 1917 年，劉秉麟所編《經濟學原理》，即認為「奢侈二字之意，大概指可有可無之物而言，可有可無之物，屬於新出者多，新需要日增，則人類愈進步，因人之需要多，則必多費勞力，以供其需要，人之五官愈用愈敏，故需要加增，則人之進步隨之，由此觀之，則奢侈二字，並未包含不善之意於其中。」〔註 49〕1928 年，李權時在其《消費論》中，將奢侈「簡單的定義」為「奢侈品的消費」，又進一步根據奢侈品消費對社會及個人之影響進行界定，「奢侈就是消費了財貨與勞務之後，消費者不能償還社會以同樣的功用的一種消費。」因此，奢侈消費對社會是「所失不償所得」，對個人則是「所得不償所失」，但奢侈消費對消費者個人不一定造成直接損害。〔註 50〕顯然，兩人主要將經濟學視為解釋性科學，而不對奢侈進行道德上的善惡評價。

社會學家對奢侈的界定，與經濟學的個人主義路徑明顯不同，多持集體主義的方法，亦可稱為「社會」主義的方法。李劍華認為，奢侈生活的標準因時代不同和社會差異而標準不同，可以定義為一種「不適當的、不必要的享樂的消費生活」，而且此種消費生活「超過了其時其地一般社會生活的水

〔註 47〕李劍華：《試評胡適之「試評所謂中國本位的文化建設」》，《中國新論》，1935 年第 1 卷第 2 期。

〔註 48〕（美）克里斯托弗．貝里：《奢侈的概念：概念及歷史的探究》，江紅譯，上海：上海世紀出版集團，2005 年，第 4 頁。

〔註 49〕劉秉麟：《經濟學原理》，上海：商務印書館，1919 年，第 188～189 頁。

〔註 50〕李權時：《消費論》，上海：東南書店，1928 年，第 125 頁。

準」。〔註 51〕這一定義與蔡元培的看法完全一致。1916 年，蔡元培指出，「奢侈者，一人之費，逾於普通人所費之均數，而又不生何等之善果，或轉以發生惡影響。」〔註 52〕1917 年，杜亞泉在討論奢儉問題時，對蔡元培的界定表達了部分認同，認為「據善果之有無以定奢儉，誠為至論」，但同時表示，「若取超越之多寡以為斷，似不如就財力之勝否以為衡」。〔註 53〕「國家社會主義」者胡青石自稱秉持「客觀態度」對奢侈進行界定，「某社會的生活水準是依照現階段的社會生產力或社會經濟力而行應得之平均生活需要。超過社會生產力或經濟力的平均生活需要的一切消耗，即為奢侈之消費。社會生產力是發展的，擴張的，故生活水準也是向上的，奢侈沒有永恆不變的尺度，是以現階段的社會生產力為尺度。」〔註 54〕胡青石的界定基本上以社會生產力水平不斷發展為依據，認為歷時性看，奢侈具有相對性。

馬克思在《政治經濟學批判（1857～1858 年手稿）》中揭示了「資本的趨勢」，從歷時性的視角指明了奢侈與必要的相對關係，「以前表現為奢侈的東西，現在成為必要的了，而所謂奢侈的需要，例如對於那種完全自然產生的並完全從自然必要性中成長起來的部門來說，也成為必要性了。這樣把每一

---

〔註 51〕李劍華：《奢侈生活之社會學的觀察》，《社會學刊》，1931 年第 2 卷第 4 期。

〔註 52〕孑民：《文明與奢侈》，《旅歐雜誌》，1916 年第 7 期。收錄於沈善洪主編：《蔡元培選集》（上卷），杭州：浙江教育出版社，1993 年，第 451～452 頁。

〔註 53〕杜亞泉：《說儉》，《東方雜誌》，1917 年第 14 卷第 6 號，收錄於許紀霖、田建業編著：《杜亞泉文存》，上海：上海教育出版社，2003 年，第 314 頁。

〔註 54〕胡青石：《略論奢侈並評燕京的奢侈生活》，《燕大旬刊》，1934 年第 4 期。關於胡青石的身份，筆者多方檢索，所獲不多。王連捷在其《英雄無名：閻寶航》的一條注釋中指出，胡青石與羅隆基等人都是國家社會黨的重要人物。（王連捷：《英雄無名：閻寶航》，北京：中共黨史出版社，2018 年，第 153 頁注釋 1）谷小水在研究丁文江時，根據梁啟超的說法，1927 年上半年，在長期的政治生涯中屢屢受挫的梁啟超靜極思動，意欲應「所謂國家主義者那許多團體，次則國民黨右派的一部分人，次則所謂『實業界』的人」的要求，重新出山組織團體參與政治。而張君勱、陳博生、胡青石等對此持肯定態度，但遭到丁文江及林宰平的強烈反對，他們主張梁氏應徹底遠離政治，專力於學術工作。（參見谷小水：《「少數人」的責任：丁文江的思想與實踐》，天津：天津古籍出版社，2005 年，第 55～56 頁）胡青石也是 1939 年重慶憲政座談會第一次座談會的 12 名召集人之一。（參見（長江：《重慶憲政座談會：記第一次座談會》，（《現實》，1939 年第 6 期。）因此，胡青石可能是國家社會黨成員之一，雖然該黨派鼓吹的國家社會主義，與中國共產黨人的科學社會主義不可同日而語，政治主張亦差別很大，但不能否認他們對馬克思主義有一定的瞭解。因此，本文雖以李劍華的思想為主線，但也對胡青石的奢侈論有所涉及。

生產部門腳下的自然形成的基礎抽掉，並把這種生產部門的生產條件轉移到它外部的普遍聯繫中去，——於是，過去多餘的東西便轉化為必要的東西，轉化為歷史地產生的必要性」。〔註 55〕據此審視李劍華等人的奢侈界定，不難發現其中馬克思主義這一思想資源的深刻影響。

其次，李劍華運用階級分析法，將奢侈生活視為私有財產制度的產物。他說，「在太古時代，人類社會是自然的共有制度」，土地、弓矢、舟車及其他器具，均為部落所共有，而由各種器具所生產出來的穀物、菜蔬等生活資料，亦由部落所共有。因此，太古時代沒有貧富差別，「要貧大家都貧，要富大家都富」。隨著人類知識逐漸發展，新的器具和機械亦逐漸被發明出來，因而「漸次有了生活的餘裕」，於是一部分人便將其餘裕作為私有財產，成為富人，其餘多數人成為窮人。人類社會出現貧富分化，並出現「有閒階級」，而這一階級也是奢侈生活的「主動者」和「中心」。〔註 56〕

李劍華借用凡勃倫的核心概念和理論資源，對有閒階級的奢侈消費進行分析。他明確援引凡勃倫的看法，認為有閒階級的特質在於「沽名釣譽」，具體方式為「顯然的閒空」和「顯然的消費」。本研究前一章已經說明，凡勃倫的後兩個概念，蔡受百分別翻譯為「明顯有閒」和「明顯消費」，而當下一般翻譯為「炫耀性有閒」和「炫耀性消費」。

## 二、奢侈消費的內在動因

李劍華將奢侈生活的原因歸結為四個方面，大體上以凡勃倫的解釋框架為依據，並結合中國的例證進行詮釋。下文就其分析進行簡單梳理。

李劍華將奢侈生活的初始原因確定為「求美觀」，理由是奢侈生活最為顯著的表現莫過於裝飾品，裝飾品的發達甚至在「野蠻化社會」亦有明顯表現。他以人類學的研究作為證據，一為阿非利加等熱帶地方的人，把鳥羽或美麗的獸皮裹在身上，或者把很粗的鐵圈或銅圈套在腕上或腳上，二是臺灣「番族」各種各樣的耳飾、頸飾、胸飾、腕飾、腳飾，亦即自毀身體的裝飾品，如紋身、缺齒等。他認為此類裝飾的功能有二，一方面是用來表示其社會地位超群出眾，而另一方面無疑是求美觀。奢侈生活的第二個原因是「求

〔註 55〕《政治經濟學批判》(1857～1858 年手稿)，中共中央馬克思恩格斯列寧斯大林著作編譯局：《馬克思恩格斯全集》(第 30 卷)，北京：人民出版社，1995 年，第 525 頁。

〔註 56〕李劍華：《奢侈生活之社會學的觀察》，《社會學刊》，1931 年第 2 卷第 4 期。

名譽」。他明確贊同凡勃倫的看法，但又在凡勃倫的基礎上進一步追問追求名譽後面的利益動機。凡勃倫僅僅觀察到奢侈的名譽動機，而在李劍華看來，求名譽並非最終目的，「不是名譽本身有何實惠，而是跟隨著名譽而來的數不完的利益，名的背後是利，利的前面是名。」因此，他強調，中國人常將名利二字並置，「算是最露骨的了」。〔註 57〕

奢侈生活的第三個原因，李劍華仍然基本上借用凡勃倫的概念，表述為「力的誇示」。凡勃倫的炫耀概念，亦可翻譯為「誇示」。譬如，羅鋼和王中忱主編的《消費文化讀本》，其中由蕭莎選譯了凡勃倫《有閒階級》的一章內容，並題名為「誇示性消費」，實際上也就是學界常用的炫耀性消費。〔註 58〕李劍華將「社會勢力」簡稱為「力」，同時又將「金錢勢力」視為「宰制現代社會最有勢力的勢力」。他結合當時中國的社會狀況指出，「因為有錢，便可同達官貴人來往，可以打電話和開條子把反抗你和你不滿意的人立刻送去坐牢，可以隨意伸一隻腿踢打黃包車夫，而黃包車夫無話可說。可以窮奢極侈，凡不可以的事都無不可以。金錢勢力如此偉大，人們晝夜都想把金錢集中於自己一身，或把這勢力顯示給人看。奢侈生活就是把這勢力誇示給人看。」他指出，當時中上社會購買幾十元一雙的絲襪、十萬元一串的項鍊，目的在於「誇示給人看」。〔註 59〕

炫耀性消費的目的，本來在於追求「社會回頭率」，〔註 60〕因此消費品必須能夠被他人觀察到。1917 年 4 月，李大釗將「奢侈之風盛行」視為民國政治與社會之腐敗的重要表徵，連續發表《罪惡與懺悔》《簡易生活之必要》兩篇文章，抨擊知識分子的炫耀性生活，「書生得志，一躍而置身榮顯，輒如乞兒暴富，極欲窮奢。於是衣必金紫，食必甘旨，居必廣宇，行必汽車，內以驕誇於妻妾，外以酬應乎親朋」。〔註 61〕「一介書生，躋身榮顯，遂而高車駟馬，錦衣玉食，奢靡成風，誇耀井裏。」〔註 62〕在此，李大釗直指知識分子奢侈

〔註 57〕李劍華：《奢侈生活之社會學的觀察》，《社會學刊》，1931 年第 2 卷第 4 期。

〔註 58〕羅鋼、王中忱主編：《消費文化讀本》，北京：中國社會科學出版社，2003 年，第 3～24 頁。

〔註 59〕李劍華：《奢侈生活之社會學的觀察》，《社會學刊》，1931 年第 2 卷第 4 期。

〔註 60〕Robert H. Frank. The Demand for Unobservable and Other Nonpositional Goods. *American Economic Review*, Vol.75, No.1, 1985, pp.101~116.

〔註 61〕李大釗：《罪惡與懺悔》（1917 年 4 月 21 日），中國李大釗研究會編注：《李大釗全集》（第 2 卷），北京：人民出版社，2013 年，第 169 頁。

〔註 62〕李大釗：《簡易生活之必要》（1917 年 4 月 22 日），中國李大釗研究會編注：

生活的誇示本質，亦暗合於中國人「富貴不歸故鄉，如錦衣夜行」的傳統思維。而李劍華所引的絲襪和項鍊，無疑具有炫耀性產品的特徵。民國時期絲襪的消費狀況，在討論價格效應和自下而上的傳播模式時，均有涉及，此處不再贅論，僅舉兩個例證。1919 年，「揚州金價大跌，販夫走卒，莫不爭御金戒指，以相炫耀，被人稱為黃金世界」。〔註 63〕1934 年《新聞報》報導說，住在上海城內舊校場 13 號的翁樹山，經常前往豫園路 244 號逍遙樓書場聽書消遣，「惟因性喜虛榮，故於聽書時，必將其所穿長衫脫下，掛諸壁上，使其短衫上所懸光耀奪目之金表練……得以顯露，致為盜匪覬覦，引發持槍劫案。」〔註 64〕

胡青石也提及凡勃倫的觀點，但更傾向於運用唯物論對「奢侈的發生及其風行」進行解釋。他明確將馬克思的生產力與生產關係、經濟基礎與上層建築的辯證關係，稱為「基本公式」，認為「運用這一公式，則奢侈從何產生易於明瞭」。在他看來，上流社會的禮儀與習慣是上流社會和資產階級的心理的反映，而其奢侈心理以經濟為基礎。由於資產階級經濟基礎「富厚」，並與無產階級形成經濟對立，前者禮儀與習慣之繁縟，目的並非追求生活的藝術化，而是為了獲得他人的「讚賞與驚訝」「由讚賞與驚訝之聲中表現其富有而已」。〔註 65〕因此，胡青石並不完全否認凡勃倫的炫耀性概念，即奢侈的目的是滿足其「自顯其富有」，但主要將其視為資產階級「階級心理」之外顯。

## 三、奢侈消費的傳播機制

李劍華從兩個方面闡述奢侈的傳播問題，認為奢侈既是「自由競爭時代的手段」，也是出於「好勝心理」。從其論述題旨而言，可以歸結為奢侈的傳播這一個問題。他將「競爭」視為人類各種經濟動機中「最銳敏而又強固的東西」，並且將競爭通俗地表達為「想出風頭」。在現代工業社會中，「想出風頭」則表現為「金錢競賽」。〔註 66〕

「金錢競賽」這一概念顯然源自凡勃倫的《有閒階級論》，但是，他在闡述奢侈的社會意義時，則似乎受到了馬克思的影響。凡勃倫主要將資本主義

---

《李大釗全集》（第 2 卷），北京：人民出版社，2013 年，第 171 頁。

〔註 63〕大麟：《揚州無線電》，《時報》，1919 年 8 月 13 日第 11 版。

〔註 64〕《聽書客炫耀金表練，逍遙樓全場震驚》，《新聞報》，1934 年 9 月 9 日第 15 版。

〔註 65〕胡青石：《略論奢侈並評燕京的奢侈生活》，《燕大旬刊》，1934 年第 4 期。

〔註 66〕李劍華：《奢侈生活之社會學的觀察》，《社會學刊》，1931 年第 2 卷第 4 期。

社會暴發戶的炫耀性消費視為與貴族進行地位競爭的手段，但馬克思的看法則更加深刻。馬克思在《資本論》中寫道，「在資本主義生產方式的歷史初期，——而每個資本主義的暴發戶都個別地經過這個歷史階段，——致富欲和貪欲作為絕對的欲望占統治地位。但資本主義生產的進步不僅創立了一個享樂世界，隨著投機和信用事業的發展，它還開闢了千百個突然致富的源泉。在一定的發展階段上，已經習以為常的揮霍，作為炫耀富有從而取得信貸的手段，甚至成了『不幸的』資本家營業上的一種必要。奢侈被列入資本的交際費用。」〔註67〕因此，資本家的炫耀性消費，不僅僅具有凡勃倫所謂的爭名的意義，而且還有爭利的意義，是資本家維繫其商業信用的手段。

李劍華的看法與馬克思這一判斷非常近似，他說：「尤其是處於自由競爭的時代，奢侈被用作最有效力的競爭手段。奢侈的作用同於廣告，從這個意義講來，奢侈可以說是『自己的廣告』。」他分析說，「衣服和住宅最漂亮的，即為某人成功的表現」。〔註68〕「滑頭商人」黃楚九的作為，可以作為馬克思和李劍華上述判斷的例證。據上海老中醫陳存仁記載，黃楚九暑期在其「知足廬」宴客時，每天手中要換一把扇子，扇面扇骨都是稀有之品，而每年寒冬季節大宴賓客時，他有一慣例，「必然穿不同樣的皮裘袍子馬褂，以示闊綽」。〔註69〕這一認識與消費社會學的觀點如此一轍。法國社會學家尼古拉·埃爾潘認為，奢侈消費方式主要有利於「融合上流社會的人際關係」，上層社會的奢侈消費具有「廣告效用」，其豪華宴會本質上只不過是「富人們相互表演的示範性劇場」。但是大眾對上流社會的奢侈消費「看在眼裏，記在心上」，他們去觀看各種著名演出，在久負盛名的海水浴療養地度假，就是向中下層老百姓展示他們高不可攀的私生活，「無論是真是假，有關他們私生活的種種消息都將成為各類報紙專欄津津樂道的新聞，並且大範圍地口耳相傳。」〔註70〕

在自由主義者看來，「消費者是現代社會的英雄」，而與自由主義理論針鋒相對，馬克思主義批評家對資本主義消費文化進行了深刻的揭露和抨擊。

---

〔註67〕《資本論》（第1卷），中共中央馬克思恩格斯列寧斯大林著作編譯局：《馬克思恩格斯文集》（第5卷），北京：人民出版社，2009年，第685頁。

〔註68〕李劍華：《奢侈生活之社會學的觀察》，《社會學刊》，1931年第2卷第4期。

〔註69〕陳存仁：《銀元時代生活史》，上海：上海人民出版社，2000年，第374頁。

〔註70〕（法）尼古拉·埃爾潘：《消費社會學》，孫沛東譯，北京：社會科學文獻出版社，2005年，第24～25頁。

馬克思「異化勞動」和「商品拜物教」的概念，都對消費文化的研究產生了深遠影響。〔註 71〕馬克思在《資本論》第一卷考察「交換過程」時指出，「貨幣拜物教的謎就是商品拜物教的謎，只不過變得明顯了，耀眼了。」〔註 72〕近代中國尤其是上海已經進入「金錢社會」，1935 年有人寫道：「金錢效用的範圍，在最初不過是在交換貨物時當作種媒介品，慢慢可以把它積蓄了，於是有買田地買奴隸的用處起來。而到現在，隨著文化的進步，科學的發達，它的效用的範圍一天天擴大了。金錢的效用擴大到現在，已使什麼都沒有希奇；你的健康，你的博學，你的名譽，你的被人人崇視，似乎是無論什麼人只要一有錢就可以辦到的。」〔註 73〕

老舍在 1947 年出版的《我這一輩子》中，描繪了民國金錢社會的消費自由：「民國到底是有好處的，自己有自由沒有吧，反正看見了也就得算開了眼。你瞧，在大清國的時候，凡事都有個準譜兒；該穿藍布大褂的就得穿藍布大褂，有錢也不行。這個，大概就應叫作專制吧！一到民國來，宅門裏可有了自由，只要有錢，你愛穿什麼，吃什麼，戴什麼，都可以，沒人敢管你。所以，為爭自由，得拼命的去摟錢；摟錢也自由，因為民國沒有御史。你要是沒在大宅門待過，大概你還不信我的話呢，你去看看好了。現在的一個小官都比老年間的頭品大員多享著點福：講吃的，現在交通方便，山珍海味隨便的吃，只要有錢。吃膩了這些還可以拿西餐洋酒換換口味；哪一朝的皇上大概也沒吃過洋飯吧？講穿的，講戴的，講看的聽的，使的用的，都是如此；坐在屋裏你可以享受全世界最好的東西。」〔註 74〕

李劍華則將「金錢」諷刺為「現代之神」：「在拜金主義流行、金錢高於一切、物質競爭異常厲害的今日，以金錢多寡作為優劣的評價標準，這是當然的。而欲明瞭其金錢多寡，審視其生活狀況如何便可。」因此，地位競爭就外化為消費之爭，用他的話來說，「你想強過我，我更想強過你，我強不

〔註 71〕羅鋼、王中忱主編：《消費文化讀本》，北京：中國社會科學出版社，2003 年，第 12～13 頁。

〔註 72〕《資本論》（第 1 卷），中共中央馬克思恩格斯列寧斯大林著作編譯局：《馬克思恩格斯文集》（第 5 卷），北京：人民出版社，2009 年，第 113 頁。

〔註 73〕徐訏：《談金錢》，《人間世》，1935 年第 32 期，陳益民編：《浮生百味》，天津：天津人民出版社，2011 年，第 53～54 頁。

〔註 74〕老舍：《我這一輩子》，天津：天津人民出版社，2009 年，第 27 頁。該書 1947 年由惠群出版社出版。

過你，我最少要像你」。〔註 75〕他的這一通俗表達，實際上包括消費示範理論中的「勢力效應」和「從眾效應」。〔註 76〕

1849 年，馬克思在《雇傭勞動與資本》中寫道：「一座房子不管怎樣小，在周圍的房子都是這樣小的時候，它是能滿足社會對住房的一切要求的。但是，一旦在這座小房子旁聳立起一座宮殿，這座小房子就縮成茅舍模樣了。這時，狹小的房子證明他的居住者不能講究或者只能有很低的要求；並且不管小房子的規模怎樣隨著文明的程度而擴大起來，只要近旁的宮殿以同樣的或更大的程度擴大起來，那座較小房子的居住者就會在那四壁之內越發覺得不舒服，越發不滿意，越發感到受壓抑。」他進一步總結說：「我們的需要和享受是由社會產生的；因此，我們在衡量需要和享受時是以社會為尺度，而不是以滿足它們的物品為尺度的。因為我們的需要和享受具有社會性質，所以它們具有相對的性質。」〔註 77〕

馬克思關於需要的社會性和相對性思想，無疑是消費示範效應理論重要的思想資源。在西方的思想源流中，地位商品（Positional Goods）的概念可以追溯到古代希臘和羅馬時期，〔註 78〕在馬克思 1847 年的演講中「重新浮出水面」。〔註 79〕但是，西方經濟學領域的絕大多數消費示範效應理論，基本上忽視了馬克思的貢獻，〔註 80〕僅有極少數分具有社會學視野的經濟學家重視馬克思的思想資源。美國學者羅伯特．弗蘭克在其《奢侈病》一書的

〔註 75〕李劍華：《奢侈生活之社會學的觀察》，《社會學刊》，1931 年第 2 卷第 4 期

〔註 76〕Leibenstein H.. Bandwagon, Snob, and Veblen Effects in the Theory of Consumers' Demand. *Quarterly Journal of Economics*, Vol.64, No.2, 1950, pp.183~207.

〔註 77〕《雇傭勞動與資本》，中共中央馬克思恩格斯列寧斯大林著作編譯局：《馬克思恩格斯文集》（第 1 卷），北京：人民出版社，2009 年，第 729 頁。

〔註 78〕甚至有人斷言，亞里士多德的著作接近地位商品的概念。Ancil, Ralph E.; David R.. Antecedents and Implications of Hirsch's Positional Goods. *History of Political Economy*, Vol.23, Iss.2, 1991, pp.263~278. 其概念史的詳細檢討，見 Michael Schneider. The Nature, History and Significance of the Concept of Positional Goods. *History of Economics Review*, Iss.45, 2007, pp.60~81.

〔註 79〕Michael Schneider. The Nature, History and Significance of the Concept of Positional Goods. *History of Economics Review*, Iss.45, 2007, pp.60~81.

〔註 80〕有論文以頂尖經濟學期刊的引用狀況為依據，發現在 1894 年至 2010 年間，引用炫耀性消費研究的論文共計 227 篇，而凡勃倫的成果被引用 85 次，占比為 37.4%，由此說明，研究者也包括論文的審閱者和編輯覺得有必要將這個概念歸功於凡勃倫。Cameron M. Weber. The Thinning of Veblen's "Conspicuous Consumption" in the Modern Language of Economics, http://cameron economics.com.

第九章「處境與地位無比重要」，把前述馬克思關於房子的論述作為引子，置於該章之首，進而針對美國當代社會的消費狀況指出：「難怪會有人選擇去他能掙到 10 萬美元而其他人只掙 9 萬美元的地方，卻不願去他能夠掙 11 萬美元，而別人掙 20 萬美元的地方去生活。尤其是，我們不難理解這樣一種現象，即：有些人當自己的願望得到滿足後，還希望看到他人的努力遭到失敗。」〔註 81〕

在《經濟學手稿（1861～1863 年）》「第ＸＸⅢ筆記本的片斷」中，馬克思摘錄了福斯特的一段話：「懶惰、奢侈這些對貧民來說始終是不可寬恕的惡習，他們到底是從哪裏學來的呢？完全是從地位比他們高的人那裡學來的。奢侈還從來不是自下而上地形成的。」〔註 82〕在此，馬克思雖然沒有進行評論，但應該認同福斯特的判斷，亦即貧民的奢侈是對高階地位者的學習，自上而下才是奢侈生活的傳播路徑，因此，不能從道德上將貧民的懶惰和奢侈視為「不可寬恕的惡習」。而早在 1914 年，李大釗在其《風俗》一文中，深刻闡明了風俗生成的社會機制：「夫群之存亡，非人體之聚散也。蓋群云者，不僅人體之集合，乃具同一思想者之總稱。此種團體，實積有暗示力與暗示於他人者之層級而結合者。結合之容愈擴，暗示之力愈強。群之分子，既先天後天受此力之範制，因以成共是之意志，鬱之而為風俗，章之而為制度，相維相繫以建其群之基。群其形也，風俗其神也。……風俗之變，捷於雷火。……一群之中，必有其中樞人物以泰斗其群，是曰群樞。風之以義者，眾與之赴義。風之以利者，眾與之赴利。」〔註 83〕李大釗所指「群樞」，實際上可以理解為消費示範理論中的消費領袖。

再回到李劍華。他以流行時尚為例來闡明奢侈消費的傳播問題，認為現代社會的所謂流行時尚，內在機制係由模仿而傳播。與李大釗的看法類似，李劍華將上層階級視為流行時尚的主導者，將下層階級視為時尚的追隨者，但後者往往只能消費仿製品。他說，上層階級流行金戒指時，下層階級則使

〔註 81〕（美）羅伯特．弗蘭克：《奢侈病》，蔡曙光、張傑譯，北京：中國友誼出版公司，2002 年，第 180 頁。

〔註 82〕《經濟學手稿（1861～1863 年）》，「第ＸＸⅢ筆記本的片斷」，中共中央馬克思恩格斯列寧斯大林著作編譯局：《馬克思恩格斯全集》（第 48 卷），北京：人民出版社，1985 年，第 508 頁。

〔註 83〕李大釗：《風俗》（1914 年 8 月 10 日），中國李大釗研究會：《李大釗全集》（第 1 卷），北京：人民出版社，2013 年，第 156～157 頁。

用鍍金戒指，前者流行珍珠項圈時，後者則消費「賽珍珠」項圈。衣服面料的流行也是一樣，流行「華絲葛」衣料時則有「沖華絲葛」，流行「嗶嘰」衣料時則有「沖嗶嘰」，流行「毛葛」衣料時則有「沖毛葛」。因此在他看來，上層階級流行什麼，下層階級便「沖」「賽」，也得模仿什麼。他將這種「不肯讓人」「不落人後」的態度，視為現代奢侈生活形成的內在機理。〔註 84〕

李劍華認為模仿從社會上層移到下層，其時尚模仿論雖然堅持了階級的劃分，但根據自身的社會學素養，將其學理依據轉向了法國社會學家塔爾德。1890 年，塔爾德出版《模仿律》一書，將「社會」界定為「模仿」。〔註 85〕1929 年，李劍華在《社會學刊》發表《社會學體系論》，他認為社會學中有一「一元論派」，此一派別「不以漠然的社會為對象」，試圖尋求「一種根本原理來說明社會，或發現一種根本現象來說明社會」。他將塔爾德的模仿說歸結為「一元論派」中的「根本原理」說。他分析說，塔爾德認為社會的一切現象都從模仿而起，模仿是一切傳播的原動力，「風俗習慣，都從模仿而傳播，道德趣味，也都從模仿而成立」。不僅如此，塔爾德認為人人的相互團結，其原因實由於模仿，也就是由模仿生成「相互的類似點，由相互的類似點生出相親相睦，以至於相結合」。李劍華總結塔爾德的觀點說，「社會人人的相互結合，或社會現象的成立，都從模仿來的，模仿是社會的根本原理。」〔註 86〕

在 1931 年出版的《社會學史綱》一書中，李劍華認為社會學的歷史與人類社會一樣久遠，在古代許多哲學家的著作中，「隨處都可以發現出社會學的影子」。他基於人是社會性動物這一判斷，認為「複數的人類」在表現「共存」和「共榮」的相互關係時，通過「模仿」「接近」「交通」「協動」等相互作用之行動，則已經形成社會。因此，關於社會的思維和考察與人類的社會行動同時產生。他說，假如承認關於社會的思維或考察可以視為社會學的話，則可以認為人類一產生，就有社會學萌芽，「大凡過社會生活的人，都具備有『社會學徒』的素質」。〔註 87〕

他《社會學史綱》一書中專列子目梳理塔爾德的社會學理論。在他看來，塔爾德反覆使用的核心概念「反覆」「對立」「適應」，不僅可以應用於社會現

〔註 84〕李劍華：《奢侈生活之社會學的觀察》，《社會學刊》，1931 年第 2 卷第 4 期。

〔註 85〕（法）塔爾德：《模仿律》，何道寬譯，北京：中國人民大學出版社，2008 年，第 54 頁。

〔註 86〕李劍華：《社會學體系論》，《社會學刊》，1929 年第 1 卷第 2 期。

〔註 87〕李劍華：《社會學史綱》，上海：世界書局，1931 年，第 12 頁。

象，也可以應用於自然現象。在物理現象中叫做「振動」或「波動」，在生物現象中叫做「遺傳」，而在社會現象中叫做「模仿」。如果就其研究領域之宏大而言，似與孔德、斯賓塞等社會學家並無兩樣，差異在於，塔爾德從社會心理切入，不僅將社會結合以及社會現象形成之原動力歸結為個人之間的相互模仿，並且將模仿現象作為社會學特有的研究對象。因此，李劍華認為這是塔爾德對社會學的貢獻，並將其視為一位「純正社會學者」和「社會心理學的始祖」。同時，李劍華將塔爾德的模仿律總結為三，一是「模仿在沒有妨害的時候，由幾何級數而傳播」；二是「模仿每經傳播而有曲折。模仿的路徑，由內部而及於外部，由上層而及於下層」；三是「習慣的模仿強，則流行的模仿薄弱，流行的模彷強，則習慣的模仿薄弱。」〔註 88〕正是因為對塔爾德模仿律的熟諳和認同，在詮釋中國近代奢侈傳播時，他很難擺脫塔爾德的思想影響。

與李劍華的學理資源並不完全相同，胡青石在分析奢侈傳播時，雖然同樣使用「模仿」這一概念，但仍舊以馬克思主義作為思想資源。他援引馬克思主義的觀點，認為人類思想觀念隨著社會關係的變化而變化，某一時代的「支配階級」支配著某一時代的思想。他由此引申說，上流社會的奢侈勢力支配著社會的各個方面，尤其是「動搖」的中產階級，既想維持該階級的「壁壘」，又想「混入資產階級的陣營」，於是極力模仿上流社會「優美之儀態」。他洞悉了中產階級模仿的「虛偽性」和雙重性，對「資產之低級者表示其富有，對高級者則示弱」。下層階級的模仿並非「漫無限制」，最終受制於經濟基礎，無產者絕不能模仿資產者的形式。他指出，由於資產階級的消費方式被中產階級模仿，「自覺到禮儀仍未達到最崇高之峰，即再加以裝飾的講究，務必表現其能達到最富有的境地。雖然有享樂的意念，然其最大與最終目的，是階級意識與資產的表現。」由於「不絕的模仿，不絕地講究，則彌漫於全宇宙的是窮奢極侈的暴風雨了」。〔註 89〕胡青石根據馬克思主義的基本理論，實際上洞悉了當代消費文化中所謂的「地位跑步機」現象，〔註 90〕或稱「『犬免』越野追逐式的遊戲」。〔註 91〕

---

〔註 88〕李劍華：《社會學史綱》，上海：世界書局，1931 年，第 49～52 頁。

〔註 89〕胡青石：《略論奢侈並評燕京的奢侈生活》，《燕大旬刊》，1934 年第 4 期。

〔註 90〕Llord A. Fallers. A Note on the “Trickle Effect”. *Public Opinion Quarterly*, vol.18, No.3, 1954, pp.314~321.

〔註 91〕（英）費瑟斯通：《消費文化與後現代主義》，劉精明譯，上海：譯林出版社，2000 年，第 26～27 頁。

## 四、奢侈的社會危害

隨著歐洲工業革命的推進，消費主義勃興，奢侈消費也不斷獲得肯定。經濟學家曼德維爾極力證明「私人的惡德」即「公眾的利益」，享樂主義「惡德」造就和維持一個民族的「人口興旺」和「富裕繁榮」。〔註 92〕孟德斯鳩則宣稱，「君主國家的奢侈是極為必要的」，認為「如果富人不大肆揮霍的話，窮人就會餓死。」〔註 93〕

對於當時西方國民經濟學家有關奢儉問題的爭論，馬克思在《1844 年經濟學哲學手稿》進行了深刻的評析：「一方（羅德戴爾、馬爾薩斯等）推崇奢侈而咒罵節約；另一方（薩伊、李嘉圖等）則推崇節約而咒罵奢侈。但是，一方承認，它要求奢侈是為了生產出勞動即絕對的節約；而另一方承認，它推崇節約是為了生產出財富即奢侈。前者沉湎於浪漫主義的臆想，認為不應僅僅由貪財欲決定富人的消費，並且當它把揮霍直接當做發財致富的手段時，它是跟它自己的規律相矛盾的。因此，後者極其嚴肅而詳盡地向前者證明，我通過揮霍只會減少而不會增加我的財產。後者裝腔作勢地不承認，正是突發的怪想和念頭決定生產；它忘記了『考究的需要』，它忘記了沒有消費就不會有生產；它忘記了，通過競爭，生產只會變得日益全面、日益奢侈；它忘記了，按照它的理論，使用決定物的價值，而時尚決定使用；它希望看到僅僅生產『有用的東西』，但它忘記了生產過多的有用的東西就會生產出過多的無用的人口。雙方都忘記了，揮霍和節約，奢侈和困苦，富有和貧窮是畫等號的。而且，如果你願意節儉行事，並且不願意毀於幻想，那麼你不僅應當在你的直接感覺，如吃等等方面節約，而且也應當在普遍利益、同情、信任等等這一切方面節約。」〔註 94〕

---

〔註 92〕（荷蘭）B·曼德維爾：《蜜蜂的寓言》（第 1 卷），肖聿譯，北京：商務印書館，2016 年，第 271～312 頁。

〔註 93〕（法）孟德斯鳩：《論法的精神》，袁岳譯，北京：中國長安出版社，2010 年，第 38 頁。1936 年，我國的《中學時代》載有《談奢侈》，作者引用了孟德斯鳩的觀點，並且評論說：「這種話似是而非」，「窮人餓死，不是因為富人不肯花錢，倒是因為富人拿了窮人的錢。」作者將「市場不景氣」歸結為多數人購買力薄弱，因此簡單地反對奢侈並無充分理由，只有「大家都能夠奢侈，才能把市場振興起來」。參見平文：《談奢侈》，《中學時代》，1936 年第 3 期。

〔註 94〕《1844 年經濟學哲學手稿》，中共中央馬克思恩格斯列寧斯大林著作編譯局編譯：《馬克思恩格斯文集》（第 1 卷），北京：人民出版社，2009 年，第 227～228 頁。

而早在五四時期，中國思想界關於奢儉問題亦有激烈爭論。肯定論者將奢侈視為文明進步的表徵，「不但不違反道德，簡直與道德行為同等」。奢侈消費者是「大家的恩主」，而且奢侈的主體大半是資本家，如果他們禁慾，其積蓄就越多，其生產力也更大，所得剩餘價值就更多，結果產生馬克思所言的資本集中、階級分化，從而引發階級鬥爭。奢侈可以消弭資本集中的惡果。〔註 95〕反對論者則認為，奢侈導致貧困、貪腐、階級鬥爭，甚至引發世界大戰。〔註 96〕

肯定論者的理由深受西方經濟學的影響，梅遠謨的看法實際上就是照搬了曼德維爾的觀點。但是，馬克思在《政治經濟學批判（1861～1863 年手稿）》中譏諷了曼德維爾的《蜜蜂的寓言》，認為曼德維爾「比為資產階級社會辯護的庸人勇敢得多、誠實得多」。〔註 97〕在《資本論》第一卷中，馬克思又諷刺曼德維爾「這個誠實的和頭腦清晰的人」對「積累過程的機制」的謬論。〔註 98〕中國的奢侈否定論者亦駁斥西方經濟學奢侈辯護論之不當。孫中山則將「奢侈利世」論斥為「謬見」。〔註 99〕早期的中國馬克思主義者則強調消費與生產的協調一致。李大釗指出，社會風俗習慣的「演成」，「與那個社會那個時代的物質與經濟有密切的關係」，「就道德與物質的關係論，只有適應，斷無背馳」。〔註 100〕知識分子生活奢侈，而「每月俸資有限」，「迨其虧累日多，無以彌償，而受賄中飽、鬻爵賣官之事，乃以迭見層出矣。」〔註 101〕因此，李大釗極力主張「簡易生活之必要」，反對「過渡之生

〔註 95〕梅遠謨：《從道德上觀察奢侈問題》，《北大經濟學會半月刊》，1923 年第 5 期。

〔註 96〕義農：《奢侈與貧困》，《銀行週報》，1921 年第 5 卷第 42 期；狷公：《奢侈與貧弱（致太平洋記者）》，《太平洋》，1917 年第 1 卷第 2 期；恨：《奢侈足以亡國說》，《小鐸》，1917 年第 188 期；張聯沅：《說風俗奢侈之危害》，《講演彙編》，1917 年第 20 期等。

〔註 97〕《政治經濟學批判》（1861～1863 年手稿），中共中央馬克思恩格斯列寧斯大林著作編譯局：《馬克思恩格斯全集》（第 32 卷），北京：人民出版社，1998 年，第 353 頁。

〔註 98〕《資本論》（第 1 卷），中共中央馬克思恩格斯列寧斯大林著作編譯局：《馬克思恩格斯文集》（第 5 卷），北京：人民出版社，2009 年，第 710 頁。

〔註 99〕《建國方略（1917～1919 年）》，《孫中山選集》（上），北京：人民出版社，2011 年，第 142～143 頁。

〔註 100〕李大釗：《物質變動與道德變動》（1919 年 12 月 1 日），中國李大釗研究會編注：《李大釗全集》（第 3 卷），北京：人民出版社，2013 年，第 138、140 頁。

〔註 101〕李大釗：《罪惡與懺悔》（1917 年 4 月 21 日），朱文通等整理編輯：《李大釗全集》（第 2 卷），北京：人民出版社，2013 年，第 169 頁。

活」。〔註 102〕

李劍華認可物質生活「適當享樂」的必要性，因為人類欲望是社會進步之動因，社會生產的目的是為了滿足人類消費的欲望，消費欲望是「一切經濟活動的根本原理」，甚至認為個人及社會的文化發達程度，可由「消費欲望的質量和強度加以測定」。因此，他反對忽視社會發達程度而主張「極端的禁慾主義」，認為這是「消極的哲學思想的中毒症狀，是倒轉文化車輪的背時思想」。但是根據自己對何為奢侈的理解，他對奢侈生活持反對態度，因為奢侈生活「浪費生產力」，而奢侈品的製造是生產力的最大浪費。他認為，在大多數中國國民生活必需品非常缺乏的時代，首先濫用生產機械為一部分有閒階級製造奢侈品，無論如何不能自圓其說。〔註 103〕

他反對奢侈的其他三個理由，都與消費示範問題相關。首先是「增加犯罪行為」。在私有制社會中，「有錢的人繼續不斷地在那裡拿奢侈生活去誇示、誘惑、刺激人」，窮人雖然沒有奢侈能力，但禁不住其「誇示、誘惑和刺激」，結果往往導致犯罪行為。他認為現代都市是時尚中心，由於示範效應的存在，導致「綁票、偽造、欺詐、侵佔、盜竊、強盜、捲款潛逃」等罪行成為都市的代稱。其次是少數有錢人從事於奢侈生活的競爭，提高了一般生活水準。常識論者以消費主權作為依據，認為「自己的錢，無論如何消費，都不算奢侈，而自己奢侈自己的錢，與他人無關」，他將此種觀點視為「被資本主義錯亂了的社會意識」。在他看來，有錢人「招搖過市的奢侈生活」，有如「傳染病患者在人群中自由進出」，消費領袖不能否定其示範效應。

再次是奢侈生活扭曲社會標準。他認為，「人是社會的存在物，不是天上掉下來的東西。所以一切活動，無論是產業的、學問的或藝術的，簡單說，無論是精神的或肉體的，都是以社會為向心力的活動，一個人的社會評價，是以其人對於社會的服務能力的大小為標準。」因此，他並不贊同絕對的平均主義，而是主張對於服務能力較大者，不妨充分給予生活資料，使之維持發展能力。為了保持其健康，給予富於營養的食物、清潔的衣服和安適的住宅，為了防止其精神過度疲勞，而予以一定的閑暇和娛樂，他都贊成。問題在於，資本主義社會中一個人消費品之豐富，與其社會服務能力之優越並無

〔註 102〕李大釗：《簡易生活之必要》（1917 年 4 月 22 日），中國李大釗研究會編注：《李大釗全集》（第 2 卷），北京：人民出版社，2013 年，第 171～172 頁。

〔註 103〕李劍華：《奢侈生活之社會學的觀察》，《社會學刊》，1931 年第 2 卷第 4 期。

直接因果關係，而往往以地租、利潤、利息及紅利等不勞所得或過大所得為依據，真正為社會服務有所貢獻者，反而過著社會水平線以下的生活。故其結果是導致大眾的社會評價標準發生歪曲，誤以為社會服務能力與尊重毫無關係，從而將不勞所得或過大所得的追求作為人生目的。〔註 104〕

李劍華進一步援引英國政治哲學家葛德文的觀點來佐證奢侈之危害。葛德文曾將窮奢極欲視為「人類的毒瘤」，認為促使私人不斷積累財富的主要動機是喜歡「炫耀富貴和受到敬重」，他追問道：「當人們習慣於用自己多餘的東西來滿足別人的需要，並且習慣於把體力勞動所不需要的時間用之於發展智力的時候，他們將以什麼樣的感情來看待那種愚蠢到在自己的衣服上縫上一點花邊或者在自己身上加上任何其他裝飾品的人呢？」〔註 105〕葛德文代表了從啟蒙思想到空想社會主義思想發展的過渡階段，反映了下層小資產階級的願望，對空想社會主義者歐文的思想形成產生過不容置疑的影響。恩格斯曾經作過葛德文《政治正義論》一書的「摘要」，為了「編纂一部用史料編成的社會主義史」，認為「無論如何必須把它再讀一遍」。恩格斯雖然認為總體而言，「葛德文的結論表明他是堅決反社會的」，對政治缺乏「全面的批判」，不能入選「社會主義史」，但同時也讚揚葛德文的《政治正義論》「有許多出色的地方」，其個別觀點「接近共產主義」。〔註 106〕

李劍華對葛德文觀點的徵引，主要是後者對富人奢侈造成社會危害的揭示。具體來說，富人的奢侈足以引發窮人「羨慕的念頭」，從而「麻痺其義勇奉公的精神，惟熱衷於財富的獲得」。同時富人不是因其智、德之優越，而只是因其富裕而受到多數人的尊敬，於是「節制、廉正、勤勉、崇高、勇敢」等美德蕩然無存，專以獲得財富及誇示財富作為「一般的欲望」，而人類社會遂淪為「極端的利己組織」。總之，富人的財富源自對大眾的「欺騙」，而其財富之消費，實際上也是「侮辱」大眾。在李劍華看來，葛德文的觀點「似乎過火」，但也「大致不錯」。〔註 107〕

要而言之，李劍華將奢侈視為超過社會平均水平的享樂性消費，是私有

〔註 104〕李劍華：《奢侈生活之社會學的觀察》，《社會學刊》，1931 年第 2 卷第 4 期。

〔註 105〕（英）威廉・葛德文：《政治正義論》，何慕李譯，北京：商務印書館，1980 年，第 782、788 頁。

〔註 106〕中共中央馬克思恩格斯列寧斯大林著作編譯局：《馬克思恩格斯全集》（第 47 卷），北京：人民出版社，2004 年，第 349～350 頁。

〔註 107〕李劍華：《奢侈生活之社會學的觀察》，《社會學刊》，1931 年第 2 卷第 4 期。

制社會的特有產物，其內在動因包括追求美觀、社會聲望和炫耀財富。奢侈消費的傳播蔓延，既是自由競爭時代金錢競賽的結果，又是上層社會消費示範的產物。他將欲望視為人類進步之動力，既反對極端禁慾主義，也反對超越歷史階段的奢侈生活。基於消費示範效應的視角，他認為奢侈不僅增加犯罪行為，也扭曲人生觀和提高社會生活水準。

馬克思本人並未就消費文化進行專題闡釋，總是將消費與資本主義生產聯繫在一起進行審視，因此有些西方學者誤認為馬克思主要採用一種「生產主義視角」。〔註 108〕但是，研究消費文化和消費社會的學者，尤其是對這一現象秉持批判立場的學者，仍然大多援引馬克思的著作，因為正是馬克思提供了迄今為止對資本主義體系最系統和最深入的分析，並且只有堅持這種理論框架，消費文化的社會本質才有可能得到充分揭示。基於李劍華有關奢侈文本的梳理，以及與李大釗風俗論的簡略對比，業已充分說明他對馬克思關於消費具有歷史性、社會性、階級性等屬性的理解和運用。〔註 109〕但是，他在堅持馬克思消費論的宏觀分析基礎上，又以自身豐厚的知識學素養為根基，對消費行為、消費心理和消費文化的微觀詮釋，不斷參照和借用西方社會學的諸多理論資源。與其相反，國家社會主義者在詮釋奢侈消費的本質和社會傳播時，又堅守馬克思主義的消費觀。個案性研究表明，民國時期學術與政治之間存在非常複雜的關係，或者說存在適度的張力。

## 第三節　經濟學家的消費示範論

穆勒在其《政治經濟學原理》中寫道：「在西印度群島、新奧爾良、東印度群島，居民們花起錢來是毫不吝惜的。但同樣這些人，若住在歐洲有益於健康的地方，未沾染上奢侈風尚，則會節儉地生活。」〔註 110〕穆勒暗示社會風尚對個體消費習慣奢儉的強大影響力。他進一步分析說：「個人權勢與財富象徵之間的聯繫如此密切，以致大多數英國人都愚蠢地想裝出能大把花錢的樣

〔註 108〕羅鋼、王中忱主編：《消費文化讀本》，北京：中國社會科學出版社，2003 年，第 13 頁。

〔註 109〕對馬克思消費論的詮釋，參閱曾薇：《馬克思消費思想及中國化研究》，瀋陽：東北大學出版社，2015 年，第 45～53 頁。

〔註 110〕（英）約翰．穆勒：《政治經濟學原理及其在社會哲學上的若干應用》（上），趙榮潛等譯，北京：商務印書館，1991 年，第 190 頁。

子，而且這種欲望往往同情慾一樣強烈，儘管英國人從花費中得到的快樂也許比世界上任何其他國家的人都要少。因此，英國的實際積累欲望從未像荷蘭那樣高。荷蘭沒有一個懶惰的富裕階級來樹立亂花錢的榜祥，商人階級對社會有很大的影響力，可以確立自己的生活尺度和禮節標準，仍保留著節儉樸素的習慣。」〔註 111〕他對英、荷兩國的對比性解釋，已經說明財富精英是社會消費的「榜樣」。馬歇爾在討論價格問題時，認為「像名貴的酒類、沒到季的水果、高水平的醫療和法律服務等事物的現行價格仍非常高，除了富人之外，人們對它們幾乎沒有什麼需求。但是，如果有需求的話，這種需求也往往足具有很大彈性的。其實對於較昂貴的食品的需求，部分上是一種對獲得社會聲譽的手段的需求，而且這種需求幾乎是不會達到飽和的。」〔註 112〕

民國時期的經濟學家，究竟如何理解消費示範問題呢？下文將依此梳理李權時、馬寅初以及楊汝梅和張素民的相關論說。

## 一、李權時的消費示範論

李權時（1895～1979），字雨生，浙江鎮海人。1918 年畢業於清華學校，後赴美留學，1922 年獲哥倫比亞大學哲學博士學位。回國後主要在上海從事高校教學和經濟學研究工作，曾任大夏大學、復旦大學教授、復旦大學商學院院長，並任《經濟學季刊》和《銀行週報》主編等。抗戰以後任復旦大學經濟學系主任及大同大學、震旦女子文理學院教授。〔註 113〕李權時「在政治上有不足取之處」，曾於 1943 年出任汪偽全國經濟委員會委員一職，〔註 114〕但

〔註 111〕（英）約翰·穆勒：《政治經濟學原理及其在社會哲學上的若干應用》（上），趙榮潛等譯，北京：商務印書館，1991 年，第 199 頁。

〔註 112〕（英）阿弗里德·馬歇爾：《經濟學原理》，廉運傑譯，北京：華夏出版社，2005 年，第 90 頁。

〔註 113〕《李權時的經濟理論》，鍾祥財：《對上海地區經濟思想發展的歷史考察》，上海：上海社會科學院出版社，1997 年，第 215 頁。

〔註 114〕《李權時的經濟理論》，鍾祥財：《對上海地區經濟思想發展的歷史考察》，上海：上海社會科學院出版社，1997 年，第 215 頁。1947 年被公訴，輿論認識似較公允：「李權時，戰前在上海教育界服務，擁有經濟權威學者之盛名。乃士無氣節，竟參加偽組織，先後充任偽經濟研究所所長，偽上海市政府諮詢委員，偽全國經濟委員會委員等職。勝利後潛逃無蹤。茲經教育部上海區專科以上學校教職員甄審委員會呈報教育部轉函司法行政部令發高檢處偵查，經高檢處調查後，認為被告罪跡昭著，實有觸犯懲治漢奸條例第二條第一項第一款之罪嫌，已提起公訴。」參見《高檢處起訴四漢奸嫌疑》，《申報》，1947 年 5 月 3 日第 4 版。

在經濟學領域內卻頗有建樹，著述甚豐，從1927年至1944年間即出版35部經濟學著作〔註115〕。

1928至1929年，李權時提出「打倒外國教科書」，極力鼓吹經濟學「中國化」，並基於其教學資料和經驗，相繼出版《消費論》《生產論》《交易論》及《分配論》，並將這4部單行本彙集成《經濟學原理》一書，作為復旦大學叢書之一種，由上海東南書店印行。此後，又以此為基礎進行修訂，1940年由商務印務館以《經濟學新論》為名出版。在《經濟學原理》的「自序」中，李權時聲稱其最初動機，是「製造國貨（亦即仿造洋貨），去替代來路貨」。在他看來，「科學落伍的國家或民族要擠入科學先進國的隊裏去」，必須經過三個階段，「第一是要先虛心去學人家，第二是要努力的把學來的東西國貨化，第三是要把國貨精益求精的去改良發明，終要設法使『青出於藍，而勝於藍』，『冰生於水，而寒於水』」。〔註116〕

李權時主張研究經濟學，須先研究消費論而不是生產論。在他看來，人生在世，之所以必須謀生或者生產，因有消費或者要滿足欲望，所以消費是人生之目的，生產是人生之手段。消費既然是人生之目的，所以經濟學上的消費論，必須先於生產、交易、分配等論而討論。〔註117〕李權時在其《消費論》一書中，將消費模仿論視為「社會學家的消費標準觀」加以討論。據他理解，社會學家的消費標準或生活程度，「大概是以為生活程度不但是一種生活所必需的經濟財貨的數量，並且是對於生活方式的一種心理態度之表現。」而生活程度「並不是個人所造成功的，乃是社會間風尚或民俗之一種」。也就是說，生活程度是「社會遺傳及人群心理互相感應的結果」，所以個體包括其小家庭在內，消費標準並無「十分的選擇之餘地」，所謂選擇自由，「亦不過是在社會風尚的限制之下的選擇自由而已」。李權時強調，由於生活程度「為社會所決定」，故而個體「欲提高之固甚難，欲降低之亦不易」。他認為，能夠擺脫社會生活的約束而「自動降低生活程度」者，只有三四種人，就是殖邊者、愛國者、宗教家，以及哲學家、道德家和詩人等「求上進者」。他分析說，只有第四種人的降低生活程度是永久的，其餘三種人降低生活程度都是暫時

〔註115〕參見胡寄窗：《中國近代經濟思想史大綱》，北京：中國社會科學出版社，1984年，第423頁。

〔註116〕李權時：《經濟學原理》（自序），上海：東南書店，1931年。

〔註117〕李權時：《消費論》，上海：東南書店，1928年，第10～11頁。

勉強為之。殖邊者暫時降低生活程度去殖邊，但著眼於提高將來的生活程度。愛國者暫時降低生活程度去救國，「當然希望國難過了之後，國威重振之日，仍舊可以恢復從前的生活程度」。哲學家、道德家和詩人暫時降低生活程度，以便達到個人高尚的目標，其最終目的「固在得到優越的生活程度也」。宗教家則永久降低生活程度，完全出於「救世之至誠」，不過他們對人類意志的觀察未免太過樂觀，而對人類欲望的觀察又未免太過悲觀，「他們自己的意志堅強，但不能強求人類的意志同他們一樣的堅強，他們自己的欲望簡單，但不能強人類的欲望同他們一樣的簡單。」〔註 118〕

李權時認為，生活程度或消費標準「如何起源或構造成功」，相關解釋約有三種。一為「本能」論。「維持生命及尋求康健的本能」，即有衣食住行等欲望及衣食住行等消費；「愛美及競美的本能」，就有美術欲望及裝飾消費；「樂群的本能」，就有「樂群」欲望及交際應酬等消費；有了「同情本能」，就有「正義欲望」及公益消費。有了「好奇本能」，就有求知欲望及教育圖書等消費。第二種解釋認為，生活程度乃是根於人類的習慣習俗和風尚。他認為，此說否認「良知或本能的存在」，而將人類一切欲望和消費都歸結為「環境養成」，因此生活程度之構成，完全受制於習俗與風尚的陶冶。李權時以婚喪壽喜之消費為例予以說明，認為中國人「終比洋人靡費」，只能歸結為一種社會風氣，並非出於「本能」。第三種的解釋可以視為「折衷派」。李權時指出，人類有些欲望的確與生俱來，但是有些欲望並非「先天就有」，乃是後天受到環境影響才產生的。他認為，飲食欲和男女欲的確是根於本能，但是「飲必用杯、食必用筷或叉」，結婚必須經過幾種儀式等需求，則完全是受到風尚和民俗的影響。他認為三種學說，第三種較為合理，理由是第一說「抹殺習俗移入之勢力」，第二說「否認人類幾個基本欲望之存在」，而第三說則「兩存之而毫無所偏，俾本能論與習慣得以調和而相得益彰」。〔註 119〕

李權時強調，生活程度或消費標準並非恒定而不變。就時間而言，上古時代的生活程度不如中古時代，中古時代的生活程度不如近古時代。就空間言之，非洲黑人的生活程度不如亞洲黃人，而黃人生活程度又不如歐美兩洲的白人。生活程度常常變遷，其中原因有二。一是消費者自身的原因，他歸結為人類的好奇欲望和喜新厭舊的心理，消費品因而不斷「改頭換面」。消費

〔註 118〕李權時：《消費論》，上海：東南書店，1928 年，第 108～109 頁。
〔註 119〕李權時：《消費論》，上海：東南書店，1928 年，第 109～110 頁。

的財貨發生變化，消費標準隨之而變，生活程度亦隨之而變。其二是消費者環境的原因。此一外界原因可分而為四。一是取決於社會思想之保守或進取。如果社會思想或人生哲學趨於保守，生活程度則不易改變。反之，生活程度則容易改變。他認為，中國人的生活程度不易提高之原因，未始不是在於社會思想之趨於保守，西洋人的生活程度容易提高之原因，未始不是在於社會思想之趨於進取。二是取決於交通之便捷與不便。交通便捷，則可供消費者的選擇之物較多，故選擇較自由，而模仿亦容易，故生活程度較易改變。反之，交通不便，則消費者的選擇物少，故選擇較不自由，而模仿亦較難，故生活程度較難改變。三是取決於科學精神與學識之有無。因為生活程度之提高，首先必須生產發達，而欲生產發達，人民必須具有科學精神及學識。四是取決於消費者是否有選擇之自由和可能。如果法律限制消費者的選擇自由，那麼其生活程度則不易變遷。「幸而近世自由主義發達，民權思想流行」，消費者在法律面前已有完全的選擇自由權。〔註 120〕

關於生活程度變遷方向之原因，李權時區分了示範者與追隨者。他說，有的人生計寬裕之後，喜歡玩古董、購舊書；有的人喜歡遊玩和讀書；有的人喜歡辦理公益事業。此種差異，完全是個人特性之不同。所得有了剩餘之後，有的人能有「超群的創見來發現新的消費，有的人只能庸庸碌碌，人云亦云，或多購已經消費過的同類財貨，或採購已經消費過的同樣財貨。」他推測說，雖然消費者的智慧有大有小，但是消費者剩餘所得支配之不得當或選擇自由之不善利用，其原因並不完全在於個性之不同，「有時實在是環境不良的緣故」。〔註 121〕他認為，提高生活程度的必要條件之一，必須有人「常去試驗新的價值」，「有新試驗，才有新消費，有新消費，才有新生活程度」，「從前的新試驗，都是由富有者去實行」，他期盼日後人人可以實行消費的「新試驗」。〔註 122〕

## 二、馬寅初的消費示範論

馬寅初比較系統地闡述了「團體生活」對個體消費的影響。他主要從「競勝」與「摹仿」兩個視角切入，分析個體消費演變的動力。

---

〔註 120〕李權時：《消費論》，上海：東南書店，1928 年，第 112～114 頁。
〔註 121〕李權時：《消費論》，上海：東南書店，1928 年，第 116～117 頁。
〔註 122〕李權時：《消費論》，上海：東南書店，1928 年，第 118～119 頁。

他首先強調每個個體都具有社會性，即其所謂「吾人立身社會，均為團體生活」，「與魯濱遜之處於荒島孤獨無助之情形不同」。他假設，「在一團體內各分子彼此相似」，因而「一人發明，他人倣之」。他進而分析「競勝的摹仿」，強調「競勝的摹仿完全為團體生活中之現象」。其預設是：人類社會的個體，既欲「出人頭地」，又求「與人平等」。他是時髦現象為例，「有一新式花樣出，人爭競倣之，或思有以勝之，是為時髦」。又如馬鞍的產生，「古時騎馬，本不用鞍，後有人以厚布置於馬背，以炫於眾，人爭倣之。經逐漸改良，遂有馬鞍。善騎者本無須馬鞍，俄人之善騎者均無鞍也。」他正確認識到時髦的短暫性和傳導力，所謂「時髦之存在甚暫，而傳染頗速」，「當時髦風行之時，一團體之內，一切鋪排，均須一律。有能力者，並可勝過之。遜於此者，每遭人奚落。」他以婚俗消費為例，「中國社會習慣，嫁女必須有皮箱幾隻，如減少幾隻，懼人訕笑，寧出田賣地以為之。故每有陳列妝奩，使人觀覽以示其富麗，無非表示其並無不及他人之處而已。」在他看來，消費競爭是社會性個體無法擺脫的困境，「竞勝為人之常情，欲避免之，必須離群索居，彼修道僧徒，每隱居山林，與世隔離者，蓋恐在團體生活之內，本人雖無進取之心，但以環境之逼迫，不得不起而仿倣，因而受世俗之誘惑也。」他對「競勝的摹仿」，秉持肯定態度，有助於社會進步和降低經濟成本。他說，「競勝的摹仿，常可以促社會之進步，因競勝的觀念，即為吾人一種進取心。有進取心，始有進步。同時摹仿之舉，亦頗多經濟上的功效。譬如他人已行之路徑，從而倣之，費小而效果大。如欲另闢新徑，叢脞環生，排除艱難，費用大而效果小」。〔註 123〕

馬寅初專列子目，討論「競勝對於消費之影響」，實際上清晰地涉及到消費示範的類別問題。他說，每個個體的消費物品，存在先、後之別，「表面容易顯見之物品」，如衣服、窗簾等，往往容易引起他人之摹仿，而床褥、飲食器具等「不易被人察覺之物」，摹仿即少。他甚至認為，人類消費往往首先重視「用於表面者」，故而古代女子皆用「金珠寶石為飾物，滿身琳琅」，男子亦用之為衣扣、帽結，並以寶珠綴於鞋帽之上，以示其富有。「古玩寶器、名人書畫等見重於時，竟致力於陳設，不復專計及個人裝飾」，「個人身上之裝飾數量既少，講究陳設則數量擴充」。因此，在他看來，人類消費「只有增加，

〔註 123〕馬寅初：《馬寅初全集》（第 11 卷），杭州：浙江人民出版社，1999 年，第 306～307 頁。

並無減少」。〔註 124〕

馬寅初有關「用錢的競勝」，基本上援引了凡勃倫《有閒階級論》「金錢競賽」的觀點。他明確指出，「用錢的競勝」在《有閒階級論》一書中，「舉例最多」。他援引其中例證，「皇宮之內，不知有門若干重，每門有兩僕役，百門即有二百人，服一色之華服，以示闊綽。中國及土耳其帝王，均有無數宮女，以示妻妾之多。」馬寅初據此發揮，認為宮廷的炫耀性消費，與近代的汽車消費的本質毫無二致，「欲表異於眾，同一心理也」。馬寅初再以人類學的研究為例，所謂「昔美國紅人以貝殼珠串成帶形，掛於頸頭以為飾物，或用為貨幣。所以掛頸頭者，即示其財之多也。昔者人口稀少，彼此易知，以能打猛獸者為勇，人皆敬重之。」但是隨著時代變遷，昔時勇士的精英地位已經讓位於富豪，「今者不然，勇夫之地位，遠不如富有者之隆重，此世風所以日下也。」〔註 125〕

在討論「普通摹仿」時，馬寅初深受法國社會學家塔爾德《模仿律》的影響。馬寅初認為，普通摹仿「到處皆是」，原因在於普通大眾「總是不願自己用心思去做新的和難的事情，總是選擇阻力最小的事去做」，亦即秉持「阻力最小定律」。由於模仿及其固化，社會風俗因而誕生。他說，「人們總喜歡摹仿他人所做過的事，行他人行過的路，食他人所食的東西。先之以摹仿，繼之以習慣，習慣就是摹仿之後依照一定榜樣繼續不斷地做去，致造成固定呆板的規則。吾人無日不在習慣中過生活，不願有所改變，因為去舊換新，最費心力，阻礙太大。久而久之，社會的風俗與儀式，就從摹仿中產生出來了。」社會風俗源自模仿，但一旦形成，又反過來制約每一個體的行為。馬寅初強調，中國人的消費以婚、喪兩事為最大，但婚、喪必依照一定的儀式，因為「風俗一成立，吾人的行為就要受它的支配」。〔註 126〕

馬寅初強調指出，消費模仿與各國文化密切相關，古、今不同，中、西有別。他說，「物以類聚，人類亦然」，「思想不同、嗜好不同、教育程度不同之人，不能同處」，而大學之內「程度相若，思想相同，摹仿最易」。近代社會

〔註 124〕馬寅初：《馬寅初全集》（第 11 卷），杭州：浙江人民出版社，1999 年，第 308 頁。

〔註 125〕馬寅初：《馬寅初全集》（第 11 卷），杭州：浙江人民出版社，1999 年，第 309 頁。馬寅初將凡勃倫（Veblen）翻譯為「韋伯倫」，將《有閒階級論》翻譯為《閑暇階級》。

〔註 126〕馬寅初：《馬寅初全集》（第 11 卷），杭州：浙江人民出版社，1999 年，第 309～310 頁。

的自由和平等價值觀，加劇了消費模仿，用他的話來說，「近世主張人民自主、信仰自由、集社自由，無貴賤無貧富，其法律上之地位相等，國家建築之道路，人人可行。國家設立之學校，人人可進。因其處於同一環境之下，故有一新發明，群起而傚之，消費之範圍，因而推廣。」他認為，摹仿之風，美國最盛，因美國最尚平等，歐洲次之，中國最少。中國因交通不便，「新思想不能灌輸內地，內地人民因而不能摹仿」。因此，馬寅初充分闡明了消費模仿的諸種基本問題。他總結說，「由摹仿上一點視之，則知人類因有摹仿之本性，故物品消費的範圍，常逐漸推廣。因而物品雖多，亦無有充斥而不值錢之時，惟摹仿亦有區別。知識階級在文化上教育上之摹仿為一好現象，時髦之摹仿為時暫，教育上之摹仿為時久。用錢之摹仿為下等之摹仿，而知識上之摹仿則為高尚之摹仿也。」〔註 127〕

另外，楊汝梅和張素民對消費示範問題亦有所涉及。首先討論楊汝梅的「民生主義經濟學」。楊汝梅於 1923 年獲美國密歇根大學經濟學博士學位，1927 年歸國之後，主要在上海暨南大學任教，抗戰時期曾出任中央銀行會計長等職。他將消費示範效應稱為「消費同化」，認為儘管近代之社會經濟組織，「分配不能公平，固不免發生各種弊害」，但社會消費狀態「比之昔日，亦有進化，是亦彰明較著之事也」。在他看來，近代「消費進化之跡」有五，其一即為「消費之同化」。他說，自十九世紀以降，「科學演進，機械日新，交通發達，破除各國各地之舊習慣，漸次變化其欲望嗜好，俾趨於從同，是謂消費之同化。」他觀察到消費需求對供給一端的重大影響，「需要之統一，引起供給之統一」，結果誕生了以世界之消費市場為目標、生產同一財物之大企業，如美國的「標準公司」、美國煙捲公司、英國胰皂公司等。他甚至預判，將來物質文明更加「進化」，「全世界必有需要供給咸歸統一之日」。〔註 128〕楊汝梅強調消費趨同，但並未探討其中的內在動力。

張素民在 1933 年的一次題為「經濟學中之消費論」的演講中，認為消費者之選擇「關乎心理至巨」。他重點分析了邊際消費中的「體面」與「模仿」，認為「顯示闊綽之心理，貧富之人皆有之」。但富有資產者往往「欲消費其金錢於引人注意之處」，以期保持其「體面」。他運用了凡勃倫的「炫耀性消費」

〔註 127〕馬寅初：《馬寅初全集》（第 11 卷），杭州：浙江人民出版社，1999 年，第 310 頁。

〔註 128〕楊汝梅：《民生主義經濟學》，上海：中華書局，1930 年，第 244～245 頁。

概念，將「明顯消費」解釋為「出風頭的消費」。他認為，富人「窮奢極欲，處處顯示其闊綽，大有不如此不足以保持其體面」，於是社會「習焉成風」，儘管中下階級「收入無幾，亦擬效顰焉」。因此，他指出，」窮人生活程度之大部分，係受富人明顯消費的影響」。不過，他對消費模仿論的評價不高，認為比較「幼稚」。〔註 129〕

## 第四節　歷史學家的消費示範論

本節依次梳理歷史學家何炳松和呂思勉關於消費示範問題的看法。前者主要是在研究社會史研究的方法時涉及消費示範問題，而後者則主要是在研究奢侈問題以及一部分時政文章中涉及消費示範問題。

### 一、何炳松的社會風尚論

1930 年，何炳松系統地探討社會史的研究方法。根據何炳松的看法，作為「社會事實」組成部分的消費問題，「普遍討論時往往歸之於經濟事實中」，「然此乃美國學派之理論，而以消費之影響為根據者也」，在歐洲，「消費習慣之歷史始終為風俗史之一部分」。他進而認為，對於經濟現象必須進行「系統之考問」，從而「不致在經濟事實本身上搜求此種事實及其變動之解釋，亦不致比較各種統計表以決定社會演化之原因。」〔註 130〕他重視「物質習慣」對經濟生活的重大影響，「物質習慣蓋為生產之目標，故因之並為生產之指針。吾人所生產者無非所以滿足物質之欲望。所謂物質生活其主要部分為物品之消費如養料、衣服、居室、動產及享樂品之類；此為介於經濟生活與眾人習慣間之範圍。此種習慣驟視之似僅係經濟生活之結果而已，蓋吾人消費之物品由生產行為而產生，且由分配行為而分配者也。然吾人之生產目的僅在消費，而消費行為實指導生產之方向。就此種意義而言，物質消費之習慣實為所有經濟行為之原因，且亦須視為經濟研究之根本目的；吾人欲瞭解生產行為，不能不先研究消費者對於生產者之願望為何。」因此，他強調，消費史或即物質生活史，應為經濟史中「開宗明義之第一章」。〔註 131〕

〔註 129〕張素民：《經濟學中之消費論》，《商兑》，1933 年第 1 卷第 4 期。
〔註 130〕何炳松：《通史新義》，北京：商務印書館，2011 年，第 192 頁。本書初成於 1928 年，由上海商務印書館於 1930 年出版。
〔註 131〕何炳松：《通史新義》，北京：商務印書館，2011 年，第 196 頁。

何炳松將消費史和物質生活史等同為一，認為社會風尚的影響巨大，能夠「創造或毀滅價值」，「風尚之為物，實為所有奢侈工業及工業變遷最重要之原動力」，因此不能不重視風尚史，至少應該重視影響物品種類與服務需要變動的各種新風尚，並且必須明瞭風尚中心之位置，以及此種中心之變動，因其與商業及工業組織皆大有關係。他舉例說，經濟史無需研究穆罕默德或拿破崙之一生，僅明瞭其有「一般物質結果之行為」，如禁酒及大陸封鎖政策等即已足夠。〔註 132〕他將「單獨行為」在經濟生活中產生的結果分為兩種，一是「單獨之發明或創造係一人所倡之一例而大眾仿行之者」，二是社會方向的變動可由「公家或臨時之領袖主動之」。對於前者，他分析說，一種發明或創造最初產生於理智生活之中，如信仰、美術形式、科學、理想等形式之創造。物質生活亦類似，如地理上之發現、技術之發明、風尚之創造。他高度重視個人之影響，「創始者能使社會變更其行動，價值之估計，或行為之方法；能創造或毀滅一種價值、一種生產之技術、一種交通之道路、一種交易之方法；或間接限制工作之組織或甚至一種人種人口現象之分配。」在他看來，主動改變社會方向的領袖，包括國家、教會、政黨、團體等首領，其力量足以直接影響某種經濟習慣、生產、商業、分配等組織，間接方面亦足以變更政治組織，進而反過來影響經濟生活。因此，倘若「不顧此種偉大之變動」，則對人類經濟上或人口上之演化，「雖欲略窺大概，亦將有所不能」，假使「不知此種變動之創始人，則對於變動之性質亦將一無所曉」。〔註 133〕

## 二、呂思勉的消費觀

在呂思勉看來，時論多將分配視為經濟上的根本問題，理由是機器發明之後，生產問題已經大體解決，人類之所以「不覺其樂，轉覺其苦」，原因在於分配不均。其他諸如經濟危機、殖民主義甚至「世界大亂」，根源無不在於分配不均。因此，分配問題一旦解決，人類則能「含鋪鼓腹，如登春臺」。呂思勉對此並不贊同，因為歷時性看，貧富界限很難斷定，而隨著「生產方法」的發展，人類並未獲得「含鋪鼓腹，如登春臺」的主觀體驗。其中原因，他歸結為二，一是人之欲望隨著時代發展而增高，「在前一時代，望之而以

〔註 132〕何炳松：《通史新義》，北京：商務印書館，2011 年，第 198 頁。
〔註 133〕何炳松：《通史新義》，北京：商務印書館，2011 年，第 198～199 頁。

為滿足的，至既達其境，則又以為不足」。二是「社會之等級不平」，如果僅就全社會生產力而言，雖足以免除一定限度之貧窮，但社會生產力多用以生產「不相干之物」，「遂至必要之品」，仍然不足。他將此視為兩種「病根」，非將其剷除不可，不能使人類欲望與時俱進，「為無窮之提高」，尤其是不能使欲望增進「恒超出於生產力進展之上」，也不能將生產力用來生產「無用之物」或者「不必要之物」。〔註 134〕

人類欲望和需求在數量上的「無窮無盡」以及種類的「多種多樣」，乃是現代西方經濟學的基本假設。〔註 135〕欲望及其滿足不斷獲得道德正當性，並進而成為一種「資本主義精神」。〔註 136〕蔣介石曾將中國傳統經濟學說視為理性的，而西方經濟學說是欲望的。〔註 137〕呂思勉將人類欲望無限增高之說，斥為一種「唯心論的謬見」。他並不否認人類欲望有其物質根據，亦即生理要求和心理要求，但既然欲望源自人之要求，亦即受此要求之制限，超過此一限度的要求，只能是「不正當的社會制度所引起所養成的病態」。在他看來，奢侈是人類的「噁心理」，「所謂欲望者，不以生理上自然的要求為限，而從受著惡制度的誘惑之境出發。於是蔬食可飽，而必求食肉；食肉不已，更求山珍海錯；甚至本來無味之物，亦因其足饜奢侈之欲而求之。充其量，遂可竭天下農夫之力，而不足供其一飽。食之一事如此，衣、住、行等，可以類推。」此種心理不除，「則終必至於巧取豪奪而後已」。因此，「惡制度」才是奢侈「噁心理」之根源，大多數人在惡環境很難「絕去誘惑」，

〔註 134〕呂思勉：《禁奢議》，《文化建設》，1935 年第 1 卷第 7 期。

〔註 135〕（英）阿弗里德·馬歇爾：《經濟學原理》，廉運傑譯，北京：華夏出版社，2005 年，第 73 頁。

〔註 136〕參見（美）克里斯托弗·貝里：《奢侈的概念：概念及歷史的探究》，江紅譯，上海：上海世紀出版集團，2005 年。近代國人亦指出：「在封建社會裏雖然已經看到人類欲望的強烈，但是一般的說起來，認為推動人類一切行動的是由於欲望，這一欲望說，主要是資本社會的產物。」石英：《欲望說和經濟決定論》，《上海週報》，1941 年第 3 卷第 19 期。

〔註 137〕在蔣介石看來，「儒家的仁愛，是就人類的理性而言，法家的法度，是對人類的欲望而言。儒家之所欲擴充者為理性，法家之所以要制欲者亦為理性。所以中國的經濟學說以理性為本源，不以欲望為本源。」又說：「西洋的經濟學說，以欲望尤其是個人小己的欲望——私欲為出發點，充其所至，生產技術與國防技術，不獨不能為民生服務，反而役使民生，甚至於毀滅人性。中國的經濟學說與此不同，我們的經濟學說以人性為出發點，以民生為目的，一切經濟制度與政策，都要順應人性，服務民生。」分見蔣中正：《中國經濟學說」，上海：連鎖書店，1944 年，第 5 頁、第 12～13 頁。

唯有從根本上剷除「惡制度」。〔註 138〕

呂思勉認為，奢侈是私有制的產物，「既已承認巧取豪奪，則享用的不平等，只是理論上當然的結果了」。國家的禁奢之政，「本已屬於最小限度，尚且不能實行」，「社會的互相勸誡，則只是勸誡而已」，而且所謂勸誡者，又多以勸人儲蓄為目的。財產的「終極價值」在於消費，以儲蓄的目的而戒奢，是以戒奢之名，行勸奢之實，不僅滑稽至極，而且最終毫無成效。因此，他的主張是「禁奢」，在南京擇一未染舊都市習氣的地方，建立一個新都，在新都之中，「以政治之力強迫人實現合理的新生活」。他將消費自由、交易自由和生產自由，視為貪欲得以實現的經濟條件，如果政府控制這三個環節，則社會奢侈之風，「將不禁而自止」。在新都之中，官方壟斷商業，禁止銷售奢侈品，對於從其他區域買來的奢侈物品，雖然不必剝奪其所有權，但當禁止公開使用，「除非你關起門來，在無人看見之處，衣被著珠玉錦繡」。首都實行「首善之義，示人以模範，而樹之風聲」。〔註 139〕

社會能見度是炫耀性消費實現的條件，馬歇爾在討論「自豪感產生的追求自豪感的欲望」時，提到了一個例證，鄉下姑娘在復活節上戴上新頭飾，希望引起其他人注意。〔註 140〕與馬歇爾的思路驚人一致的是，呂思勉建議禁止奢侈品的公開使用，目的無疑是使奢侈品失去炫耀性和示範性。婚喪儀式一直是社會地位競爭的重要場域。呂思勉認為，禁奢急待施行者凡有三事，分別為設定婚喪等禮節費用的限度；根據價格高低，限定可以消費的物品種類；限制娛樂營業。其中第一條設想背後的邏輯，充分反映出呂思勉對消費示範效應的理解。此一限度必須滿足三個條件，首先，標準要極低，極為貧困者亦能擔負。其次，不能採用分級制而任人自擇，否則必然勉就其高，無異於不定標準。最後，誰也不能逾越，否則必有懲罰，不能寬恕。他認為，婚喪等事的目的在於「求榮」，若受懲罰，則「求榮而反以得辱」，懲罰過一兩個人之後，自然不禁而止。據他理解，一是婚喪等禮節的公開舉行，「眾目昭彰，逾分者豈容諱飾」。二是富人對窮人具有示範性，他說，「富者誘惑於前，貧者追逐於後」，為了「撐場面」，窮人不得不變賣家產甚至舉債，追隨於富者

〔註 138〕呂思勉：《禁奢議》，《文化建設》，1935 年第 1 卷第 7 期。

〔註 139〕呂思勉：《禁奢議》，《文化建設》，1935 年第 1 卷第 7 期。

〔註 140〕（英）阿弗里德・馬歇爾：《經濟學原理》，廉運傑譯，北京：華夏出版社，2005 年，第 75 頁。

之後。即使是經濟上「稍有計算」者，雖然不敢十分放肆，但心理「總懷著豔羨、怨望」，豔羨是「貪求之本」，怨望為「爭鬥之原」，社會心理伏下「禍根」。因此他強調，「貧民疾苦之狀，此為最深；富者誘惑之罪，此為最大。」若能禁止，貧民受惠不淺，而社會風紀「亦算矯正了一大端」。〔註 141〕

上海淪陷之後，呂思勉滯留孤島，轉瞬兩年。他在《新年與青年》一文中，他對工商社會的忙碌與消費進行了討論。他說，在工商社會裏，年和節並無多大意義，因為人們休息不到幾天。同時，在工商社會裏的人，是真正「赤貧」的，其原因不是天災，也不是人禍，而是商業。在大城市或大都會裏，一個中等工薪之家，還不如一個鄉農之家豐裕，「是有著極和藹的面目的交換」「搜括去了」。〔註 142〕

呂思勉反對奢侈，並非一時之見。他根據歷史經驗，認為「以身教者從，以言教者訟」，對學校教育而言，「貴能改良生活」，「生活就是最大的教育」。因此，他積極設法辦好學校的食堂，主張「吃飯的革命」。他對飲食這一「原始活動」的社會等級現象強烈不滿，他承認自己立足上海二十年，亦常常流連於酒樓飯館，「杯盤狼藉，意興甚豪」，但每過酒樓飯館門前，「就覺得心痛，量減杯中，雪添頭上」，門內「說不盡酒池肉林」，門外「鳩形鵠面、衣衫襤褸、營養不良」。因此他反思說：「驕奢的人，所浪費的物資，是從哪裏來的？禁奢雖勢不能行，難道是理有不可。公理終有戰勝之日，一時勢不能行之事，如何不預為之備呢？」〔註 143〕

他曾撰專文批評上海風氣的冷漠與市儈，尤其是「紈絝子弟，雖身居學校，其輕浮傲慢，及較居肆之人為尤甚。在學校中如此，出學校後，則不知若何矣。」〔註 144〕1947 年，國民黨政府尤其是上海地方當局，出於反共軍事戰爭的需要，提倡並實行所謂的汽油節約運動。呂思勉針對這一現象，從歷史學家的視角，回顧了上海交通工具的發展史，認為汽車本來符合經濟原理，並非奢侈之事，但是由於交通工具的功能措置，即「坐車本是所以求捷速的，然而今日，坐人力車的人，已未必盡有事可趕，坐馬車者則更甚，真要趕辦事情的人，倒是步行或乘電車」，因而引起社會上對有閒階級和勞苦大眾待遇

〔註 141〕呂思勉：《禁奢議》，《文化建設》，1935 年第 1 卷第 7 期。
〔註 142〕呂思勉：《新年與青年》，《青年半月刊》，1939 年第 1 卷第 6 期。
〔註 143〕呂思勉：《吃飯的革命》，《光華大學半月刊》，1936 年第 5 卷第 2 期。
〔註 144〕呂思勉：《上海風氣》，《宇宙風》（乙刊），1940 年第 23 期。

不同之不滿，坐汽車亦被視為奢侈。他進而指出，兩個文明程度不同的社會接觸以後，較高的社會文明總會輸入文明程度較低的社會，這本係有益無害之事，但文明程度較低的社會竟有因此而陷於衰亡者。其中原因在於，可用於「生利之物」，卻不用之於生利，而用之於「浪費虛耗之途」。他以汽車為例，不乘之以「趕辦事情，卻乘之以酒食征逐，或則『有女同車』『招搖市遇之』」。他再以晉朝為例，從開國到滅亡不過 31 年，原因就在於統治集團的腐敗、驕橫和荒淫奢侈。他認為晉代豪門斗富，故意損毀來自域外的珠寶之舉，實際上與民國時期消耗外匯購買新式汽車並無兩樣。〔註 145〕

## 第五節　都會對鄉鎮的消費示範

馬克思在《共產黨宣言》中科學地指出，「資產階級使農村屈服於城市的統治。」〔註 146〕也就是說，近代城市與鄉村之間的關係，實際上是一種不平等的關係。波德里亞則將城市視為一種「幾何之地」，原因在於城市存在「專斷的時尚所認可的區分性『連鎖反應』」，鄉村和城市邊緣地區快速的「文化適應」，反過來加速了城市化。因此他認為，鄉村城市化是無法逆轉的，任何阻止城市化的願望都「天真幼稚」。〔註 147〕

盧漢超試圖超越城鄉二元對立的看法，認為近代中國文化中存在一種「小城鎮情結」〔註 148〕。他討論了諸多作家文學作品中的鄉戀鄉愁情緒。但是，這些來自鄉村的第一代城市移民的鄉土意識，恐怕很難作為否定城市化的證據，或者作為一種現代化模式的歷史借鑒。實際上，早在 1947 年，費孝通即將中國分為鄉村、市鎮和都會三個層級進行審視。他認為，自從近代中國和西洋之間的經濟關係日益密切以後，產生一個與傳統市鎮不同的工商業社區，即「都會」，它以通商口岸作主體，包括其他以推銷和生產現代商品為主的通都大邑。但是，「鄉村靠不上都會」，在都會和鄉村之間隔著一

〔註 145〕呂思勉：《晉代豪門斗富——從汽油的限制說到五胡亂華》，《現實新聞》，1947 年第 11 期。

〔註 146〕《共產黨宣言》，中共中央馬克思恩格斯列寧斯大林著作編譯局：《馬克思恩格斯文集》（第 2 卷），北京：人民出版社，2009 年，第 36 頁。

〔註 147〕（法）波德里亞：《消費社會》，劉成富、全志鋼譯，南京：南京大學出版社，2000 年，第 53 頁。

〔註 148〕盧漢超：《中國文化中的小城鎮情結及其現代意義》，蘇智良主編：《都市史學》，上海：上海人民出版社，2014 年，第 325～349 頁。

個市鎮。他以商品流通為例，認為西洋貨實際上運到鄉村裏的並不多，牙刷、牙膏之類用不著，布匹亦以洋紗土織的居多。市鎮上不事生產的地主們在享樂上「素有訓練」，知道洋貨的長處。他們把從鄉村裏搜來的農產品送入都會，換得洋貨自己消費。鄉下的生產者並沒有看到洋貨的影子，看到了也買不起。市鎮裏地主的享受增加了，但鄉村的血液卻漸形枯竭。因此在他看來，無論古代還是近代，中國鄉村和都市是「相剋」的，亦即「都市剋鄉村」，鄉村則「供奉」都市。〔註 149〕

費孝通「鄉村、市鎮和都會」的三層級說，亦可見諸吳景超的都市社會學，儘管兩人學術研究的重心截然相反，分屬鄉村和城市兩端。吳景超將都市區域視為一種經濟區域，而不是政治區域，主張都市經濟發展不能離開都市的「附庸」，並且兩者之間必須形成細胞一樣的有機關係。〔註 150〕吳景超將都市區域比喻為細胞，顯然受到生物社會學的影響，〔註 151〕這與李劍華對生物社會學的社會達爾文主義持有驚醒與批評完全相反。

塔爾德甚至認為，城市勞工的地位也不亞於貴族，是鄉下農夫「佩服和欽佩」的那種貴族。鄉下農夫與城市勞工的關係，就像勞工與雇主的關係。他認為城鄉之間的不平等，正是鄉下人移民城市的原因。〔註 152〕馮友蘭在其抗戰時期發表的《辯城鄉》一文，將城里人與鄉下人的地位進行對比，其結論與塔爾德的看法極其類似。他援引民間流行的笑話，不僅城里人比鄉下人「知識高、才能高、享受好」，而且城裏狗亦比鄉下狗「知識高、才能高、享受好」。他不僅認為此類笑話不僅合於事實，甚至認為城裏狗在某些方面比鄉下人「知識高、才能高、享受好」。他以狗和豬為例證。城裏狗看見一輛汽車，「行所無事，坦然地躲在一邊」，而鄉下人看見一輛汽車，「不是驚奇地聚觀，即是慌張地亂

---

〔註 149〕費孝通：《鄉村．市鎮．都會》，劉豪興編：《中國城鄉發展的道路》，上海：上海人民出版社，2016 年，第 289～293 頁。鄉村是否使用洋貨，購買力當然是因素之一。如清末承德地區的郭家屯，「西洋貨，例如洋布和細洋布，這裡很少，因為它們畢竟比大布貴，當地的居民幾乎都不買。」一家酒店可以看到西洋貨，甚至還擺著曲綢和幾匹其他絲綢，「只是它們的銷路很差，有時一年連兩匹都賣不了。」參見松錦：《清末俄國人考察承德日記摘錄》，《承德文史文庫》編委會編：《承德文史文庫》（第 4 卷），北京：中國文史出版社，1998 年，第 514～515 頁。

〔註 150〕吳景超：《都市社會學》，上海：世界書局，1929 年，第 1～5 頁。

〔註 151〕吳景超：《社會的生物基礎》，上海：世界書局，1930 年。

〔註 152〕（法）塔爾德：《模仿律》，何道寬譯，北京：中國人民大學出版社，2008 年，第 163 頁。

跑」。中國的一百個鄉下人中，至少有九十個終生沒有吃過城裏富室狗所吃的飯食。有一鄉村工作機關在鄉下飼養洋豬，作為鄉下養殖事業的示範，洋豬確實肥大，但原因在於洋豬比鄉下人吃得還好。馮友蘭從經濟失衡角度詮釋城鄉差異，他說：「城里人比鄉下人享受好，當然是因為他們比鄉下人有錢。他們比鄉下人知識高，才能高，是因為他們比鄉下人受教育的機會多；而他們所以能有較多的受教育的機會，亦因為他們比鄉下人有錢。他們比鄉下人有錢，所以吃得比鄉下人好。……城里人吃得好，所以他們的身體自然較能充分地發育。他們比鄉下人有錢，所以他們穿得比鄉下人好。……城裏的人穿得好，所以看著亦比較鄉下人順眼。他們比鄉下人有錢，所以受教育的機會比較多。……城里人多少念過兩天書，所以他們的談吐，自然亦比鄉下人入耳。」〔註 153〕

民國時期的「西化」派曾經抨擊「鄉建」派的「都市化」色彩，不僅鄉村建設運動的資金依賴都市，而且「鄉建」運動的倡導者和推行者都是都市人。〔註 154〕陳序經諷刺說，鄉建運動提倡知識分子深入鄉村，但是中華平民教育促進會、山東鄉村建設研究院均設在縣城而非鄉村。鄉建人員「一方面提倡跑回鄉村，一方面又要自己的妻子享受都市的生活；一方面鼓吹教育農村化，一方面又要自己的兒女享受特殊的教育」，甚至自己也住在「半都市式」的縣城或市鎮裏，「終年少有到過鄉村」。〔註 155〕

從西方消費史看，麥肯德里克的研究證明，「西歐時尚模式」首先出現於 18 世紀，喬治三世統治早期開始了某種「時尚狂潮」，時尚熱情絕非僅僅侷限於富人，而是迅速在社會上傳播，所有人都開始感到某種「時尚」的強迫。根據他的看法，倫敦是時尚和新消費品創造以及傳播的地理中心和社會中心，並向外傳播到各省，甚至可以根據距離城市的距離追溯時尚層級〔註 156〕。甚至早在 17 世紀，新英格蘭人就「渴望與倫敦的時尚保持一致」。〔註 157〕

---

〔註 153〕馮友蘭：《辨城鄉》，《馮友蘭學術論著自選集》，北京：北京師範學院出版社，1992 年，第 174～175 頁。

〔註 154〕陳序經：《鄉村文化與都市文化》，《獨立評論》，1934 年第 126 號。

〔註 155〕余定邦等：《陳序經文集》，廣州：中山大學出版社，2004 年，第 113 頁。另外，拙文《孰為本末：20 世紀 30 年代前期的城鄉關係之爭》（《貴州財經學院學報》，2010 年第 5 期），對知識界的相關論辯進行了評析。

〔註 156〕McKendrick, N.; Brewer, J.; Plumb, J. H.. *The Birth of a Consumer Society: The Commercialization of Eighteenth-century England*. Bloomington, IN: Indiana University Press, 1982, p.41, p.54, p.60, p.74.

〔註 157〕Lynne Z. Bassett. The Sober People of Hadley: Sumptuary Legislation and Clothing in Hadley Men's Probate Inventories, 1663~1731. In Marla R. Miller

巴黎的時尚地位則更加重要。早在 1717 年，法國人追求時髦之狂熱，巴黎時尚變化之迅速，使孟德斯鳩驚訝不已，而生活習慣和方式也像「時式」一樣多變，尤其是「國王的思想氣質影響宮廷，宮廷的思想氣質影響京城，京城的思想氣質影外省。國王的心靈像一個模子，全國所有人的心靈都是按這個模子鑄就的。」〔註 158〕塔爾德在其《模仿律》一書中，徵引了大量有關巴黎風尚輻射其他地區的例證。他認為，在民主政治時期，大城市取代貴族而成為模仿對象。大城市存在現代生活不平等，但他認為在管理和促進龐大的工業生產和「消費洪流」時，不平等又必不可少。他將大城市的生產和消費的潮流視為「大規模的模仿之流」。按照他的描述，「巴黎是法國的喜馬拉雅山，毫無疑問，它凌駕於外省的氣勢很有一種帝王的霸氣，很有一絲東方的迷人色彩。比昔日宮廷凌駕於它頭上的氣勢有過之而無不及。每一天，電報和鐵路把巴黎調製好的思想、希望、繪畫和革命輸送到法國各地，把它製造的成衣和家具分銷出去。它韻味無窮、使人慾罷不能的魅力剎那之間就可以傳遍遼闊的國土，它的影響如此深刻、完全而持久，誰也不會對此感到驚訝。這樣的吸引力是經久不衰的，這個吸引力就叫自由和平等。」〔註 159〕西美爾的總結則更加簡潔，「巴黎模式不斷被創造，其唯一意圖是為其他地方設置一個時尚」。〔註 160〕

---

（eds.）. *Cultivating a Past: Essays on the History of* Hadley, *Massachusetts*, Amherst: University of Massachusetts Press, 2009, pp.191~210.

〔註 158〕一位婦女離開巴黎鄉居半年，歸來時必定是「一副古樸模樣，彷彿在鄉間隱居了三十年」，以至於兒子認不出母親的肖像，因為肖像衣著款式他見所未見，還以為那是某個美洲女人的肖像，不然就是畫家憑空想像出來的某個女人。「有時，不知不覺間髮型越做越高，突然一場革命，它又低了下來。有一個時期，髮型高得離奇，致使女人們的臉處於全身的中部；另一個時期，是雙足處於女人身體的中部，因為鞋跟高得像柱子的底座，把整個人托在空中。建築師們不得不根據女人打扮的變化，把她們家裏的門加高、降低或拓寬。真是不可想像，建築藝術的規則，居然受變化無常的時尚支配。有時，你看到一張臉上滿布假痣，第二天消失得無影無蹤。從前婦女束腰、鑲花邊，如今不講究這個了。」《巴黎人的時髦》，（法國）孟德斯鳩：《波斯人信札》，上海：譯林出版社，2000 年，第 156～157 頁。另外，該文已於 1929 年中譯刊載於《中法教育界》，參見《巴黎的時髦》，荷生譯，《中法教育界》，1929 年第 29 期。

〔註 159〕（法）塔爾德：《模仿律》，何道寬譯，北京：中國人民大學出版社，2008 年，第 161～163 頁。

〔註 160〕Georg Simmel. Fashion.*The International Quarterly*, No.10, 1904, pp.130~155.

近代中國城市的消費輻射功能與西方並無本質差異。中國古代城市是社會風俗傳播的地理中心，《後漢書．馬廖傳》中即有：「城中好高髻，四方高一尺；城中好廣眉，四方且半額；城中好大袖，四方全匹帛。」近代城市的消費中心地位進一步增強。城市與鄉村的關係，構成一種高低序列，甚至意味著現代與傳統的時間序列，因此城市消費成為鄉下人傚仿的對象。孫燕京認為，19 世紀 60 年代以後，「沿海省份變化了的風尚隨著西方文化的廣泛滲透，自東徂西地向其他地區擴展」，「變化順序呈點狀放射線，隨即變成帶狀分布」。她雖然以社會心理學的行為互動理論為依據，認為風尚傳播途徑乃是通過「民眾互動完成」，但其研究顯然更加強調中心對邊緣的影響。她總結說，「晚清上海以及其他口岸城市的風尚變化隨著人口流動、商業經濟往來、人們之間生活樣式的模仿與薰染，向周邊以及更大的區域內四散開來」。她強調，「特別是 1872 年上海《申報》創刊，使上海以及少數商品經濟發達地區的崇尚浮華、經商逐利、開放、求新的社會風氣更便於傳播」。〔註 161〕李長莉亦觀察到消費示範效應在城鄉之間的傳播問題，她以洋貨為例進行說明，「從通商城市回鄉的人，也往往帶回一些新奇的洋貨分送親友，以示誇耀」，「這些送給鄉下小孩子新奇的洋貨，也引起鄉下人對洋貨及城市消費生活的嚮往，鄉下人也開始仿傚城里人，以擁有新奇洋貨為時尚。」〔註 162〕

一些方志的記載，亦可印證上述觀點。清道光年間，浙江武康「男、婦服制不常，率仿杭城風氣，數十年來漸趨華靡。」〔註 163〕清代上海的外岡，「近鎮村居頗有富厚者，良田廣宅，貫朽粟陳，而勤於耕稼，不聞外事，鎮居者往往羨之。近日亦事華侈，服飾趨時製，宴集效商款，鄉里效尤，頗多耗費。至於佃戶，家無擔石，入市必沽酒肉，未冬先披羊裘，甚至搭臺演戲，迎社酬神。……往時宴客，概用十肴，羅列雖多，所費實少。一變而為五簋，再變而為蘇款。每進一味，旋即撤去，若盡列於前，水陸之珍幾至方丈。飲宴相高，富戶猶且不可，而中人亦或傚之。一會之費，常耗數日之食。所當挽其頹

〔註 161〕孫燕京：《略論晚清社會風尚的地域差異》，王俊義主編：《炎黃文化研究》（第 2 輯），鄭州：大象出版社，2006 年，第 172 頁。

〔註 162〕李長莉：《中國人的生活方式：從傳統到近代》，成都：四川人民出版社，2008 年，第 147 頁。

〔註 163〕疏筤等纂修：浙江省《武康縣志》，卷五，地域志，五，風俗，清道光九年刊本，臺北：成文出版社，1983 年，第 362～327 頁。

風者也。」〔註 164〕清同治年間，四川綿陽「近城男女衣著，類皆冬裘夏葛，楚楚鮮明，彷彿有省垣風度。」〔註 165〕

民國時期，城市消費風尚對鄉鎮的示範效應更加顯著。從西南地區的情況看，「城追西俗，鄉染市風」，〔註 166〕這一現象比較普遍。貴州開陽縣的服裝時尚無疑是模仿省城貴陽。1940 年的《開陽縣志稿》記載，該縣城居民以公務員、學界、工商等人為代表，衣料多用寬布，如陰丹布、絨布、斜紋布、愛國布、標布等，間亦有服絲、毛織品者，多於男婚女嫁時製之，以備典禮、年節或宴會時服用，「一衣有費至數十元者，以視二十年前之純穿土布或黃州布，間有服用標布者，群以為異之時代，則奢華多矣。」服裝顏色多為青、灰兩種，藍色次之，「即盛夏亦少著白色」。再就服式而言，男著長袍，女服旗衫，而且「競效時髦，尤以女性為甚」，貴陽每一新式樣出現，「不期月而普及」於開陽。當地鄉村民眾的衣料，多用黃州大布，但較富有者，亦與城市類似。〔註 167〕咸同年間，貴州安順商人均屬小商小販，生活甚為儉樸，與一般市民並無多大差異。光宣年間，安順作為鴉片集散地，商人獲利較易，收入大增，「過去儉樸之風一變而為奢侈之習」。1919 年煙禁大開，安順偏僻之區「頓成眾商雲集之地，市場繁榮，大異往昔」。商人獲利既豐，生活日趨奢靡。以筵席而論，「過去不過盤盤菜、八大碗、蹄筋頭，今則為海參席、魚翅席、燒烤席」。就衣著而言，「咸同時之十衲幫、百衲褉，光緒初已變為團花馬褂、竹布長衫，今則為呢絨絲綢、西裝革履」。再以家具論，前此之白木家具、土漆桌椅，變為「華光燦爛」之退光桌椅、寧波床、彈簧床，甚至沙發。總之，

〔註 164〕（清）錢肇然纂：《續外岡志》，上海：上海市文物保管委員會，1961 年，第 12～14 頁。

〔註 165〕《直隸綿州志》（清同治十二年刻本），丁世良、趙放：《中國地方志民俗資料彙編．西南卷》（上卷），北京：北京圖書館出版社，1991 年，第 94 頁。

〔註 166〕《巴縣志》（1939 年刻本），向楚主編：《巴縣志選注》，巴縣縣志辦公室選注，重慶：重慶出版社，1989 年，第 287 頁。有學者在討論民國貴州飲食的傳承與」「洋化」時，亦援引這一記載，不過將其通俗化為「城市裏追逐西俗，鄉村裏濡染市風」。其中飲食主題的探討，實際上並未完全聚焦於貴州，大體上仍然是全國性的審視。參見何光渝、何昕：《貴州：衣食住行的變遷》，貴陽：貴州人民出版社，2008 年，第 153～155 頁。

〔註 167〕解幼瑩修、鍾景賢撰：（民國）《開陽縣志稿》，貴陽印刷廠鉛印本，1940 年，《中國地方志集成：貴州編》，（第 38 冊），成都：巴蜀書社，2006 年，484～485 頁。

「由土造而省城化、西洋化」。〔註168〕

華東部地區的情況更加明顯。1928的《中國勞動年鑒》指出江蘇金山縣農村傚仿城鎮時髦的現象，當地衣服原料以土布為大宗，顏色為元色、深藍或藍白交織。家之豐裕者，或年紀較老者，始穿綢緞，「惟近鎮年輕農家子弟，所謂學時髦者，頗喜穿洋布。戴氈帽，穿布鞋，布襪，最為常見。用便帽線襪者，又是近鎮學時髦者。衣服式樣為寬大短衣，女子服裝，紅綠並非所喜，洋貨則頗愛用。家常穿著仍是土布，上鎮時則大都穿有光澤者。」〔註169〕港鎮六合的風俗與南京和揚州類似，「蓋地近使然也」，「自輪舶紛馳」，六合至南京和揚州「朝發夕至」，「漸染仿傚」，「囊時樸厚之風，一變而為奢靡」。當地服飾「靡俗相漸，綺羅相耀，外腴中枯，恬不為怪。隨時制度，導以奢華，籲身日富，而家日貧，鮮不病矣。」〔註170〕盱眙「地方偏僻，民性儉約，風俗淳樸」，但民國以後「風尚丕變」，古代禮俗日漸移易，從葬禮來看，鄉俗與城俗雖然有別，但鄉村「縉紳或富有之家，則彷彿與城俗相同耳」。〔註171〕

黃炎培所纂《川沙縣志》在分析當地嫁娶禮俗時指出，「前輩嫁娶，事事撙節，猶苦不勝。近則百物皆昂，而妝奩必求其盛，衣飾又極其華。力竭則與媒妁為難，向婿家要索。風俗之刁，於斯為甚。」他將此現象的原因歸諸上海的負面影響，「緣鄰近上海，漸染所及，實為體面二字所誤爾。」同時，他又援引流行歌謠，以證當地的時髦現象，「鄉下姑娘要學上海樣，學死學煞學不像，學來稍有瞎相像，上海已經換花樣。」〔註172〕

浙江遂安服飾「舊尚儉樸」，但日趨奢華，城鎮婦女「尤愛新裝」。〔註173〕而定海則深受上海的影響。就服飾而言，「五十年前敦尚質樸，雖殷富之家，男女皆衣布素，非作客喜事罕被文繡者」。而自海通以後，「商於滬上者日多，奢靡之習由輪舶運輸而來，鄉風為之丕變」。「私居燕服，亦被綺羅，窮鄉僻

〔註168〕黃元操、任可澄等纂輯：(民國)《續修安順府志》，《中國地方志集成：貴州編》(第42冊)，成都：巴蜀書社，2006年，第433～434頁。

〔註169〕王清彬等編：《中國勞動年鑒》(第一次)，1928年，北平社會調查部，第532～533頁。

〔註170〕鄭耀烈修，汪升遠、王桂馨纂：《六合縣續志稿》，卷三，地理，下，1920年石印本，第6～8頁。

〔註171〕王汾纂修：《盱眙縣志略》，盱眙縣政府刊印，1936年，第20、23頁。

〔註172〕方鴻鎧、陸炳麟修，黃炎培纂：《民國川沙縣志》(1937年)，上海：上海書店出版社，1991年，第262、271頁。

〔註173〕羅柏麓修、姚桓等纂：《遂安縣志》，第一冊卷一，風俗，1930年，第9頁。

島，通行舶品。」雖為「小家碧玉」，亦無不佩戴金珠。「往往時式服裝甫流行於滬上，不數日，鄉里之人即仿傚之，較鄞鎮等邑有過之無不及。」當地婦女衣式，「袖袂袴踦大幾盈尺，而上則見肘，下則露膝」，而衣領亦經數變，「其初婦女皆不施領，後施低領，漸次以高至於沒頰，邇年則不特去領並袒胸矣。」婦女髮型也深受上海的影響，如當地曾經流行的髮式俗稱「上海」，也一度流行英文字母「愛司型」瀏海，甚至出現燙髮現象，「或烙以熱鐵，使皺蓬鬆於前額」。〔註 174〕

華北地區的消費輻射中心是平、津兩市。山東臨清衣的便服形形色色，變化從心，「所尚式樣，大率視平津為轉移，其間稍有區別者，鄉民多用洋布，城市多用絲麻。時髦少年，則制服之外另置洋裝，多毛織品。從前大布之衣，求之編氓，亦屬僅見」。〔註 175〕河北晉縣城市「紳商衣飾酷愛時髦，馴至鄉曲小康之家亦多竟相仿傚，往往年甫弱冠，輒翩翩然夏葛而冬裘焉，亦風俗漸奢之一徵也。」「冬則用厚絮棉衣一襲，不著長袍短褂，夏則衣紫花單衣，只著布鞋，並不著襪，此等樸質之風，鄉曲雖仍有存者，然吾見亦罕矣。」〔註 176〕河北懷安縣城，「平時常服線呢洋布，衣制亦較鄉村時樣，而著長袍者，尤為多數。然以富力薄弱，普通能常服絨呢綢緞者，仍屬寥若晨星矣。惟在外遊學諸生，交際既廣，接融亦多，所著服裝較為特異。男有洋裝革履，女多剪髮旗袍，萍水相逢，儼若津海人焉。」〔註 177〕

按照馮友蘭的說法，「城里人到鄉下，常覺得什麼都是不合適的；什麼都看著不順眼，聽著不入耳。而鄉下人到城裏，則常覺得什麼都是合適的；什麼都看著順眼，聽著入耳。」〔註 178〕本節的討論也大致可以驗證馮友蘭的看法。

從民國時期的消費話語看，精英階層多借用西學資源為新式精英的消費行為正名，或者說奠定消費的合法性。在近人對奢侈的批判性言論中，消費

〔註 174〕陳訓正、馬瀛纂修：《定海縣志》，冊五，風俗志，1924 年鉛印本，第 42～43 頁。

〔註 175〕張自清修，張樹梅、王貴笙纂：《臨清縣志》，禮俗志，1934 年，第 30 頁。

〔註 176〕劉東藩修、王召棠編輯：《河北省晉縣志料》，卷上，1935 年，臺北：成文出版社，1974 年，第 111 頁。

〔註 177〕景佐綱修、張鏡淵纂：《懷安縣志》，卷二，政治志．風俗，1934 年鉛印本，第 58～59 頁。

〔註 178〕馮友蘭：《辨城鄉》，《馮友蘭學術論著自選集》，北京：北京師範學院出版社，1992 年，第 174～175 頁。

模仿、消費競賽、炫耀性消費等看法均有所體現。社會學、經濟學、歷史學等，也均不同程度地觸及了消費示範問題。這些觀點已經非常接近當代消費社會學中的「地位跑步機」等概念。階層與空間是民國知識精英在討論消費示範問題的兩個重要維度。

# 第三章　顯闊與裝闊：精英階層的價格偏好

本章聚焦於精英階層的價格選擇問題，首先梳理近人的價格認知，尤其是對價格之社會意義的理解，進而以服飾、飲食、娛樂和教育等消費品和服務為個案，揭示精英階層價格選擇暗含的社會區隔邏輯，最後一節基於價格的社會信號功能，對近代工商業的價格策略進行初步探討。

## 第一節　價格信號的雙重邏輯

馮客認為近代中國人的消費觀念，「對價格的關心往往會壓倒對質量的關心」，即使從長遠來看成本會更高。他引用了一些西方人對近代中國的觀察作為證據。譬如，美國貿易代表、「毫無爭議」的中國市場專家朱利安·阿諾德解釋說，中國買家只關注購買商品時的「初始成本」，因而質量高低並非中國消費者選擇的重要因素。馮客還援引德國旅行者喬治·韋格納對南昌的記載，當地商店陳列著各種各樣的外國商品和仿製品，包括曼徹斯特棉製品、廉價燈具、浴室用品、鐘錶、留聲機和機械玩具。韋格納認為大多數商品質量低劣，「一切都是十足的垃圾」，並且解釋說：「這並不奇怪，因為世界市場首先被劣質商品征服是眾所周知的事實」，而「事實上中國是一個貧窮的國家，是否買得起是主要標準」。但是，馮客也指出了中國市場的另外一種現象，「在大多數人願意為劣質襯衫節省一分錢的地方，少數人堅持要盡可能多地花錢」，奢侈品需求的本質是對「高價商品的偏好」，他舉例說，「一輛車只要他

喜歡，即不惜代價都要買到」。〔註 1〕

馮客所引德國旅行者韋格納的說辭，認為中國市場的一切工業產品質量低劣，「都是十足的垃圾」，歐洲貨是「垃圾」，日本貨則「更加垃圾」。〔註 2〕韋格納的觀點不僅偏激而且偏頗，因為歐美貨在近代中國是精英階層偏愛的對象，不僅具有現代性、地位、品味、「闊綽」等符號意義，〔註 3〕而且其質量往往高於日本貨和中國貨。因此，近代中國市場的格局，大致形成歐美貨、東洋貨和中國貨由高到低的三個層級，並且與社會分層基本上形成對應關係。中上社會多購用歐美貨，而中下社會則購用日本貨或中國貨。

1949 年 9 月，陳真在《人民日報》刊發《舊中國工業的若干特點》，他根據 1948 年工業研究所發表的調查材料，認為上海作為我國最大的輕工業城市，輕工業工廠約有 3000 個，占全滬總廠的三分之一左右，工人人數超過全滬總數的四分之一，但這些產品對廣大農民和勞苦群眾而言，「真是無福享受的『奢侈品』」。因此，「為區區少數資產階級、官僚、自由職業者、鄉村少數地主富農服務，乃是舊中國工業的特徵」。〔註 4〕陳真這一觀點，並非能夠簡單地全盤接受。他所列舉的雪茄煙、綢緞、駝絨、手帕、賽璐璐、熱水瓶、鋼窗、銅鐵床、罐頭、調味粉等工廠，其產品顯然並不是精英階層壟斷性的消費品。向光沅在 1944 年的一篇文章中，照樣堅持馬克思主義分析法，認為中國社會「既然是廣大的農民小生產者佔優勢，這些農民小生產者在帝國主義、官僚資本主義、封建主義殘酷壓迫榨取下失掉其購買力，中國工業對內既失去其廣大市場，對外復因技術上的落後無法與諸先進資本主義國家競爭，只好轉而為少數人服務。」這一看法與陳真比較相似，但他繼續分析說，「我國當前工業生產的消費對象，僅限於都市及都市附近的人民。都市之中且以中層人士為主，所以產品的市場狹小，在抗戰期中，就特別顯出它的弱點來。」「我國工業的產品在上層人士的眼中，是不合消費水準的

〔註 1〕Frank Dikötter. *Exotic Commodities: Modern Objects and Everyday Life in China*. New York: Columbia University Press, 2006, pp.110~113.

〔註 2〕Frank Dikötter. *Exotic Commodities: Modern Objects and Everyday Life in China*. New York: Columbia University Press, 2006, p.45, pp.112.

〔註 3〕李長莉：《晚清「洋貨」消費形象及符號意義的演變》，天津社會科學院主辦：《城市史研究》第 29 輯，天津：天津社會科學院出版社，2013 年，第 1～24 頁。

〔註 4〕陳真：《舊中國工業的若干特點》，《人民日報》，1949 年 9 月 24 日，陳真：《中國近代工業史資料第四輯：中國工業的特點、資本、結構等和工業中各行業概況》，北京：生活·讀書·新知三聯出版社，1961 年，第 14 頁。

劣貨；在農村中的農民看來，卻又是過分的奢侈品，當其主要消費對象——城市中層階級因通貨膨脹而消失大部購買力之後，這種工業的基礎就發生動搖而難於支持了。」〔註 5〕

我國工業產品被上層人士視為「劣貨」，這一看法與歷史真實比較接近。國貨運動宣傳者許曉初強調國貨質量、市場營銷的重要性，認為「徒以愛國美名，勉強抑制人民的欲望，使其服用本人所不樂用的物品，縱能收效於一時，那是絕對不能持久」。這是針對供給一側而言，但糾正國人對於國貨的「錯誤心理」，亦極其重要。他將國人錯誤的消費心理總結為「東洋貨不及西洋貨，國貨不及東洋貨」。他特別指出，經濟能力越厚的上流社會人士，服用國貨則越少，國貨消費以中下級社會為最多。對此，他推測，或是因為中下級社會財力不足、生活簡單，「只好樸實點用用國貨」，或是由於中下級社會比中上級社會的「國家觀念濃厚」。〔註 6〕南洋地區的市場格局和消費態勢，與國內亦有相似之處。林文女士採訪自南洋歸國的石君。據他介紹南洋商業情形和國貨產銷狀況，當地經商者多係中國人，而其所售商品以日貨居多，平均約占七八成，歐貨一二成，中貨僅有半成。南洋當地的上等人家多用歐貨，中等人家則用日貨，華僑雖欲提倡國貨，「亦無從做起」。〔註 7〕

因此日貨和國貨構成兩大競爭對手，也是下層社會的消費對象。1929 年，亞浦耳燈泡創辦人撰文強調，日本燈泡商仰仗其政府保護的力量以及在華不平等條約，將劣質電燈泡廉價推銷，又揣摩華人信仰歐貨的心理，在燈泡上冠以德貨二字，在市混售，哄騙華人。而我國商人「往往重利輕國，忘掉了華人的地位，竟不惜人格，不顧用途，甘心為日本人儘量推銷，於是日本電泡充斥於電燈上，銷數竟占總額三分之二。縱橫於神州大陸，攫奪厚利，滿欲而歸。」〔註 8〕他強調日本燈泡存在難以避免的技術障礙，但也批評國人缺乏

〔註 5〕向光沅：《當前工商業的出路》，《新蜀報》，1944 年 2 月 6 日，陳真：《中國近代工業史資料第四輯：中國工業的特點、資本、結構等和工業中各行業概況》，北京：生活．讀書．新知出版社，1961 年，第 13～14 頁。

〔註 6〕許曉初：《國貨標準化與國民心理建設》（續），《申報》，1936 年 8 月 2 日第 16 版。

〔註 7〕林文女士：《國貨在南洋——與回國僑胞談話所得》，《申報》，1937 年 4 月 21 日第 15 版。

〔註 8〕胡西園：《製造電燈泡的兩個重要問題》，《商業雜誌》，1929 年第 4 卷第 10 號，李善根編著：《中國愛迪生：胡西園與中國亞浦燈泡（企業）史料》，北京：中國文史出版社，2011 年，第 72 頁。

電氣學識，「不加細察，只貪廉價，樂而購用，結果耗費電力，且易碎壞」，比購買價高燈泡的花費更大。他甚至將「不計利害」視為我國國民性固有的缺陷。〔註 9〕1935 年，劉國鈞在大成廠慰勞會上演講，為了激勵員工，提出五大口號，「工管工自治化，工教工互助化，工資等級化，華廠日廠化，出品日貨化。」〔註 10〕由此可見，日貨質量仍然是該廠努力追求的目標。

胡西園在其回憶錄中，曾對國民黨官僚提倡國貨的虛假性進行了揭露。他說，吳國楨從任漢口市長、重慶市長，直到擔任上海市長，都以大力提倡國貨者自居。1946 年秋，吳國楨在上海安福路官邸設雞尾酒會，招待美國大使司徒雷登。全場所用電燈泡，都是美國奇異燈泡，且內部陳設都崇尚洋貨。再有一次，英國工業考察團來華，道經上海，吳國楨仍在安福路官邸設宴招待。吳國楨介紹胡西園與外賓相見，並將亞浦耳廠「吹噓一番」，又「自吹他對提倡國貨之如何熱忱」。但是，客人看到他的全室電燈泡並無一隻是國貨，而且都是美國奇異燈泡，吳非常尷尬。〔註 11〕胡西園自稱，亞浦耳燈泡「的確價廉物美」，但美國奇異廠憑藉美國控制中國的特殊勢力，利用國民黨政府排斥亞浦耳燈泡。他舉例說，南京路燈不用亞浦耳電燈泡，而始終以採購奇異燈泡為主。中國各地鐵路局與亞浦耳廠已簽訂供應合約，但因奇異廠「脅迫」，鐵路局無故修改已訂合約。〔註 12〕

馮客的證據主要來自西方人對中國市場的觀察和消費心理的解釋，並且其中差異主要分屬於大眾必需品與精英奢侈品兩個領域。為了避免文化蔽障，再對近代國人的觀察進行梳理。1873 年，《申報》載有《申江陋習》一文，作者署名為「海上看洋十九年客」。作者批評「近日風氣之壞，惟上海為最」，並且總結了上海人之「七恥」，〔註 13〕其中「恥餚饌之不貴」「恥戲園末座」的認知，均直接指向上海人追求價高的消費心理。1928 年 3 月 10 日，《新聞報》

---

〔註 9〕胡西園：《製造電燈泡的兩個重要問題》，《商業雜誌》，1929 年第 4 卷第 10 號，李善根編著：《中國愛迪生：胡西園與中國亞浦燈泡（企業）史料》，北京：中國文史出版社，2011 年，第 73 頁。

〔註 10〕李文瑞編：《劉國鈞文集》（講演卷），南京：南京師範大學出版社，2001 年，第 5 頁。

〔註 11〕胡西園：《追憶商海往事前塵：中國電光源之父胡西園自述》，北京：中國文史出版社，2006 年，第 72 頁。

〔註 12〕胡西園：《追憶商海往事前塵：中國電光源之父胡西園自述》，北京：中國文史出版社，2006 年，第 70 頁。

〔註 13〕海上看洋十九年客：《申江陋習》，《申報》，1873 年 4 月 7 日第 2 版。

刊載了嚴獨鶴的一篇小文，名為「上海人的心理：愛闊氣與貪便宜」。他寫道，「上海人是最愛闊氣的，錢花的多，興味越高。戲館中來了大名角，賣三四塊錢一個座位，天天可以滿座，要是特別廉價，只賣幾毛錢一個位子，反而沒人請教，要弄到鬼冷冰清了。又如幾塊錢一尺的綢緞，買的人爭先恐後，要是每尺一元以內的衣料，買的人反覺失面子，不肯輕易照顧。」他列舉了一個事例，有一家呢帽店積存了許多底貨，價錢很便宜，每頂只需一二元，天天擺在那裡，但沒有人買。後來有位夥計出了一個主意，把所有呢帽一律標價十元以上，不到幾天，便銷盡了全部貨品。他認為，此一現象足以證明上海人「專門好闊，花錢多少，卻不在乎。」同時，他也觀察到，上海人「最貪便宜」心理。他的證據是，「各商店中要吸引顧客，便非大減價大贈品不可。往往平時生意不十分興旺的，只要大減價大贈品的廣告一登出去，包你其門如市。按諸實際，即使真正減價，所差也很有限，但是無論什麼公館裏的眷屬，一見了降價兩個字，總可以即刻光臨，比飛符召將還靈。」對於上海人「愛闊氣」與「貪便宜」截然相反的矛盾現象，嚴獨鶴認為很難解釋，「只怕就是請教著名的心理學家，也未必能得到確切的答案」。〔註 14〕

作為報人和記者的嚴獨鶴，對於上海人貌似矛盾的消費心理，難免產生困惑，甚至認為心理學家亦未必能夠解釋。實際上，嚴獨鶴的難題，經濟學家已經了然於胸。不同的消費者對市場價格的感知和態度未必相同，甚至完全相反。中國近代記者趙超構認為，貧、富兩個階層分別對應著「經濟律」與「奢侈律」。「看貨色，比價錢，處處打算」，試圖以最少支出獲得最大效用，此種「經濟律」乃是平民的生活態度。而與平民消費觀截然相反，富人「所考究者，不是經濟律，而是奢侈律」。他們的生活已經完全無須考慮，所考慮者是舒適生活之外，還要加上「面子」，「面子」之外，還要加上「自負」心理的滿足。因此，他們才有聲色犬馬娛樂之好，才有珍稀寶物古董之癖，才有購物「惟恐不貴、浪費惟恐不多之習」。他認為富人的消費心態，也就是經濟心理學中的「特殊名稱」，亦即「奢侈律」。他進一步說明，對富人而言，「凡足以增長奢侈，助成浪費，表示其有錢的身份者，他們無不樂為。」「自己奢侈得不夠，便委託他太太兒女做浪費代理人，太太還浪費不了，便委託他的僕人、他的狗、他的貓來浪費」。他認為富人此種消費心理並非常人以為的愚笨，「奢侈律」依然是理

〔註 14〕獨鶴：《上海人的心理：愛闊氣與貪便宜》，《新聞報》，1928 年 3 月 10 日第 21 版。

性消費，其浪費並非沒有收益，因為浪費換來了世俗「榮譽」。〔註 15〕

1930 年，作家火雪明在其《上海的雨》中，描述了不同階層對商品價格的相反態度，與趙超構的「經濟律」和「奢侈律」如出一轍。他寫道：「有了蔽雨廊便好了，盡可向那裡逗留，那裡徘徊。蔽雨廊裏的商店，正歡迎著你呢！因為靠它研討櫥窗陳飾的誘魅力的鼓舞或是出售貨物畢竟適合一般家庭的需要，那就熾熱了你購買欲的火焰而成功了意外的交易。你應該明白：Shows Window 的確實作用，對於汽車階級不甚有效。汽車階級是只用耳朵並無需眼睛的主顧，他們採辦東西，必然要走進偌大公司，才肯放心，卻從來不去比較或研究貨價與小商店是不是相差。倒是普通的中下階級，無所謂地散步觀賞之際，權衡貨物，比較價格，往往拿出了錢，換走了貨。因此，在雨天越是阻絆了無錢人的腳，而蔽雨廊裏的商店越是做到了更多的交易。假如有兩爿同樣性質的商店，一家是沒有蔽雨廊的，一家則反是，試問你願意淋向雨中去討論價格嗎？幾曾見過行人在大暑天，偏愛在太陽普照的人行道上走？根據這理由，你就懂得南京路上的許多公司，他們為什麼要在沿馬路的屋周圍，搭著極長極大的玻璃天棚！你為什麼在雨天，也躲在那裡去鑒賞出場布置？」〔註 16〕在沈從文筆下，所謂的「王謝子弟」，具有全國各地「隨處可見的大少爺性情脾氣」，亦即「愛吃好的，穿好的」。在沈從文看來，照相機、自來水筆、床上的毯子、腳上的鞋子，「都買洋行公司價錢頂貴的」。〔註 17〕

趙超構的所謂「經濟律」，實則古典經濟學的價格供需律。1920 年，伯匡將物價漲跌現象及其原因分為兩大類型，「物價騰落之原因至復，大率漸變者必永久，驟變者必循環」。他說，汽電之利用，機械之精進，產業之組合，交通之便利，人口之繁衍，欲望之增加，均足以致物價之騰貴，此漸變而永久者也。」因此，「尺布七八文，升米十餘文之物價，決不復現於現在及將來。」他認為，「驟變而循環者」，則「恒依」供求律，亦即「求者少則物價低落」、「求者多則物價騰貴」、「供者少則物價騰貴」、「供者多則物價低落」、「物價落則求者多」、「物價貴而求者又少」、「物價貴而供者多」、「物價低落而供者又少」。他將此供求律視為「物價騰落之正軌」，並運用供求律分析當年米價

〔註 15〕趙超構：《趙超構文集》（第 2 卷），上海：文匯出版社，1999 年，第 159 頁。

〔註 16〕火雪明：《上海的雨》，《上海生活》，1939 年第 3 卷第 7 期。

〔註 17〕《王謝子弟》，王逸夫編選：《沈從文小說：邊城》，南寧：廣西民族出版社，1998 年，第 310 頁。

騰貴之原因，「蓋去夏之霪雨、湘南之兵禍，足使米之供者減少，奸商政客運米出洋，足使米之求者增多，有一於此，物價必漲，今二者兼之，無怪米價之暴漲不已也。」〔註 18〕

作為古典經濟學的一種修正，奧地利學派極力強調效用的主觀性和相對性。該學派的基本主張，亦深刻影響著近代學人對物價問題的觀察。1926 年，作者新德有關物價貴賤之原因的理解，則較伯匡更進一步。新德從五個方面分析物價之高低，一是效用之大小，「貨財饜人慾望之能力，謂之效用，因有效用，斯有價值，以有價值，斯有價格，故物之效用大者，其價必貴，小者必賤，然貨物常視供求之程度而異，其效用不可一概論。」二是供求之程度，「供過於求則價賤，求過於供則價貴，一定之原則也。供求固可左右價格，然價格亦能增減供求，蓋價高則求少，而供多則價低，供減而求增矣。」三是競爭之多寡，「購者之競爭多則價高，反是則低。賣者之競爭多則價賤，反是則貴。此獨佔價格所以高出於競爭價格也。」四是購買力之厚薄，「購買力之厚薄視貨幣之多寡而判，貨幣多則購買力厚，而物價騰貴，反是則下落。其故以需求雖為左右價格之利器，然非有相當之購買力，則需求徒成虛願，非有相當之貨幣，則購買力亦等空言也。」五是生產費之鉅細，「物價之貴賤與生產費之大小成正比例，今之生產費第較往日增加一倍至數倍不等，故物價亦飛漲數倍，蓋非此則不足以保成本也。」〔註 19〕顯然，新德吸納了奧地利學派的邊際效用理論。

馬寅初在其《經濟學概論》中，也運用邊際效用思想來分析供需與價格問題。他說，所謂需求彈性或供給彈性，即指購買數量或銷售的數量隨價格升降而變化的程度。他舉例說，貧窮或小康家庭的主婦，在雞蛋價貴時就少買幾個，低廉時就多買幾個，因此雞蛋需求是有彈性的。他進而指出，消費者對某一物品的需求彈性可大可小，須視其生活水準之高低而定。譬如，中國小康家庭的食鹽需求是無彈性的，即使食鹽稍貴，也不能不吃。但貴州窮人往往無力購鹽，對鹽的需求就有了彈性。食鹽漲價，就減少購量。就中美兩國比較而言，美國的白糖已成為沒有彈性的物品，而在中國則否。中國人視糖為半奢侈品，食糖漲價，吃的人就少了〔註 20〕。需求的彈性與剛性，必

〔註 18〕伯匡：《物價騰落之法則及其影響》，《申報》，1920 年 6 月 22 日第 17 版。
〔註 19〕新德：《物價貴賤之原因》，《申報》，1926 年 6 月 17 日第 19 版。
〔註 20〕馬寅初：《馬寅初全集》（第 11 卷），杭州：浙江人民出版社，1999 年，第 318 頁。

須區分奢侈品與必需品，而兩者的認定雖然具有一定的相對性，但在馬寅初看來，社會經濟現象中在供需兩端絕對的彈性和剛性，都極為罕見。他將鑽石視為完全無彈性的例證，其價值之所以高昂，乃因其數量有限，「富人喜用之以表現富有」，「價格愈高，彼愈足以自豪」，如果鑽石供給數量因價格提高而增加，則其價格終要跌落，富人將「視之如糞土矣」。故商人始終維持鑽石供給的相對恒定，達到高抬其價格的目的，而價格愈高，其邊際效用對富人亦愈大。他強調，與其說鑽石價格由邊際效用決定，毋寧說其邊際效用由價格決定，也就是因為價格愈高，愈足以表示消費者之富有，故其邊際效用愈大，「一反常例，此學者不可不知也」。〔註 21〕馬寅初認為價值具有相對性，即同一汽車對富人有價值，對窮人則無價值。〔註 22〕

馬寅初的價值論不僅源自奧地利學派邊際效用學說，而且也深受凡勃倫炫耀性價格的影響。凡勃倫在其《有閒階級論》中，闡述了高價是有閒階級展示財富的工具。他說，「在明顯浪費定律的淘汰性監視之下，產生了一種公認的消費準則」，其作用是使消費者在物品消費上，能夠保持高價與浪費的一定標準。〔註 23〕在他看來，有閒階級的「金錢榮譽準則」對消費品提出了「美感」與「適用性」的雙重標準，而有美術價值的物品，其效用同其價格高低密切相關。他以湯匙為例，一隻手工製作的銀湯匙的商業價值大約是 10 元到 20 元，其適用性通常並不大於一隻同樣質料的機制湯匙，甚至也不大於以鋁等賤金屬為原料的機制湯匙，而後者的價格則約不過 1 角到 2 角，並且手工銀匙往往不及機制鋁匙實用。他解釋說，「從使用和欣賞一件高價的而且認為是優美的產品中得來的高度滿足，在一般情況下，大部分是出於美感名義的假託之下的那種高價感的滿足。我們對於優美的物品比較重視，但所重視的往往是它所具有的較大榮譽性，而不是它所具有的美感。」〔註 24〕

〔註 21〕馬寅初：《馬寅初全集》（第 11 卷），杭州：浙江人民出版社，1999 年，第 323 頁。1943 年 1 月，馬寅初的《經濟學概論》出版。此書為馬寅初 1938 年的舊稿。

〔註 22〕《價值》，《馬寅初全集》（第 2 卷），杭州：浙江人民出版社，1999 年，第 243～244 頁。

〔註 23〕（美）凡勃倫：《有閒階級論——關於制度的經濟研究》，蔡受百譯，北京：商務印書館，2011 年，第 89 頁。

〔註 24〕（美）凡勃倫：《有閒階級論——關於制度的經濟研究》，蔡受百譯，北京：商務印書館，2011 年，第 97～99 頁。

他又以珠寶為例，認為「一切珠玉寶石在官能上的美感是大的，這些物品既稀罕，又值價，因而顯得更加名貴，假使價格低賤的話，是絕不會這樣的。」〔註 25〕換言之，任何貴重品要引起消費者的美感，必須能同時適應美感和高價兩種要求。凡勃倫進而指出，高價這一準則影響了消費者偏好，「使我們在對美術品的欣賞中把高價和美感這兩個特徵完全融合為一，然後把由此形成的效果，包攝在單純欣賞美術這個名義之下」，於是高價特徵逐漸被認為是高價物品的美感特徵，某一物品既然具有「光榮」的高價特徵，就「令人覺得可愛，而由此而來的快感，卻同它在形式和色彩方面的美麗所提供的快感合而為一，不再加以區別。」〔註 26〕

凡勃倫使用「有閒階級」，馬寅初則使用「閑暇階級」，雖然存在細微差異，但英文詞彙則一。馬寅初指出，奢侈品不過為滿足少數富有階級之需要而生產，缺乏實際效用，但是同時有許多貧苦階級所需的必需品，還是稀少。他以上海跑狗場為例，認為「不過為適合少數閑暇階級而設立」，對於社會並無益處。〔註 27〕他在分析「團體生活如何影響於個人之興趣與消費」時，直接援引了凡勃倫「金錢競賽」的觀點，只不過他將凡勃倫翻譯為韋伯倫，將其名著《有閒階級》翻譯為《閑暇階級》。〔註 28〕

俞子夷曾以價格為依據描繪了上海的奢侈情況。他認為，鐘錶的作用是計時，但是用表的人「目的不在乎時刻而在乎裝闊，好像沒有一條金鏈條，一雙金表，是被人看不起的。他們只在乎表的價值貴，花樣新，不在乎時刻準不準。」他也抨擊女學生的奢侈消費，「每到開會或出去吃喜酒的時候，她們一個人身上，實在太貴了。一套衣裙，料子每 3 至 5 元一尺，連做工及裝潢，40 至 50 元，不算稀奇。一雙新式的鞋子，又要近 10 元。手帕、圍巾，又要 5 至 6 元或 10 元左右，零星的叉針等要 1 至 2 元或 8 至 9 元不等，手上戒指 500 多元的金剛鑽還不是很好看，耳朵上可以掛 1000 元，頭髮裏再套 3000 至 5000 元，臂膀上再箍 800 至 900 元，或 1500 元，不算什麼事。

〔註 25〕（美）凡勃倫：《有閒階級論——關於制度的經濟研究》，蔡受百譯，北京：商務印書館，2011 年，第 100 頁。

〔註 26〕（美）凡勃倫：《有閒階級論——關於制度的經濟研究》，蔡受百譯，北京：商務印書館，2011 年，第 100～101 頁。

〔註 27〕馬寅初：《馬寅初全集》（第 11 卷），杭州：浙江人民出版社，1999 年，第 335 頁。

〔註 28〕馬寅初：《馬寅初全集》（第 11 卷），杭州：浙江人民出版社，1999 年，第 309 頁。

這許多東西變換成現銀，存在銀行裏的利息，也可以供給三五子弟全部的學費了。」〔註29〕俞子夷所抨擊的奢侈物品，涉及手錶及服飾。這些物品的共同特徵是具有「社會能見度」，亦即能夠被社會上其他人觀察到。並且他也特別強調，這些物品的使用場合具有社會性，如軍閥、官僚乘用汽車應酬拜客、女學生開會或出去吃喜酒。因此，從物品性質及其使用空間而言，均具有炫耀性特徵。

花錢闊綽與社會聲望相關，決定了消費者對價格感知的雙重性質。在社會可見時，往往存在趙超構所稱的「奢侈律」，反之則存在他所稱的「經濟律」，這樣就存在嚴獨鶴所稱的「愛闊氣」與「貪便宜」的貌似矛盾的並存現象。1933 年，仲賢刊文指出，富人畢集於上海，其「舉止闊綽，揮金如土」，造成上海奢華風氣。這對擠在闊人堆裏生活的「經紀人」構成聲望壓力，「手面也不得不跟著加闊起來」，如果花錢「太嗇，非但要被朋友瞧不起，與自己的身價地位也要連帶受著影響。」但是，他指出，上海人的「闊綽錢，須在人面前花費，無人看見的地方，不妨大打算盤」，所以請朋友吃飯看戲，賞賜茶房小帳，「十塊八塊，不厭其多」，因為「這是人面前的錢，給少了恐被人見笑，如果獨自坐黃包車回家，車夫多要一隻銅板，則不妨嚴詞拒絕，車夫不認識我，雖一隻板之微，也落得省儉了。」〔註30〕

徐本熙同年以「生活的邏輯」為題，觀察到了類似現象。他說，「我們可以看見很漂亮的人物為了一二個銅子和黃包車夫或小販爭論。甚至，不巧的話，說不定還要高抬貴手，賜他們一二下巴掌。在善意方面來說，好像上海人節儉得連一二個銅子也要打算一下。其實，我們且撇開資產階級說話。你在大庭廣眾之下，看見過一個穿著西裝的青年為了掉下一個銅子而不惜屈身拾取嗎？反之，理髮館裏定價四角而你要給他們一元，以及上館子吃飯，小帳加一已經算在內，而你還把找頭給侍者的一幕，究竟這額外的賜予是統傳的定例呢？抑或是生存在都市裏的漂亮階級者所必具的習慣？……上海人生活的邏輯，又多了一個矛盾的例證。」〔註31〕

〔註29〕俞子夷：《奢侈》，《生活》，1926 年第 26 期。

〔註30〕仲賢：《上海閒話：闊與嗇》，《申報》，1933 年 2 月 3 日第 17 版。

〔註31〕徐本熙：《生活的邏輯》，《申報》，1933 年 3 月 30 日第 15 版。

# 第二節　價格選擇的個案分析

本節依此以服飾、飲食、娛樂和教育為個案，對精英階層的價格偏好進行個案性考察。

## 一、服飾價格與「金錢文化」

凡勃倫認為，「服裝是金錢文化的一種表現」，沒有哪一種消費比服裝消費更能證明有閒階級的「金錢榮譽準則」和「明顯浪費通則」。「要證明一個人的金錢地位，別的方式也可以有效地達到目的，而且別的方式也是到處在使用，到處在流行的；但服裝上的消費優於多數其他方式，因為我們穿的衣服是隨時隨地顯豁呈露的，一切旁觀者看到它所提供的標誌，對於我們的金錢地位就可以胸中了然。」他強調，在服裝消費方面，「高價與奢靡的要求在我們的思想習慣中已經這樣根深蒂固，因此任何與這個要求相牴觸的服裝，會使我們本能地感到厭惡。無須通過思索或分析，我們就會直接感到凡是低價的總是沒有價值的。」「低價無好貨」這句話在各種消費行為中都適用，但就服裝而言，它具有更大的說服力量。不論從愛好或適用的角度來看，在「低價無好貨」的信條下，低價服裝用品總是一概被認為是劣等品，「對於事物的美觀與適用的感覺深淺大體上是隨其代價的高低為轉移的。」總之，服裝具有「證明支付能力的職能」。〔註 32〕

前文已經討論過李劍華的奢侈論。他也認為，生活奢侈之最顯著特徵「莫如裝飾品」，衣服和住宅「最漂亮的，即為某人成功的表現」。他特別強調，「金錢勢力如此偉大，人們晝夜都想把金錢集中於自已一身，或把這勢力顯示給人看」。其例證是幾十元一雙的絲襪，10 萬元一串的項鍊，目的在於「誇示給人看」。〔註 33〕胡青石曾經運用階級分析法，分析了燕京大學學生的奢侈之風及其盛行的原因。他指出，該校學生由於家境殷實，一部分女同學以價格百元以上的獸皮外衣為美，很多男女同學的一切消費，必以價格最貴的或是價格稍昂的東西方才購買，其中意圖，不過是因為消費準則可決定其階級身份和富有與否而已。〔註 34〕由此而考察民國時期服裝消費與價格問題，顯

〔註 32〕（美）凡勃倫：《有閒階級論——關於制度的經濟研究》，蔡受百譯，北京：商務印書館，2011 年，第 130～132 頁。

〔註 33〕李劍華：《奢侈生活之社會學的觀察》，《社會學刊》，1931 年第 2 卷第 4 期。

〔註 34〕胡青石：《略論奢侈並評燕京的奢侈生活》，《燕大旬刊》，1934 年第 4 期。

然是一個很有意思的視角。

再以上海的「頂級」女裝店為例。根據作家樹棻的回憶，民國上海被稱為「最貴族化」的兩家女裝店，分別是 Garnette 和 Madam Greenhouse。Garnette 開設於南京路東端華懋大廈的底層商場，其中店鋪數量不多，只有寥寥幾家珠寶店、皮鞋店、鐘錶店、西洋古玩店和洋酒雪茄店等，但都被公認為上海的頂級店鋪。1929 年 9 月 8 日，豪門少女嚴幼韻與外界官楊光泩在上海大華飯店舉行婚禮。嚴幼韻的婚紗和伴娘的禮服，都由法國設計師加內特女士設計，嚴「唯一的要求就是禮服要有中式領子」。〔註 35〕

樹棻認為，抗戰勝利之後，內遷大後方的上海豪門富室和在內地大發「國難財」的人復歸故地，加上大批「劫收大員」和英美等國僑民的強大消費能力和消費欲望，導致淪陷時期一度低落的娛樂業和高消費商業空前興旺。因此，即使是價格極其昂貴的 Garnette 時裝也非常搶手。除上海本地豪門富室的太太、小姐之外，南京政要的女眷也紛紛來此購買或訂製服裝，尤其是傳聞宋美齡也向 Garentte 訂製服裝之後，該店生意更加應接不暇。Madam Greenhouse 有一直譯中文店名，即「綠屋夫人」，位於靜安寺路和同孚路口。雖然按照慣例，中國旗袍可以作為正式禮服，但還是有不少「闊太」「名媛」穿著西式晚服出席一些高端宴會和社交場所，往往在「綠屋夫人」花費重金訂製一套晚服。對於這兩家時裝店的價格，樹棻沒有直接說明，但指出，「任何一個穿著一身舊衣服的女人走進店門後再出來時都能從頭到腳變得煥然一新——只要她付得起那筆昂貴的費用」。他又將其與 20 世紀九十年代相繼進入上海市場的歐洲各國女式時裝的價格進行比較，認為後者的價格低於前者。〔註 36〕

樹棻將「綠屋夫人」的時裝價格與當代進行比較，以證明其價格高於當代的奢侈品服裝價格。如果回到四十年代的歷史現場，時人大致從兩個方面來說明「綠屋夫人」的時裝價格。一是絕對價格。1948 年上海小報《羅賓漢》介紹了一位梅玲女士的肩巾，「見者咸謂可愛」，梅玲聲稱係「綠屋夫人」出品，每條價格 500 萬元，「令人咋舌」，「一巾之微且如此，然則全身披掛之價

〔註 35〕顧嚴幼韻口述：《一百零九個春天：我的故事》，楊蕾孟編著、魏平譯，北京：新世界出版社，2015 年，第 32 頁。

〔註 36〕文中所稱的歐洲各國時裝，具體包括 CHANEl、GUCCI、VERSACE、DIOR、CELINE、BALIY、FERRAGOM0 等。樹棻：《最後的瑪祖卡：上海往事》，上海：上海文藝出版社，2005 年，第 184～189 頁。

值，自相當浩大矣。」〔註37〕二是相對價格。據1946年《東南風》雜誌的報導，「綠屋夫人」大概開設於1941年左右，雇有好萊塢服裝設計師，密切跟蹤和模仿歐美時裝潮流，製衣費用為一般成衣店的三倍。其顧客多為舞女、交際花、妓女、姨太太、闊小姐之類。〔註38〕同年的《文飯》雜誌亦揭示了「綠屋夫人」在上海時裝行業的地位、價格和顧客構成，「海上女子服飾店，唯綠屋夫人獨尊。旗袍式樣，近歲日新月異，則綠屋夫人貢獻良多。一般同業，大抵準其繩墨，什久刻鵠類鶩，難獲神似。……定價絕昂，稱『老虎肉』，然而營業鼎盛，摩肩接踵者，固以閥閱門第中人居夥，蔣夫人且嘗製衣於此。惟主顧中亦不乏第一流『外頭混混女人』。」〔註39〕

1947年的兩份報導，基本上沿襲了此前的看法。《真報》報導說，當年百業之中，諸多行業蕭條，而時裝業則蓬勃發展，其中規模最大者當推鴻翔時裝公司，「綠屋夫人」「最是豪華，價格最高」。〔註40〕該報另一篇報導則直指「綠屋夫人」獨佔鰲頭的根本，「如此名聞，無非價昂」，同樣貨品往往超出市面兩倍，甚至三四倍，「好在十里洋場，多的是豪富子弟，歡場兒女，只要心中愜意，哪怕再貴些，亦會有人登門求教。」同時，「綠屋夫人」充分利用高價策略，極力迎合上海豪富的炫耀性需求，「以致造成了今日的地位，更在一般高貴仕女們的心理，印上了四個字『綠屋夫人』。」〔註41〕

「如果你想有一套時髦的衣服，那種讓其他女人暗暗嘀咕『一定是在綠屋夫人做的』上等貨，你就會把攢好的錢心甘情願地遞到我未來婆婆的手裏。我未來的婆婆名叫亞力山德拉．瓦西莉耶弗娜，她就是朋友們口中的基薩。綠屋夫人時裝店的經理。」〔註42〕此種消費感受，足以證明「綠屋夫人」的高價策略對顧客帶來的消費體驗和社會優越感。按照陳明遠的說法，由於「綠屋夫人」和Garnett的女裝價格實在太貴，導致中產階級女性望而卻步，因此

〔註37〕波羅：《綠屋夫人之肩巾》，《羅賓漢》，1948年3月23日第2版。

〔註38〕方型記者：《Green House，女式時裝翻新托辣司》，《東南風》，1946年第15期。

〔註39〕鳳三：《綠屋夫人》，《文飯》，1946年第5期。

〔註40〕路德曼：《鴻翔規模最大，式樣變化無窮，雨後春筍般蓬勃，今年上海的時裝業，綠屋夫人價格最大》，《真報》，1947年12月22日第1版。

〔註41〕黃華：《百業凋零，惟它最佳，綠屋夫人生意興隆》，《真報》，1947年5月10日第4版。

〔註42〕（美）伊．貝蒂．格列賓希科夫：《我曾經叫莎拉》，李康勤譯，上海：漢語大詞典出版社，2005年，第137頁。作者曾經是「綠屋夫人」的顧客，後來成為店主的兒媳。

頂級時裝店和鴻翔時裝公司「各領風騷，相安無事」。〔註 43〕顯然，「綠屋夫人」通過高價策略，其時裝提供了金錢展示和社會區隔的工具。

根據李劍華的提示，在此首先考察絲襪的例證。近人漱六山房將中國人著絲襪譏諷為「吃外國屁」，認為這是中國女性盲目模仿西方女性的結果，民國初年，上海人看見外國婦女都穿絲襪，就「學步起來」，「始而不過是堂子裏的妓女和富家婦女用絲襪」。〔註 44〕1920 年代以後，絲襪、高跟鞋，成為摩登女性的重要標誌，正如「滬江時髦女子竹枝詞」所記：「趨時女子不知愁，馬路洋街任意遊，玉齒金鑲晶鏡架，嫣然一笑倍風流。薄羅衫子映紅兜，大袖翩躚孰與儔，從此不須衣扣解，檀郎可剝肉雞頭。褲腳高高不畏寒，好留絲襪博郎歡，圓膚六寸天然足，多少遊人著意看。永安遊罷到先施，月榭風亭任所之，有約不來行不得，摩星塔上念多時。」〔註 45〕1922 年，何海鳴指出，絲襪「雖好，可惜太貴而又易破損，小家婦女實無力常備，他日如有能製價廉物美之絲襪者，其獲利可操左券也。」〔註 46〕但是，絲襪價貴，才能成為炫耀的重要手段。

1928 年，南京市市長劉紀文與許淑貞結婚，劉為許購置了一雙 25 元的進口絲襪。在國貨運動尤其是 1930 年政府倡導節約運動的背景下，劉紀文與許淑貞夫婦的絲襪價格遭到社會輿論的激烈抨擊，許淑貞亦被譏諷為「絲襪夫人」。1930 年，王延松提議徵收「西裝稅」，媒體反問說，「劉紀文的絲襪夫人的絲襪，是不是國貨？那 25 元的一雙絲襪，中國是找不出來的，不是從紐約來的，就是從巴黎來的。」〔註 47〕1932 年，時人金官在討論物質文明時，將物質文明視為「虛榮的文明」，與奢侈等同，他舉例說，普通絲襪價格起碼兩元，而「某夫人 25 元，也是一雙，駭人聽聞」。〔註 48〕根據陳存仁的說法，媒體得知許淑貞絲襪一事，是源於胡漢民在立法院會議席上對劉紀文的奢侈行為提出彈劾。〔註 49〕1930 年 2 月 3 日，何應欽在中央黨部「紀念周」提出

〔註 43〕陳明遠編著：《百年生活巨變（1840～1949）》，上海：文匯出版社，2010 年，第 24 頁。

〔註 44〕漱六山房：《著絲襪是吃外國屁》，《新上海》，1933 年第 4 期。

〔註 45〕一明：《滬江時髦女子竹枝詞》，《小說新報》，1920 年第 6 卷第 6 期。

〔註 46〕何海鳴：《求幸福齋妝飾譚》，《家庭》，1922 年第 7 期。

〔註 47〕公正：《從西裝稅到絲襪稅脂粉稅》，《上海評報》，1930 年 7 月 23 日第 2 版。

〔註 48〕金官：《從儉約說得到物質文明——奢侈和嗇吝的中庸之道》，《鬥報》，1932 年第 2 卷第 11 期。

〔註 49〕陳存仁：《銀元時代生活史》，上海：上海人民出版社，2000 年，第 170 頁。

「節約運動」，胡漢民亦對此進行闡發，提出「人才、時間與經濟」的「三大節約」〔註50〕。在2月10日的「紀念周」，胡漢民演講「節約運動的意義和範圍」〔註51〕。3月24日，他在立法院總理紀念周演講中，批評女性的「修飾主義」，並援引他人的說法，指出上海南京店鋪所陳列的新式女襪，「竟有貴至25元一雙的。」〔註52〕

電影明星胡蝶的絲襪價格不僅成為媒體關注的對象，同時也往往將其與許淑貞的絲襪價格進行對比。1932年的《開麥拉》雜誌報導說，劉紀文夫人許淑貞一襪25元，「時人以為奇事，據為街談巷議的資料」，其實許的丈夫是堂堂的南京市長，一位市長夫人穿25元的一雙絲襪，所謂「恰合身份」。文章說，胡蝶前天到天一公司拜訪陳玉梅，陳見胡腳上所著網眼絲襪甚美，詢胡價格，胡答稱18元，「言時狀態極自然，毫無吝惜之態」。該文又指出另外一位電影演員譚雪蓉的網眼絲襪價格為22元。並諷刺說，「網眼絲襪，穿在腳上，同不穿襪一樣，風涼是真，適意不足。」〔註53〕1933年6月20日，《申報》載有「胡蝶頭上的支出」一文，作者認為多數電影明星是很奢華的，尤其是女明星，幾元錢一尺衣料，幾十元錢的一雙襪子，她們都認為是「無甚希奇」的。許淑貞的「一襪二十五金，電影界中並非沒有。」〔註54〕

胡蝶對一襪18元的價格感受，雖然並未明顯表露炫耀之意，但無疑獲得了同行陳玉梅的極大關注。再以20世紀四十年代的「玻璃絲襪」為例。作為尼龍製品，玻璃絲襪並非質量甚佳的產品，甚至對皮膚產生較大刺激作用〔註55〕，

〔註50〕《三大節約——人才時間與經濟》（1930年2月3日中央黨部紀念周演講詞），中國國民黨「中央委員會」黨史委員會：《胡漢民先生文集：第3冊：革命理論與革命工作（1）》，中國國民黨「中央委員會」黨史委員會，1978年，第362頁。

〔註51〕《節約運動的意義和範圍》，中國國民黨「中央委員會」黨史委員會：《胡漢民先生文集：第3冊：革命理論與革命工作（1）》，中國國民黨「中央委員會」黨史委員會，1978年，第364～372頁。

〔註52〕《建設不尚修飾》（1930年3月24日立法院總理紀念周演講詞），中國國民黨「中央委員會」黨史委員會：《胡漢民先生文集：第3冊：革命理論與革命工作（1）》，中國國民黨「中央委員會」黨史委員會，1978年，第382頁。

〔註53〕三腳架：《胡蝶一襪十八元，譚雪蓉居然壓倒胡蝶，明星生活的奢華時代》，《開麥拉》，1932年第59期。

〔註54〕墨客風：《胡蝶頭上的支出》，《申報》，1933年6月20日第21版。

〔註55〕一部分醫生反映了玻璃絲襪導致的皮膚病。參見余翁：《時髦病》，《婦嬰衛生》，1946年第2卷第5期。因心：《時髦小姐留意玻璃絲襪有毒》，《建國》，1946年第9期。

但這並不妨礙其風行一時。

程乃珊在其《金融家》中，記述了抗日戰爭中後期背景下一位席芷霜應聘家庭教師的經歷，席芷霜是一名大學畢業生，並已與中華銀行祝總經理之子訂婚，但想體會職業女性的生活。女主人洪楓曾經是一名演員，現在嫁給了一位「暴發戶」，與席芷霜曾經有過一面之緣。洪楓估計是想掩飾以前的經歷，「裝作」不認識席芷霜，因而「挺矜持地點著一支煙，有點故意冷落芷霜地把頭一歪」，粗俗地評價自己以前的家庭教師。作者描述道：「洪楓將雙腿往床沿上一擱，從晨袍中，裸出一對漂亮的裹著深色玻璃絲襪的大腿，襪跟上的深黑色寶塔形，畫龍點睛地申明它的名牌身份。」作者認為，女人對絲襪這種飾品向來就敏感，特別是太平洋戰爭之後，美國和法國等「來路貨」在上海市面上已經絕跡，而此種問世不久、薄如蟬翅的玻璃絲襪「愈加稀貴」。職業介紹人朱蓓蓓非常驚詫，「老實不客氣地『哇』一聲，叫了出來，唷，來路貨，啥地方覓來的。」而洪楓「得意地欣賞一下腳上的襪子」，「故作淡泊」說：「我是黑市買來的，二兩金子一雙呢！我買了兩雙替換替換。此間市面上那種襪子，嘖嘖，只有亭子間嫂嫂才會有胃口穿！」同時，「將一雙漂亮弧線起伏的腿，擱在床沿上」。席芷霜的反應是「熬不住多打量了它們幾眼」，同時「下意識地注視了一下自己腳上那雙日本人造絲的肉色長統襪」，感覺自己的人造絲襪「木呼呼、厚孜孜、不著體」，「頓時只覺得耳朵裏嗡一下」。她父親在太平洋戰事之前給她「捎來過幾雙上好」的玻璃絲襪，由於擔心在電車上或行走時勾破抽絲而沒有穿著。〔註 56〕

有學者辯稱，當價格很高時，過時積壓的襯衫會重新復蘇而流行〔註 57〕。相反，低價甚至會遭到消費者對商品的排斥。1936 年的《申報》報導說，海律斯呢繼香水呢而風行一時，後因價賤，反為購者所不喜〔註 58〕。嚴獨鶴曾經言及，某公司有來年的舊呢帽廉價出售，每頂僅賣 1.5 元，陳列兩周，僅賣掉兩頂。公司經理連忙改變方針，將原有價格標簽撕掉，換上一張「新招貼」，聲稱「新到呢帽，每頂六元」，不到 3 天，幾百頂呢帽竟然售盡。〔註 59〕而早

〔註 56〕程乃珊：《金融家》，上海：上海文藝出版社，1990 年，第 315～316 頁。

〔註 57〕Harold J. Leavitt. A Note on Some Experimental Findings about the Meanings of Price. *Journal of Business*, No.27, 1954, pp.205~218. Noah Askin; Matthew S. Bothner. Status-Aspirational Pricing The "Chivas Regal" Strategy in U.S. Higher Education, 2006~2012. *Administrative Science Quarterly*, Vol.61, Iss.2, 2016, pp.217~253.

〔註 58〕《海律斯呢殊少需求》，《申報》，1936 年 9 月 11 日第 17 版。

〔註 59〕嚴獨鶴：《社會心理測驗》，《紅雜誌》，1923 年第 53 期。

在 1915 年，時人詩雍即諷刺性地提出「衣料官賣法」。他說，「近來習尚奢侈，綾羅綢緞銷路日廣。此種利益為商民獨享，政府未免吃虧。若改為官賣，收入必豐。自今以後，一切衣料由政府設廠製造，商民有代銷之義務，無製造之權利。又仿前清織造府之法，另設官廳，以監督之花色，務求新鮮，定價不妨昂貴，一般出風頭學時髦者，必爭相購置也。」〔註 60〕

## 二、飲食價格與社會身份

1919 年，繆程淑儀在《改良宴會之一席話》中寫道：「日食萬錢，猶云無下箸處，古時傳為奇談，今則比比皆是。縉紳先生，紈絝子弟，黜服翩翩之將士，寶星燦燦之官僚，名花滿座，旨酒滿杯。若簋盦中非價貴之物，不足以誇靡鬥富，逞口腹之欲，而示飲食之豪奢也。……以價貴為美，乃富貴人家，平時食品以極饕餮之能事。偶宴佳賓貴客，惟有以價貴之異物炫新奇，而奈何社會間不富不貴者，亦蹈其習而成為風俗也。……總而言之，飲食者，求悅我口者也，以價貴為美，則盍盛明珠寶玉於盤中以代食品，以異樣為美，則盍勿一嚼生豕之肩。社會風俗之可笑若此，不亦令人不可思議乎？」〔註 61〕

繆程淑儀將「以貴為美」視為「不可思議」的反常現象，實際上涉及「位置商品」問題，她譏諷富人如欲炫耀財富，何不直接將明珠寶玉盛於盤中以代食品。但是，此種類似的炫耀性行為並非沒有。19 世紀加拿大的經濟學家約翰．雷（John Rae）較早關注到「位置商品」問題。他討論過一些古代西方奢侈品消費的例證。埃及豔後克利奧帕特拉（Cleopatra）將珍貴的珍珠溶解在酒中喝下。雷認為，由此調配的酒從味覺角度考慮，一定相當不愉悅，克利奧帕特拉從中獲得的滿足，只是因為沒有人可以承擔此種代價。「模仿克利奧帕特拉的壯舉」在古羅馬成為一種「時尚」。在羅馬時代，一隻夜鶯的價格約為 66 英鎊，儘管事實上一盤夜鶯的大腦「幾乎不可能是人間美味」。另外，羅馬貴族每頓餐費不低於 2000 英鎊，甚至將價格高達 30000 英鎊的某種特殊墊子的價格標簽掛靠在餐桌上。雷總結說，「餐桌上的奢侈」，只能解釋為「位置商品」的「純粹或幾乎純正的例子」，說明消費者的虛榮心之「自我強化」，純粹是源於獲得它們的難度，以及擁有它們所暗示的優越性。〔註 62〕呂思勉

〔註 60〕詩雍：《推廣官賣策》，《申報》，1915 年 6 月 22 日第 14 版。

〔註 61〕繆程淑儀：《改良宴會之一席話》，《婦女雜誌》，1919 年第 5 卷第 8 期。

〔註 62〕Michael Schneider. The Nature, History and Significance of the Concept of Positional Goods. History *of Economics Review*, Iss.45, 2007, pp.60~81.

則根據《晉書》所記，列舉史實暗諷國民黨豪門資本之荒淫奢侈，其中之一是晉武帝女婿王濟將菜肴「悉貯琉璃器中」。琉璃就是玻璃，當時中國不能自造，「大約是從西域來的」。〔註 63〕來自異域的商品自然能夠炫耀價昂，與古代羅馬的餐桌奢侈如出一轍。

趙炎才在梳理民初新式文化群體消費思想時，曾經指出近代中國人「奢風惡俗長期薰染」「社會消費觀念發生畸變，以貴為美成為時尚」〔註 64〕。「以貴為美」誠然是民國時期的消費景觀之一。《盛京時報》所載《崇儉》一文指責說，「彼輩之日用飲食，非外洋者不適，價愈昂則購者愈眾，矜奇炫異，窮奢靡麗。」〔註 65〕而時人巽觀則批評當時一些家庭存在的錯誤飲食觀，食用許多沒有益處的物品，譬如食用價格 1600 文一斤的金花菜，而把營養豐富的黃豆視為貧賤者的食品，即使燒製黃豆品，又加入一種價格更加昂貴的東西，從而把黃豆的本味完全掩蓋。他認為此種錯誤的烹飪，除了常識缺乏之外，只是為了「闊氣」，是出於「虛榮心」。〔註 66〕

「所謂的豪華宴會只不過是富人們相互表演的示範性劇場」〔註 67〕，飲食的炫耀性往往與宴會等社交場合高度相關。美國學者羅伯特·弗蘭克在剖析美國「奢侈病」時，以葡萄酒為例，「今天，很多售價低於 10 美元的葡萄酒品質優良，確切地說，它們同幾個世紀前法國國王所喝的酒毫無二致。但如今在許多社交圈子裏，為了標榜場合的特殊性，10 美元一瓶的葡萄酒簡直是不能被接受的。」〔註 68〕上海以「肴饌之不貴」為恥的觀念，亦主要流行於暴發戶下館子，正如時人所說：「飲食之間，亦足觀人學問，無如餔餟之徒，不以口食，專以耳食目食焉，一入酒家，爭嘗者，燕窩魚翅。夫燕窩魚翅，珍饈也，非美味也，徒慕貴重之虛名，而不求飲食之真味，不若滿碗盡盛明珠矣。」作者援引陸游「三世仕宦，方解著衣吃飯」的說法，辛辣地嘲諷說：「今之闊客，大半微賤出身，其先天所具之舌，本不知味，即世擁厚資者，半生肉

〔註 63〕呂思勉：《晉代豪門斗富》，《現實新聞》，1947 年第 11 期。

〔註 64〕趙炎才：《民初新式文化群體消費思想述論》，章開沅、嚴昌洪主編：《近代史學刊》（第 5 輯），武漢：華中師範大學出版社，2009 年，第 53 頁。

〔註 65〕碩：《崇儉》，《盛京時報》，1917 年 5 月 1 日第 1 版。

〔註 66〕巽觀：《家庭革新談》，《申報》，1923 年 1 月 21 日第 8 版。

〔註 67〕（法）尼古拉·埃爾潘：《消費社會學》，孫沛東譯，北京：社會科學文獻出版社，2005 年，第 24～25 頁。

〔註 68〕（美）羅伯特·弗蘭克：《奢侈病》，蔡曙光、張傑譯，北京：中國友誼出版公司，2002 年，第 236 頁。

食，具鄙忒甚，滿口大嚼江瑤柱，何足怪哉。」〔註 69〕

1937 年，陳克文建妥新宅，但卻受債重壓。他在當年 3 月 27 日的日記中寫道：「上午八時，從體育裏鼎園一號，遷入苜蓿園新宅。斯宅之築，既為余母，亦為子女計，故擬以寸草堂為名，惜幼子竟不及見。幼子病時，猶再三語其母，謂入新宅時，欲製新衣一襲。此語今尚在耳，每一回憶，不勝心痛。斯宅建築費四千五百元，地價四千餘，衛生設備、水電，及籬笆、道路、水溝等約二千元，合計一萬元上下。余本一窮措大，雖建築費十分之八九出諸銀行貸款，但不知底蘊者，恐不免懷疑錢從何處來，然無法計較及此矣。」〔註 70〕但是，人情債總得還，必須宴請送禮的友朋。4 月 10 日，他與妻子振姊至廣州酒家定菜，預備次日在新宅請客。陳克文認為 12 元一桌，最多 16 元一桌即可，但妻子則以為非 25 元一桌不可，「結果是振姊勝利」。次日又記：「今日被請客人是甘乃光夫婦和他全家小孩子、李樸生夫婦和全家小孩子，劉蘅靜及其女、張惠靈（胡太太）。甘、李都是送宅賀禮最重的，所以先請，也是振姊堅持要廿五元一桌的。」〔註 71〕

1931 年纂修的《順義縣志》也記載了類似現象：「近年生活程度增高，稍事鋪張好面子者，每遇佳賓，多喜備美茶、糕點、乾脯、鮮果、南酒、雞、魚、海味等等，一飯需二十元者，醬、醋、香油、椒、薑、蒜、回香、大料、豆豉、醬油、料酒，亦尚講究。地方出產無多，食品如此講究，所以一遇凶年，十室九空。歷年水、旱、蟲、雹、兵燹，迭遭流離，然無救其逞富誇闊之慮。」〔註 72〕三十年代的河北晉縣，民眾一日三餐，而冬日則減為兩餐，「習以為常，不存奢望，此誠相沿之美俗也」，但是「每遇集市或廟會期間，往往引類呼朋，偕入飯館酒肆征逐醉飽，一食萬錢曾不計較，與在家節縮狀況判若兩人。此等風氣亦不少概見，是亦社會上矛盾現象之一斑。」〔註 73〕

---

〔註 69〕海上看洋十九年客：《申江陋習》，《申報》，1873 年 4 月 7 日第 2、3 版。陸游的說法，參見陸放翁：《老學庵筆記》卷上，上海：掃葉山房，1926 年，第 59 頁。

〔註 70〕陳方正編輯、校訂：《陳克文日記（1937～1952）》（上），社會科學文獻出版社，2014 年，第 50 頁。

〔註 71〕陳方正編輯、校訂：《陳克文日記（1937～1952）》（上），社會科學文獻出版社，2014 年，第 55 頁。

〔註 72〕李芳等修、楊德馨等纂：《順義縣志》（民國二十二年鉛印本），臺北：成文出版社，1974 年，第 559 頁。

〔註 73〕劉東藩修、王召棠編輯：《河北省晉縣志料》（民國二十四年石印本，卷上），臺北：成文出版社，1974 年，第 112 頁。

「譚家菜」正可視為精英階層「相互表演的示範性劇場」。「譚家菜」主人譚瑑青籍貫廣東南海，生於北京，係官宦之後，既是飲饌專家，又是著名的書畫鑒賞家和詞章家。「瑑青有老姬，善作饌，友好宴客，多請代庖，一筵之費，以四十金為度，名大著於故都。」〔註 74〕鄧雲鄉認為，「以四十元為度」的價錢非常昂貴，當時 1 元錢可買 10 斤五花豬肉，百數個雞蛋。西長安街「八大春」的鴨翅席，一般是 12 元到 16 元一桌，連酒飯小費在內，僅 20 元。最初譚家菜一般是聚餐性質，做東者是社會名流，與主人直接、間接有點交情，有的是慕名而來，有的是經常聚會，委託譚夫人辦菜當爐，總要前三天預約，臨時點餐不接待，也無法接待。一般以兩席為度，多了譚府招待不了，譚夫人也力不勝任。不管誰做東，總要給主人請柬，一份杯盞，虛席以待，瑑青亦欣然入座。〔註 75〕

高級知識分子即使在服裝方面能夠超越世俗之見，但在餐館亦有可能遭受歧視。中央大學的教師級別越低，則越重視服裝，助教西裝筆挺，講師綢衫革履，教授則土布袍。抗戰軍興，中大奉命遷渝，教授徐仲年回憶說，1938 年上半年在重慶，3.6 元可以吃一條一斤左右的魚或一大碟炒蝦仁（沒有假蝦仁混在裏面）。有一次他穿著形影不離的青布長衫，在蒼坪街「上海味」餐館點了一條魚，跑堂望他一眼，低聲告訴他魚要三塊六，「他擔心我付不起賬，善意地關照我告知價格。」徐仲年立即回答：「替我加一隻紅燒蹄子，一隻炒蝦仁」。跑堂「不敢再多講了」。〔註 76〕抗戰時期，大後方出現了「前方吃緊、後方緊吃」的現象，遭到社會輿論的激烈抨擊，甚至國民黨的《中央日報》也對「20 元一條魚、85 元一桌席、300 元一套西裝」的奢靡現象「痛加攻擊」。〔註 77〕而趙超構則針對「百元一菜」的高價現象指出，如果執著於分析這一菜一湯的維他命含量，並不明智，即他所稱的「呆子」，因為此種菜品的「好處」，僅僅在於它是「百元」一盆的，能夠滿足富豪的「浪費癮」。趙超構總結說，只要社會貧富懸殊，「奢侈律總無法剷除」，因此當時政府的「限製酒菜」舉措，終究無法限制「大吃大喝」。〔註 78〕

香煙與社交密切相關，因而其炫耀性非常明顯。1930 年，蔡曉和在抨擊

〔註 74〕倫明等：《辛亥以來藏書紀事詩》，北京：燕山出版社，2008 年，第 8 頁。
〔註 75〕鄧雲鄉：《增補燕京鄉土記》（下冊），北京：中華書局，1998 年，第 760 頁。
〔註 76〕徐仲年：《旋磨蟻》，南京：正中書局，1948 年，第 220～222 頁。
〔註 77〕《痛斥奢靡》，《全民抗戰》，1940 年第 125 期。
〔註 78〕趙超構：《趙超構文集》（第 2 卷），上海：文匯出版社，1999 年，第 159 頁。

國人崇拜洋貨現象時指出，「吸了茄立克，有什麼好處，無非存了一種擺闊的心理。」他認為，洋酒白蘭地、西餐牛尾湯，以及茄立克和亨白香煙，這些東西價錢很貴，但深受國人偏愛，徒增外國人賺錢的機會，原因在於中國消費者的社會地位競爭，所謂「人心大都好勝，有了擺闊的作用，什麼利權外溢不外溢，自然顧慮不了。」〔註79〕另外有人批評上流社會的消費心理：「我們最易見到的就是上流社會所吸的紙煙，不管是在上海在南京，或在別的地方，不管何種職業或性別，拿出來一看，不是茄力克、三炮臺，定是黑貓、三五、紋盤牌，似乎非此不足以表示闊綽，又似乎拿出國貨白金龍、好運道、美麗、金鼠等牌為可羞恥的樣子。」〔註80〕

1916年10月22日，南洋兄弟煙草公司簡照南致函簡玉階，彙報在上海市場與英美煙公司的競爭情況。他分析了上海人的消費心理，認為「滬人最雜，其愛國貨心亦薄弱；尤有一種心理，凡上等社會及狹邪遊中人，吸煙必要價貴為佳。若『三炮臺』每罐8角，吸之稱闊；『自由鐘』只5角，鄙屑不吸。因其價廉，並煙亦輕視之。」他基於此種觀察，建議說，「我煙能出一隻勝『三炮臺』價更貴者，滬人必趨重。」〔註81〕

## 三、觀影價格的社會區分

民國時期電影院實行「輪次放映制」。影片首演稱為「第一輪映」，第二次映演稱為「第二輪映」，此後的所有映演則統稱為「後次輪映」。輪映的先後順序，取決於影院向製片公司支付費用之高低，「愈早代價愈大」〔註82〕。因此，電影院的分類實行三級制，其分類依據既包括影片種類，如首輪片、次輪片、三輪片，也須考慮影院裝修和配套設施。一般而言，新片在市區首輪電影院放映，其豪華裝修和優良器材，均有助於提升首映電影的吸引力。一兩周之後，該影片轉移到區位稍微偏遠的次輪影院放映。反覆放映導致拷貝磨損，只能赴三輪甚至四輪影院放映，在郊區「放映屋」以重複放映的方式提供給下層階級

〔註79〕蔡曉和：《國貨運動感想錄》（20），《上海報》，1930年10月14日第3版。

〔註80〕許曉初：《國貨標準化與國民心理建設》（續），《申報》，1936年8月2日第16版。

〔註81〕《照南致簡玉階函》（1916年10月22日），上海社會科學院經濟研究所：《上海資本主義典型企業史料：南洋兄弟煙草公司史料》，上海：上海人民出版社，1958年，第47頁。

〔註82〕洪深：《電影術語詞典》，上海：天馬書店，1935年，第272頁。

和普通市民。〔註 83〕可以說，分級輪次放映制度與影院地段的繁華程度以及觀眾的消費水平息息相關，影迷的觀影輪次也就成為社會分層的表徵。

影院經營者必須將地理位置及輻射人群的消費能力等條件納入運營參考，確定相應的票價。上海最好的首輪影院都地處租界的繁華商業區，設備齊全、裝修豪華，票價較高，而最低輪次的影院則多建於租界邊緣或華界，票價相對低廉，但影院設施和觀影環境遠遜於前者。並且地處租界中心區域的首輪和次輪影院，多以西片（主要來自美國好萊塢的影片）放映為主。上世紀三十年代初，上海與好萊塢電影公司簽有獨家合約的首輪影院共計四家，即「大光明」「南京」「大上海」和「國泰」。坐落於南京路和霞飛路的四家影院是美國好萊塢電影的主要展示窗口，而出入其間的中國好萊塢影迷，亦共享觀影娛樂的摩登符號。除了電影本身帶來的享受之外，影院建築的豪華裝修也成為觀影的附加性效用，在電影觀眾看來，「坐在最佳的電影院裏，除了一種官能的享受以外，還有心理的、純藝術性的、教育性的享受，能夠把一切都領略到的人，才算一個全能享受的電影觀眾，真正理解娛樂、休憩與生命的重要性了。不要說別的，就以各電影院的建築外表或內部裝飾來說，就足以影響觀眾心理而能夠增加娛樂的興趣和效果，正如一部電影以『豪華巨製，隆重獻映』的廣告術語來吸引觀眾一樣。」〔註 84〕也就是，這部分影迷不但注重影片質量，並且要求在設施完善而「安適」的影院觀看影片。首輪影院「設施完善，服務精緻，自然令觀眾舒適，受影迷歡迎」〔註 85〕，亦即滿足了影迷的雙重訴求。

首輪影院提供高質量的觀影體驗，但影迷亦需付出較高的觀影費用。以上海「國泰」為例，首映影片的首場最低票價，日場分別為 1 元和 1.5 元，而晚場分別為 1.5 元和 2 元，即使是後來因經濟不景氣而下調票價，也仍需 6 角或 1 元。〔註 86〕同期天津的「光陸戲院」，建築極為富麗，分上下兩層，可容納觀眾 7 千餘人。所映電影以西片為主，國片鮮有放映，與美國派拉蒙、米高梅、華納、聯美等均簽訂合同，凡其新片到津，均歸該院第一輪放映。而票價甚昂，分 1 元、8 角、2 角和 3 角四種，其中「觀客以西人及中上流人士為多」。〔註 87〕又如煙臺「金城電影院」，內部裝飾「完全西化」，所映影片亦以

〔註 83〕雞籠生：《大上海》，上海：南方雜誌社，1942 年，第 93～95 頁。

〔註 84〕洛神：《電影院與觀眾》，《上海影壇》，1944 年第 1 卷第 7 期。

〔註 85〕轉自侯凱：《上海早期影迷文化史（1897～1937）》，上海大學，2015 年。

〔註 86〕佚名：《上海電影院》，《青青電影》，1935 年第 2 卷第 4 期。

〔註 87〕佚名：《各地影業情報：天津電影院檢閱》，《電聲》，1935 年第 4 卷第 40 期。

國外有聲影片為主，間或映演「特佳之中片」〔註 88〕，由於票價昂貴，觀眾「均上中階級，很少平民駕到」〔註 89〕。由此可見，出入首輪影院的影迷多為社會中上層人士。

首輪影院票價昂貴，對大部分的普通中層階級而言，偶而為之尚可，但長此以往則將捉襟見肘。〔註 90〕辦公室職員、教師以及大學生等這部分影迷，雖與中上階層同樣追求「摩登」，但一般傾向於選擇設施條件尚佳，而票價則更為優惠的次輪影院。一位上海影迷曾說：「一般門檻精的朋友，都知道看二輪影院是最合算，既經濟、又高尚，這都是頭輪戲院所不及的。所以二輪影院便成為門檻朋友的鵠的了！本來是的，遲幾天看不是一樣嗎？何必花了昂貴的代價去爭個先呢！」〔註 91〕上海「麗都」「巴黎」「光陸」和「金門」等次輪影院，初時多以西片放映為主，偶而放映國片，其制冷和供暖等設施與首輪影院並無太大差異，而票價卻比首輪影院低廉，如 1931 年上海次輪影院的平均票價多為 3 至 4 角。一位影迷分享他所謂「經濟的看影戲法」：「影戲院有上中下的分別，有的專映中國片，有的專映外國片，有的中外兼映。上等的戲院似乎價目太貴，下等的雖然略許便宜一點，然而地方的齷齪和兒童的大呼小叫，實在覺得乏味，所以最好到中等影戲院去，價目既不貴，地方也很清爽。」〔註 92〕

並非所有次輪影院在設施上都能與首輪影院媲美，一些專門放映國片的次輪影院，其設施和裝修則類似於郊區影院，但總體而言，次輪影院的硬件設施和各項服務明顯優於「三輪影院」，因此成為大部分下層階級影迷的主要觀影空間。三輪影院在地理位置、影院環境和放映設備上都遠遜於前兩輪影院，因此票價低廉，深受下層市民或勞工階層歡迎。上海的三輪影院一般建於租界邊緣以及華界地區，如「山西」「明珠」「西海」靠近閘北、虹口租界附近，「東海」「萬國」「百老匯」位於虹口租界最東面，「奧飛姆」「卡德」坐落於滬西曹家渡一帶，「九星」影院位於法租界西面。此外，華界地區南市有「東南」「共和」「蓬萊」，而閘北已有「世界」「閘北」等〔註 93〕。

---

〔註 88〕舒春：《各地影訊：煙臺影業近況》，《電聲》，1935 年第 4 卷第 45 期。
〔註 89〕舒春：《各地影訊：煙臺影業近況》，《電聲》，1935 年第 4 卷第 45 期。
〔註 90〕麗朝：《一個中產者素描》，《寶隆月刊》，1934 年第 2 卷第 5 期。
〔註 91〕佚名：《看電影的「門檻」》，《青青電影》，1939 年第 4 卷第 3 期。
〔註 92〕季明：《看影戲的經驗》，《影戲生活》，1931 年第 1 卷第 25 期。
〔註 93〕沈伯經、陳懷圃編：《上海市指南》，上海：中華書局，1933 年，第 164 頁。

三輪影院普遍存在環境差、服務差、觀影秩序差等問題，「那些新新、中央、西海、浙江、明星、榮金、亞蒙、光華之類三流電影院，已為魯莽的人群、拖兒帶女的人們弄得烏煙瘴氣了。他們會站在椅子上狂叫，蹬腳鼓掌，合奏成一種可聽的得意的歌曲，鬧得你簡直會得神經衰弱症。最壞的是那些小戲院管理者所雇傭的售票員和 BOY，他們會哭喪著臉吆喝他們的客人，拉鐵門，甚至動武，尤其是在生意好的時候。」〔註 94〕北平亦有類似現象，「中央、中天，在五大影院中居於末位，尤其是中天，座位的不舒適、柱子的障礙，都是亟需改良的。銀幕光線時感不足。中央雖較中天略勝一籌，但是光線亦常模糊，聲片發音也不大明晰，主顧多中下階級，場內秩序非常紊亂，怪聲喊叫，喧鬧非凡，所映影片，均極陳舊，但因座價低廉，生意到也還好。」〔註 95〕

1939 年《青青電影》雜誌刊登的《小影戲院觀光記》，更加詳細地呈現了三輪影院的觀影場景。作者聽從其家人的建議，去附近一家小影戲院觀看影片《鐵血將軍》，門票是一角五分錢，開映前五分鐘的影院內部，聲音嘈雜，銷售的商品有汽水、鮮橘水、棒冰、冰淇淋等飲料，還有五香花生、茶葉蛋、豆腐乾等食品。空氣悶熱，但只有兩三隻電風扇在轉動。作者環顧左右，其左面一對青年男女，男穿藍布短衫，「大概是工人階級段裏的人」，右面一個 30 多歲的男人，所戴草帽尚未取下，手拿「黑扇子狂扇，口裏的香煙灰留得很長，也許是一個幫閒者」。作者前有一婦女「奶著孩子」，後有兩個小孩在咬冰棒。放映開始之後，作者後面的一對青年「喁喁情話」並未停止，「時時夾一些輕輕的笑聲」，但始終沒有抬頭，作者推測他們的目的並非觀看電影，或者「看不懂外國片子」。後面兩個小孩則不斷爭論電影角色究竟是「好人」還是「壞人」的問題，「鬧個不止」。「右面突然一亮，原來是那個幫閒者在劃火柴」，同時，銀幕上的緊張場面驚醒了前面「被奶著的孩子」。其哇哇大哭又引發四周警告性的口哨聲。電影尚未完畢，但燈光一亮，休息五分鐘，「賣五香茶葉蛋豆腐乾」，「棒冰冰淇淋」，「人聲更喧鬧了，是在講影戲裏的故事」。作者再也無法忍受，提前離開影院，在「煙紙店買了一包頭痛粉」。〔註 96〕

〔註 94〕洛神：《電影院與觀眾》，《上海影壇》，1944 年第 1 卷第 7 期。
〔註 95〕佚名：《落後的北平電影院》，《電聲》，1936 年第 5 卷第 39 期。
〔註 96〕小英：《小影戲院觀光記》，《青青電影》，1939 年第 4 卷第 21 期。

不同社會階級的成員與其說是按照他們對文化的認可（Reconnaissent）程度互相區分，不如說是按照他們對文化的認識（Connaissent）程度互相區分〔註 97〕。「有錢的人自然可以坐著汽車到卡爾登或南京大戲院裏面，吸了雪茄或吃著冰激凌去瞧電影。中等的人也可以坐著電車或黃包車去到中等的戲院來瞧戲，下等的人物那只得跑著兩腿一股腦兒跑到下等的戲院去看戲了」，因此，可以說「舉凡城市裏的人們，沒有一個不上了電影的迷魂陣，看的是電影，聽的是電影，談的也是電影了」。〔註 98〕

從類型學視角審視，影迷存在「明星迷」與「電影迷」的差異，前者具有偶像崇拜的鮮明特質，觀影選擇以自身對明星的好惡作為唯一標尺，而對電影類型和電影質量並無考量。後者則顯然具有電影崇拜的特徵，對電影這一新式娛樂樂此不疲，視為不可或缺的生活內容，甚至精神追求。明星迷無疑是近代明星包裝制度的必然產物，同時也是電影票房的重要支撐，在一定程度上制約著電影的供給。雖然比重不大，但終有部分影迷發展成為影評家、導演等電影從業人員。影迷性別與明星性別存在互補性和趨同性。教育程度與影片類型密切相關，教育程度相同的影迷具有大致相同的影片類型選擇和質量訴求。觀影輪次的先後和觀影空間的優劣，均以票價高低為表象，但本質上是社會分層在電影消費上的折射，基本上與上、中、下三大階層形成一一對應關係。影迷類型學顯示的多維特質和多重面相，本質上是社會結構的鏡象。

## 四、高價教育與社會分層

依照布爾迪厄的看法，「教育社會學是知識社會學和權力社會學的一個篇章」，學科之間、專業之間、教學機構之間這些「學業空間」的等級制度之建構，乃是一個「主動性的中介」，經由這一「主動性的中介」，「社會結構客觀性中所固有的等級制度得以行動起來」。而精英學校「讓人們從歸屬中獲得成就，從已經得到的謀取需要爭取的，從出身中獲取功績，從世襲和任人唯親中獲取價值和才能。」〔註 99〕經濟資本與文化資本的結合，將再生

---

〔註 97〕（法）皮埃爾·布爾迪厄：《區分：判斷力的社會批判》（下冊），劉暉譯，北京：商務印書館，2015 年，第 503 頁。

〔註 98〕酈蘇元、胡菊彬：《中國無聲電影史》，北京：中國電影出版社，1996 年，第 785 頁。

〔註 99〕（法）皮埃爾·布爾迪厄：《國家精英：名牌大學與群體精神》，楊亞平譯，北京：商務印書館，2004 年，第 8、9 頁。

產一種不平等的社會等級關係。1950年，費孝通指出，在解放過程中，文化教育的改造比政治和經濟的改造需要更長時間，而大學教育的改造又特別困難，其理由是大學教育的成分絕大部分是從資產階級和小資產階級，甚至還有從官僚資產階級、買辦階級和封建地主階級出身的。他認為這是歷史的產物，勞動階級遭受嚴重的剝削，其子弟少有機會接受大學教育。〔註100〕而在20世紀二十年代初，邵力子亦反覆抨擊大學「全是富貴子弟壟斷專利的場所」，〔註101〕「大學的富貴化」。〔註102〕

凡勃倫效應在當代美國教育領域已經得到驗證，存在一種所謂的「皇家芝華士效應」。〔註103〕對於教育產品的消費者而言，大抵只能從學費高低評判教育機構的等級。邵力子1924年的記載，證明了民國時期高價學費的吸引效應。他曾經和一位學校管理者「閒談」，當談到學費問題時，該管理者聲稱，「學費定得越大越好，不但學校經費可因此寬裕，一切設備容易完全，就是學校的聲譽也可因此蒸蒸日上。至於學費太大，學生減少，那是決計不會有的事。現在的時代，除了學校別無進身之路，不管學費定得怎樣大，有錢人家的子弟總來的，決沒有缺額的恐慌。」邵力子對學費與學校聲譽之間的正相關關係表示疑惑，追問其中緣由。該管理者解釋說：「這個道理很容易明白，因為學費收得大，只有達官巨商的子弟才能進來，達官巨商的子弟，因著遺傳和滋養料的關係，一定比貧窮人家的子弟聰明一點，學生成績好了，學生聲譽也自然增加了。」邵力子認為，富貴人家子弟愚蠢者也不少，而且多不用功，因此可能比不上窮學生。該管理者又說：「你的話未必盡然，就算真有幾個愚蠢的，也不足慮。因為尋常人批評學校價值，多看它的畢業生出路如何，窮學生畢了業，因無人提拔，往往謀一個小職業都難若登天，富貴子弟有的是父兄聲勢，什麼高等的位置都可唾手而得，就是愚些也不要緊啊。他們得了好地位，轉輾援引，可使畢業生沒有一個賦閒，開起什麼校友會來，多花幾個錢也不吝惜，這樣，學校聲

〔註100〕《大學的改造——迎接1950年》，《費孝通全集》（第6卷），呼和浩特：內蒙古人民出版社，2009年，第379～380頁。

〔註101〕《廣州市民大學批評》，上海《民國日報》，1921年9月9日，傅學文：《邵力子文集》，北京：中華書局，1985年，第603頁。

〔註102〕《大學的富貴化》，上海《民國日報》，1922年3月14日，傅學文：《邵力子文集》，北京：中華書局，1985年，第657頁。

〔註103〕Noah Askin; Matthew S. Bothner. Status-Aspirational Pricing The "Chivas Regal" Strategy in U.S. Higher Education, 2006~2012. *Administrative Science Quarterly*, Vol.61, Iss.2, 2016, pp.217~253.

譽自然蒸蒸日上了。」邵力子只好表示：「照你這樣說，貧窮人家的子弟竟沒有受好教育的機會了。」這位教育家很安閒地說「那也管不得許多，窮人家的子弟本來是去做工的好，叫他們讀書是叫他們受苦。」〔註 104〕這一記載與當代西方有關價格意義的實驗性研究相當一致，亦即價格可以成為聲望象徵，高價格可能會吸引而不是排斥消費者。〔註 105〕

上海振豐五金公司業主兒子陳先生的回憶，大致可以佐證邵力子的觀察。據陳先生記憶，其祖籍浙江寧波，1933 年出生於上海。其父 20 世紀初到上海闖蕩，從學徒到「跑街先生」，再到創立上海振豐五金公司，主要經營馬口鐵等轉手生意，至其出生時，家境已經「相當殷實」。〔註 106〕對於振豐五金公司，目前能夠搜集到的資料不多。通過《申報》的全文檢索，僅見數條廣告和商業消息。〔註 107〕在陳先生記憶裏，其父家教甚嚴，每次乘坐電車，一定要坐「三等座」，對掉在桌子上的飯粒，「父親總是一臉嚴肅地要我撿起來吃掉」「有時他說著說著還會拉起他的褲腿」，向子女展示他幼時在鄉下勞作中腿上留下的傷疤。〔註 108〕陳先生自稱，由於自已家境殷實，從小即進入「條件優越」的私立學校，並且認為當時只有窮苦人家的孩子才上公立學校。他舉例說，當時的東吳大學「條件非常好，但費用昂貴」，而復旦、同濟、上海交大則是公立大學。〔註 109〕由此說明，學費高昂排斥了社會貧寒子弟，增加了精英階層對文化資本的壟斷。這既是社會階層關係的反應，反過來又固化社會既有的社會階層關係。

---

〔註 104〕《學生家屬職業比較》，上海《民國日報》，1924 年 2 月 15 日，傅學文：《邵力子文集》，北京：中華書局，1985 年，第 896～897 頁。

〔註 105〕Harold J. Leavitt. A Note on Some Experimental Findings about the Meanings of Price. *Journal of Business*, No.27, 1954, pp.205~218.

〔註 106〕《五金公司小開的醇味生活》，竺劍、李堅、崔海霞：《海派生活小史》，上海：上海世界圖書出版公司，2017 年，第 45～54 頁。

〔註 107〕「本號專營各紡織廠及實業廠附屬用品，並獨家經理歐美最著名製革廠各種出品皮帶，大小尺寸，一應俱備，現已運到大批現貨，質地堅固耐用，今為推廣營業起見，特設門市部，無論躉批另割，一律歡迎。其他關於紡織實業廠各種用品大小五金，無不應有盡有，價格低廉。」《申報》，1925 年 10 月 15 日第 1 版。「振豐五金號新自德國運到大批水手刀，質地堅固，鋼口鋒利，特別廉售，每把洋一角五分，每打洋一元五角，批發從廉。」《振豐運到水手刀》，《申報》，1925 年 12 月 7 日第 18 版。

〔註 108〕《五金公司小開的醇味生活》，竺劍、李堅、崔海霞：《海派生活小史》，上海：上海世界圖書出版公司，2017 年，第 46 頁。

〔註 109〕《五金公司小開的醇味生活》，竺劍、李堅、崔海霞：《海派生活小史》，上海：上海世界圖書出版公司，2017 年，第 47 頁。

## 第三節　工商兩業的定價策略

如果消費者「無論錢之多寡，只計貨之美素」，那麼工商兩業「以其有厚利可圖」，必定「多方奉迎，小心招待，競尚售賣上貨，高取其價」。〔註 110〕前面主要著眼於消費一端，以下再從供給一端進行討論。

凡勃倫的著作催生了大量關於「聲望」或「地位」商品的研究。在這些文獻的語境中，當消費者表現出願意為功能相等的物品支付更高的價格時，「凡勃倫效應」即證明有效〔註 111〕。大量證據表明，凡勃倫效應在奢侈品市場可能具有經驗性意義。美國一位營銷經理聲稱：「我們的客戶不想少付。如果我們將所有產品的價格減半，我們的銷售額在 6 個月內就會翻倍，然後我們將不必要再銷售任何產品了。」《經濟學人》雜誌曾經刊文強調，零售商可能因為銷售價格太低而損害其形象。《華爾街日報》文章亦曾指出，「每條車道上的寶馬可能在短期內刺激投資者，但最終可能會消解吸引買家購買這些豪華車的聲望。」〔註 112〕

英國學者尼爾·麥肯德里克的經典研究，為商人的高價策略提供了西方的歷史證據。他詳細分析了 18 世紀英國陶器製造商喬舒亞·韋奇伍德（Josiah Wedgwood）的成功經驗，其重要舉措之一是高價營銷策略。對於韋奇伍德的成功，學界或者歸結為加強分工而降低成本，或者強調改善運輸而降低價格，但麥肯德里克卻認為，恰恰相反，韋奇伍德的商品總是比其競爭對手貴得多，經常以一般市場價格兩倍甚至三倍的高價出售。只有當他以高價創造了消費時尚之後，或者當他認為其價格和其他陶器商之間的差價已經變得太大了，他才會降低價格。麥肯德里克強調，低價出售不是他的意圖和做法。麥肯德里克引用了韋奇伍德自己對營銷策略的思慮作為證據，因而其研究結論令人信服。譬如，韋奇伍德在生命即將結束時總結說：「我一直的目標是提高我製造的物品的質量，而不是降低價格。」再如，他曾經寫道，「為使花瓶成為令

---

〔註 110〕伯純：《海豐幾年來之奢侈現象》（1924 年），中共海豐縣委黨史辦公室、中共陸豐縣委黨史辦公室編：《海陸豐革命史料（1920～1927）》（第 1 輯），廣州：廣東人民出版社，1986 年，第 244 頁。

〔註 111〕Creedy, John; Slottje, D. J.. *Conspicuous Consumption in Australia*. Research Paper Number 307, University of Melbourne, 1991.

〔註 112〕Laurie Simon Bagwell; B. Douglas Bernheim. Veblen Effects in a Theory of Conspicuous Consumption. *American Economic Review*, Vol.86, Iss.3, 1996, pp.349~373.

人尊崇的宮殿裝飾，一個高昂的價格首先是必要的。」事實上在韋奇伍德看來，在消費者眼裏，低價格意味著低質量，因此低價產品必將得到「蔑視」和「忽視」，從而放棄購買自己的產品〔註 113〕。

馬寅初認為，社會財富分配不均，故有貧、富兩大階級。金錢對富者之邊際效用小，即出高價亦所不惜。窮人則反是。因此，他運用差異性定價理論分析說，「獨佔者對同一種商品，常定數種不同之價格，以適合各階級之需要也。」他以肥皂為例，認為各種類型的品質相差不大，而富人與婦女所用肥皂，則摻合香料，加以美麗包裝，往往「十倍其價」而銷售。「一般富翁信以為質地精美，購之無疑。獨佔者遂利用其虛榮心理，以遂其詐欺之企圖也。但同一品質之商品，絕不能有幾種價格，不能向富翁索價十元，而向窮人僅要求一元者。同時此種舉動，亦為社會所不許。故獨佔者，不得不講求裝潢之道，以區別商品之價格而合於貧富之需求。此差級價格之發生也。」「既有差級價格之存在，姦猾之徒，深悉隱秘，或將低價購進之物品，以高價轉售於富有階級，而從中獲取巨利。此種行為稱為重賣（Resale），損人肥己，實為不當。故同一品質之商品，應在外形上略事區別而規定其不同價格之理由在此。」〔註 114〕馬寅初還以書籍為例說明他所稱的「差級價格」，認為書籍有精裝本、平裝本、普及本之別。「裝式稍異，售價大變」。理化、數學書籍因「內容專門，銷路有限」，購買者主要限於大學教授、學生及專家，即使提高其價，銷路亦不受影響，故而定價較高。而小說則銷路廣大，富有彈性。定價太高，銷售必受影響，故定價比較低廉。〔註 115〕

馬寅初所稱的「差級價格」，在當代的學術語境中一般稱為歧視性價格和差異性價格。孔祥熙配眼鏡的經歷，是「差級價格」的最好例證。1936 年《公教週刊》載文，「財長孔祥熙氏，素近視，故常御眼鏡，為保護目光，勿使加深起見，所配之眼鏡，皆驗光極標準。某西人眼鏡公司知其為孔財長，開價極昂，每幅達二百餘元。孔病其虛偽，改至華商某眼鏡公司，配二鏡片，

〔註 113〕Neil McKendrick. Josiah Wedgwood: an Eighteenth-Century Entrepreneur in Salesmanship and Marketing Techniques. *Economic History Review*, Vol.12, No.3, 1960, pp.408~433.

〔註 114〕馬寅初：《馬寅初全集》（第 11 卷），杭州：浙江人民出版社，1999 年，第 330 頁。

〔註 115〕馬寅初：《馬寅初全集》（第 11 卷），杭州：浙江人民出版社，1999 年，第 331 頁。

價亦至六十元。夥送片至中央銀行，孔遽曰，倘敲竹槓，不願付此巨價，盍稍減讓，夥有難色。孔莞爾曰，倘不能讓，則雖中秋年夜，亦必欠而不付。若係有人從眾取傭，暗中取扣，嗣後查出，我必懲處。蓋普通顧客，配此鏡片，十餘元已足，何以我配鏡片，價乃懸殊若此。夥乃允返店商妥後再開賬而去。客皆佩孔財長精明不浪費云。」〔註 116〕黃子俊曾對解放戰爭時期國民黨軍政人員的經濟投機進行了辛辣諷刺，其中主角宋專員做火腿生意賺了一筆錢，在他看來，「要做生意，就要做這些公館汽車階級的生意，這些人只要吃口好，價錢不在乎！硬是賣一隻是一隻，現在產地五六萬一隻，上海非二十萬不可。」〔註 117〕

「滑頭」商人黃楚九經營的「艾羅補腦汁」，〔註 118〕是高價策略成功的一個例證。他每生產一瓶 168 毫升的補腦汁的平均成本只有 0.4 元，但是每瓶售價卻高達 2 元，從中可以賺取 400%的利潤。黃楚九因此而日進斗金，購買一輛高檔汽車，用鋼筋混凝土重新裝修其三層小樓，並且開始將其產品銷售到上海以外的地區。〔註 119〕黃楚九的另一產品「百齡機」可以助消化，但上市時無人問津。他一反常規薄利多銷的原則，而是利用顧客常認為「便宜無好貨」的心理，故意把價格定高。而隨著「有意想不到之效力」的廣告詞日益家喻戶曉，產品暢銷，他抓住顧客「一分價錢一分貨」的消費心理，不僅不降價，反而再度抬高售價，使顧客益發相信百齡機的功效。〔註 120〕

「柯士林」電池的市場推廣和品牌創建，也運用了高價策略。廣州電池工業始於 20 世紀二十年代，但美國永備牌電池雄霸廣州市場。民族工業電池於 1928 年實驗成功，初時均以手工操作，較具規模者有興華電池廠、公記電池廠等。前者生產「獅」牌、「五羊」牌電池，後者生產「雙開」牌電池。至 1936

〔註 116〕白露：《孔祥熙之眼鏡》，《公教週刊》，1936 年第 8 卷第 13 期。

〔註 117〕《宋專員》，《大美晚報》副刊，1947 年 12 月 30 日，黃子俊：《黃子俊詩文集》，上海：學林出版社，2005 年，第 128～130 頁。

〔註 118〕上海有「兩個半滑頭」商人，黃楚九是其中之一，另外的「一個半」分別是施德之和吳鑒光。前者是中歐混合血統、做贋品買賣的，後者是個算命的。參見平襟亞：《漫談黃楚九及其「事業」》，《文史資料選輯》，1963 年，第 146～147 頁。

〔註 119〕關於該產品尤其是廣告營銷的詳細梳理，參見（美）高家龍：《中華藥商：中國和東南亞的消費文化》，褚豔紅等譯，上海：上海辭書出版社，2013 年，第 41～69 頁。

〔註 120〕由國慶：《民國廣告與民國名人》，濟南：山東畫報出版社，2014 年，第 233～234 頁。

年，廣州電池製作從手工逐漸轉入半機械生產，產品盛行於華南各省市場。「柯士林」電池於此時誕生，在四十年代後期成為廣州地區著名品牌之一。「柯士林」電池創辦人梁永金係東莞人，僅念過 5 年私塾，14 歲起在其舅父的「仁利五金店」做學徒，逐步接觸電池業，並對生產電池產生興趣，認為有利可圖。1936 年，梁永金在廣州文昌南路租屋雇工，利用國人的崇洋心態，註冊登記「柯士林」牌電池、「德國電池廠」的商標。1946 年把德國廠改名為柯士林電池廠，仍使用「柯士林」牌子，日產電池幾百打，雖有銷路，但不及老牌興華廠的「五羊」，公記廠的「雙 K」「孔明」，明華廠的「明星」電池。1948 年，由於原材料價格大幅度上漲，興華廠惡意競爭，反而降價出售電池。梁永金資本相對薄弱，無法採用降價辦法進行競爭，反而大造輿論，提高產品價格。當顧客追問緣由時，梁永金等統一口徑，聲稱原材料漲價，產品當然要漲價，而「五羊」電池之所以降價，可能是因其產品賣不出去。同時，柯士林電池廠還提出三句口號，一要升價，二要賣得多，三要現錢。其銷量非但沒有因提價而大減，反而直線上升。從此，「柯士林」名氣大增，在廣州地區超過「五羊」牌，直至新中國成立初期，仍然是著名品牌之一。〔註 121〕

「大減價」的商業促銷與高價策略並行不悖。降價策略早已有之。近人待餘生《燕市積弊》一書中專列「大減價」條目。據他記載，「大減價一為商店招徠生意之法，也得有所藉口，萬不能無緣無故，忽地豎起『減價』招牌。」在他撰文的三十年之前，或因「同業新張」，或因「隔壁遭了回祿」，而自己因為「僥倖未受連累，特減價以答神庥」。他說，此舉「雖說近於迷信，卻是出於誠意，顧客去買，真比平日賤的多。」而無論哪一行，「只要遇著新開張的，鄰近同行都要減價，惟恐新張者創出字號，舊有者一定要見衰微，雖然近於野蠻競爭，尚不失為厚道。」但自「庚子以後，漸漸有名無實」，商家的減價目的和性質都發生了很大變化，他說，「而今人心又一進化，不過以之求銷路」，所謂「大減價」者，「直等於誆哄」。他列舉了很多商家作偽的現象，如偷工減料、缺斤少兩等。〔註 122〕

---

〔註 121〕梁永金：《我與「柯土林」電池》，政協廣東省委員會辦公廳，廣東省政協文化和文史資料委員會編：《廣東文史資料精編》（下編，第 3 卷，清末民國時期經濟篇：下），北京：中國文史出版社，2008 年，第 459～465 頁。

〔註 122〕「前見某處有兩家點心鋪，一是新開張，一是舊有，新張者賣的稍覺公道，而舊有者即將『大減價』貼出，初以為既然減價，多少得賤，及至一買，價值仍與往日無異，僅不過中果大六十四枚。又某處餅乾大減價，六弔多錢一

另據吳申元的說法，舊上海商界「大減價」之「怪現象」，「起於何時，頗難詳考」。他援引1917年出版的姚公鶴《上海閒話》的記載：「馬路有一種商店，門首用紙條大書：『收店在即，各貨減價』等語，或大書『大減價一禮拜』；形式種種不一。始以為此等惡習，幾近詐欺，歐西商市必無是也。嗣閱各使西筆記，則此事確亦濫觴於英法各都市。而種種作偽手段，且有甚於吾華。吐精華而茹糟粕，華人之學步泰西，固應如此。」吳申元據此認為「大減價」乃是舶來品，「至遲在清末民初，舊上海的商店老闆已經從西方的商業資本家那裡學會了這種商業欺詐伎倆。」〔註123〕

1922年，嚴獨鶴寫道，「近來上海的市場，簡直可以稱之為減價市場。三馬路一帶，綢緞店裏的減價傳單，和雪片似的，在街頭亂飛。其餘如洋貨店、鐘錶店、眼鏡店，也沒有一家不掛著減價的旗子，登著減價的廣告。」他認為，「我們眼看著這東也減價，西也減價，表面上雖然電燈朗耀，軍樂悠揚，像是十分熱鬧，其實卻就是市面衰落的特徵，很可為商業前途抱悲觀的。」〔註124〕1932年，朱惺公針對上海的「減價潮」指出，「到處可看到三折四折的招牌」，這「隱露著商業的不景氣，是社會崩潰的迴光返照」。〔註125〕1933年，茅盾寫道，「今年為的市面不景氣，每條馬路上天天有大減價的旗幟和樂隊；看的人很多，買的人很少。」「在不景氣的現在，小商店的掙扎更加困難。」「我們這裡所演奏的，不是繁榮的向上發展，而是向下的僅能自保，整個市面在衰落著！」〔註126〕

「大減價」是商界操弄「消費者剩餘（Consumers Surplus）」的結果。所謂「消費者剩餘」，馬寅初解釋說，「因為一物對於各個消費者之邊際效用不同，故其所願出之價格亦有高低，但市場上之該種物品價格則係一律。如果

---

斤，例是真賤，等到買時一看，其中攙雜一半滴珠兒（所為省工）。要方塊兒的八十枚，減價七吊二。至於香油，一說減價，用火熬必然起沫子、冒煙。俗說『貴的不貴，賤的不賤氣』『會買不如會賣』，又說『貪賤買老牛』，這話大概都不為無因。」參見待徐生：《燕市積弊》，張榮起校注，北京：北京古籍出版社，1995年，第183～184頁。

〔註123〕吳申元：《上海最早的種種》，上海：華東師範大學出版社，1989年，第10頁。

〔註124〕獨鶴：《減價的作用及其他》，《紅雜誌》，1922年第15期。

〔註125〕朱惺公：《大減價給與社會經濟的影響》，《惺公評論集》，上海：機杼出版社，1933年，第121頁。

〔註126〕茅盾：《大減價》，《申報》，1933年6月23日，張雲初編：《中國大實話：申報·自由談》（社會民生卷），西安：陝西師範大學出版社，2001年，第223頁。

市價低於消費者所願出之價格，則產生消費者之剩餘。」他以米價為例，甲本願以 25 元之價格購米 1 石，而實際市場上米價僅為 5 元 1 石，兩者相較，相差 20 元。甲即以 5 元購米，所省之 20 元即為甲（消費者）之剩餘。他認為，「消費者剩餘深藏各消費者心目中，無法偵悉，致不能應用。」〔註 127〕實際上，「消費者剩餘」也就是消費者預期的心理價格與實際支付價格的差額。因此，商家的「大減價」活動充分利用了「消費者剩餘」，使消費者心理上感覺貨物便宜，從而達到商品促銷的目的。其中可以分為兩種情況，一種是百貨公司的「大減價」，一種是一些小商店的「大減價」。

「大減價」是民國時期上海幾家百貨公司的經營策略之一〔註 128〕。永安公司創辦人郭泉總結其經商之道時指出：「貨之陳舊者，應擇時減價出售，不可積存貨倉，置之不理，致窒息資金。」〔註 129〕富人階級和新興中間階層是百貨公司的目標消費群體，商品減價出售，能使精英階層的中下層消費檔次較高的商品，造成連玲玲所總結的「模仿消費」和「時尚滯後」的效果，即收入較低者追逐在上階層已流行過的時尚〔註 130〕。

經濟學文獻已經承認社會比較影響到消費者偏好，因此強調消費者對產品的非功能性需求，即需求不能僅僅歸因於內在質量〔註 131〕。炫耀性價格意味著消費者將為傳達更高地位的產品支付溢價。在當代的奢侈品行業中，一些公司為了不剝奪早期採用者的產品溢價，通常會在季末發送給折扣零售商之前刪除產品標簽。〔註 132〕而 18 世紀韋奇伍德在倫敦的陶瓷陳列方式中，即充分運用空間策略，將質量讓稍微低劣的商品按質量定價，並展示於次一級的商店，並把價格便宜的花瓶放在單獨的架子上。〔註 133〕20 世紀早期，日

〔註 127〕馬寅初：《馬寅初全集》（第 11 卷），杭州：浙江人民出版社，1999 年，第 394 頁。

〔註 128〕詳細討論，可參閱連玲玲《打造消費天堂》第二章，以及（日）菊池敏夫編：《近代上海的百貨公司與都市文化》，陳祖恩譯，上海：上海人民出版社，2012 年，第 122～133 頁。

〔註 129〕郭泉：《永安精神之發韌與長成》，著者印行，1961 年，第 28 頁。

〔註 130〕連玲玲：《打造消費天堂：百貨公司與近代上海城市文化》，北京：社會科學文獻出版社，2018 年，第 161 頁。

〔註 131〕Leibenstein H.. Bandwagon, Snob, and Veblen Effects in the Theory of Consumers' Demand. *Quarterly Journal of Economics*, Vol.64, No.2, 1950, pp.183~207.

〔註 132〕Rosenbloom S. For Designer Bargains, Step into Their Closet, *New York Times*, April 7, http://www.nytimes.com/2010/04/08/fashion/08scavenger.html.

〔註 133〕Neil McKendrick. Josiah Wedgwood: an Eighteenth-Century Entrepreneur in

本東京各個地段建立了大眾市場，並與當地的精品商店毗鄰。在競爭過程中，精品店採用低價策略，試圖排除中產階級。其市場價格平均為 15 分左右，低於普通零售商的價格，但是商品質料低劣。日本婦女「虛榮」，不想讓他人知道自己在大眾市場購買廉價物品，因此導致市場呆滯。〔註 134〕

在民國時期百貨公司的營銷實踐中，降低廉價商品或折扣商品的購物體驗是常見的做法。根據連玲玲的研究，上海幾家百貨公司的設置，在視覺空間上存在「欲望民主化」和「階層區隔化」的緊張，尤其是「廉價部門」的地點設置。她分別以先施公司和大新公司為例。前者曾經先後開設三家「一元商店」，第一分店位於法大馬路和東新橋街口，第二分店位於霞飛路和馬斯南路口，第三分店在靜安寺路和西摩路口。這三個地點儘管商店林立，但規模均較小，以經營中低檔商品為主。大新公司所設廉價部門則位於該公司地下一樓，必須克服潮濕和通風的問題，購物舒適度不及樓上。並且該層除了商品部門外，還設有收貨、包裹、送貨、開箱、散倉、機房等設施，且無自動扶梯可達，與高級商品的樓面有明顯區隔。因此她認為，在號稱「面向全民」的百貨公司裏，「階級色彩仍清晰可辨」。〔註 135〕

實際上，購買百貨公司的降價商品，消費者必須以降低購物體驗為代價。近人王少岑在其編纂的《日常生活手冊》一書中，批評了商界大減價策略的不足之處，特別指出，「顧客光臨的時候，又往往因廉價期中，顧客過多，而未能好好地招待，這也足以使顧客感到強大的刺激。」他建議說，「假使店員能夠溫和地招徠顧客，請他參觀廉價的貨物，告訴他此貨原價多少，現在廉價僅售多少，這就使得顧客的購買心不期然的興起了。要是招待粗略，使顧客心中感受不快而去，這樣的商店還會受顧客的歡迎嗎？」〔註 136〕王少岑的說法，實則證明了大減價導致消費者購物體驗下降的事實。另據茅盾 1933 年的描述，幾家大百貨公司「比往年多來幾回大減價。進去一看，真熱鬧，特別是綢緞布疋部擠得厲害。於此可見大公司的號召力畢竟不凡。看著那些高堆

Salesmanship and Marketing Techniques. *Economic History Review*, Vol.12, No.3, 1960, pp.408~433.

〔註 134〕Bad Goods and Vain Women, *The North-China Daily News*（1864~1951）, 1919 年 5 月 31 日第 10 版。

〔註 135〕連玲玲：《打造消費天堂：百貨公司與近代上海城市文化》，北京：社會科學文獻出版社，2018 年，第 162 頁。

〔註 136〕《大減價》，王少岑編：《日常生活手冊》，上海：群學書店，1948 年，第 69 頁。

的疋頭，擠擁不開的顧客，臉紅流汗的店員，叮叮叮不斷的叫鈴響，我就想到了左拉所寫的大減價時作戰的氣氛。」〔註 137〕

精英階層存在炫耀性價格現象，但並非完全拒絕百貨公司的減價商品，朱惺公即曾指出，在大減價時期，「有錢的奶奶小姐們，一包一包的綢緞洋貨，從各大商號載回去」，並認為此一現象反映出「都市的奢華。」〔註 138〕不過，一些小商店的「大減價」，目標群體主要是針對普通大眾，甚至社會底層。茅盾認為百貨公司大減價的購物體驗不佳，「大減價中的小商店樓上的蹩腳軍樂隊奏著『十八摸』。」〔註 139〕1932 年，葉聖陶也描寫過街頭商店促銷的音樂。他指出，以前的商店在「特別大減價」「多少周紀念」時，就雇傭幾名軍樂隊吹吹打打，藉此吸引過路人的注意。但此種形式似乎已經淘汰，只在偏僻小馬路上偶而有幾家「背時」的小商店播放「毛毛雨」或者「妹妹我愛你」的音樂。現在的上海商店大多裝配收音機，「播音臺是那麼多，從清早到深夜可以不間斷地收音，他們就一直把機關開著……好像沒有收音機就失了大商店的體統了。」〔註 140〕

遼左散人在其《濱江塵囂錄》揭露了一部分商家「大減價」的種種亂象，尤其是價格虛增現象：「考各商之減價也，廣札松枝牌樓，懸綴五色電燈，此外又雇鼓樂夫數名，大吹特吹，就斯幾項，其所費已屬不貲，而內部各色貨品，且特別減價，大行折扣，於是顧客紛至沓來，擁擠不堪，好利者以為確實便宜，怡然自得，況頭彩貳彩，金表衣料之觀念，又時踊躍於心頭，殊不知請君入甕矣。夫各項廣告宣傳等費，無一不出自顧主本身，其貨品所標注價碼，非但未減，且反加增。俗云：奸商利圖，當知其義矣。世間豈有以大利之權，而拱手讓人者乎？據某個中人云：本埠某某大商號，於宣布減價之前數日，陡將各價碼一概塗抹，另換較高之碼，以便折扣，迨塗改完畢，於是遂正式宣布大減價焉。最奇者，有少數呢絨莊，其減價尤為特別，蓋春季時期，該商

〔註 137〕茅盾：《大減價》，《申報》，1933 年 6 月 23 日，張雲初編：《中國大實話：申報．自由談》（社會民生卷），西安：陝西師範大學出版社，2001 年，第 223 頁。

〔註 138〕朱惺公：《大減價給與社會經濟的影響》，《惺公評論集》，上海：機杼出版社，1933 年，第 121 頁。

〔註 139〕茅盾：《大減價》，《申報》，1933 年 6 月 23 日，張雲初編：《中國大實話：申報．自由談》（社會民生卷），西安：陝西師範大學出版社，2001 年，第 223 頁。

〔註 140〕葉聖陶：《文明利器》，《申報》，1932 年 12 月 23 日第 17 版。

等宣布春季大減價若干日，夏季又宣布夏季大減價若干日，此外秋季冬季，莫不皆然，不在期內者，尚有本號週年紀念又若干日。讀者諸君，試思豈有終年減價之理，是以其真確減價與否，想不待智者而後知也。」〔註 141〕

遼左散人所指責的價格虛增現象，本質上就是商家對「消費者剩餘」的惡意操縱，以此欺騙消費者。但是，大型百貨公司實現了「明碼標價」，其減價策略相對真實。而且，精英階層一般可以稱為「老練的消費者」，價格信息和商業知識相對比較豐富。因此，遼左散人所抨擊的現象，一般多發生於小商家和傳統商店中。嚴獨鶴認為，減價效力「可暫而不可常」，有如一個人服用興奮劑，「偶服自然可以提神，卻斷不能恃此為養命之具」，因此無論何種商店，如果營業不振，專靠減價招徠生意，「斷非久計」。他強調，上海商店的減價，「免不了還帶著些欺詐性質」，「雖然七折八扣，十分便宜，其實暗地裏將碼價抬高了，還是一樣。這個弊病，我不敢說家家都是如此，但是大多數總不能免。試看某公司的減價廣告上說本公司係『真實減價』，既然要聲明真實減價，足見自有一種不真實酌減價，因此這減價二字如今也只好轟動些外路客人，要是老上海，似乎還有些將信將疑哩！」〔註 142〕由此可見，虛假降價對商業化程度較高的上海市民已無吸引力，只能欺騙外地消費者了。

近代中國市場的格局，大致形成歐美貨、東洋貨和中國貨由高到低的三個層級，並且與社會分層基本上形成對應關係。中上社會多購用歐美貨，而中下社會則購用日本貨或中國貨。不同的消費者對市場價格的感知和態度未必相同，甚至完全相反，貧、富兩個階層分別對應著「經濟律」與「奢侈律」，後者也就是經濟學界所謂的「炫耀性價格」。服飾、飲食、娛樂和教育的個案性考察，充分表明了價格具有的社會意義，亦即花錢闊綽與社會聲望相關。既然精英階層願意支付「炫耀性價格」，工商兩業必定運用差異性或歧視性定價策略，這在品牌塑造和大減價促銷中獲得驗證。

〔註 141〕遼左散人：《濱江塵囂錄》，張頤青、楊鐮整理，北京：中國青年出版社，2012 年，第 140～141 頁。

〔註 142〕獨鶴，《減價的作用及其他》，《紅雜誌》，1922 年第 15 期。

# 第四章　工具與象徵：精英階層的汽車消費

20 世紀中後期以降，不少學者極力主張將社會分層概念運用於消費者行為研究，這進一步彰顯出對消費模式進行社會學解釋的重要性〔註 1〕。不過，單一商品與社會階層之間或許難以構成簡單的對應關係〔註 2〕，因此社會分層研究的目的，可能並非將社會階層這一一般性的預測變量與特定購買行為進行匹配，相反，應該尋求更加合理的解釋。譬如，將不同群體共享的價值體系作為購買行為的基礎，探尋消費決策與其暗含的價值系統之間的聯繫，而不是執著於發現不同階層之間購買行為的顯著差異。〔註 3〕「消費所體現的並不是簡單的人與物之間的關係，而是人與人之間的社會關係。……物作為一個符號系統，對它的消費構成了對社會結構和社會秩序進行區分的重要基礎。」〔註 4〕

---

〔註 1〕Coleman, Richard P.. T*he Significance of Social Stratification in Selling*, in Mrtin L. Bell（eds.）*Proceedings of the American Marketing Association*. Chicago: American Marketing Association, 1961, pp.171~184. Martineau, Pierre. Social Class and Spending Behavior. J*ournal of Marketing*, No, 23, 1958, pp.121~130. McCann, Charles B. *Women and Department Store Advertising*. Chicago: Social Research, 1957. Rainwater, Lee; Richard P. Coleman; Gerald Handell. *Workingman's Wife*. New York: Oceana, 1959.

〔註 2〕例如，所屬階層與 Levi's 牛仔褲的購買行為無關。（Louis V. Dominquez, Albert L. Page. Stratification in Consumer Behavior Research: A Re-Examination. J*ournal of the Academy of Marketing Science*, Vol.9, No.3, 1981, pp.250~271.）

〔註 3〕Louis V. Dominquez, Albert L. Page. Stratification in Consumer Behavior Research: A Re-Examination. J*ournal of the Academy of Marketing Science*, Vol.9, No.3, 1981, pp.250~271.

〔註 4〕羅鋼、王中忱主編：《消費文化讀本》，北京：中國社會科學出版社，2003 年，第 3 頁。

本章首先概略討論交通工具的分層功能，次則剖析民國汽車消費的工具性價值和象徵性價值，進而分析汽車的購置和使用成本，揭示其財富展示功能，最後兩節分別考察精英階層對汽車品牌和稀缺牌號的爭奪，以及汽車消費中的性別問題。

## 第一節　交通工具與消費分層

《大公報》的「窮人雜感」曾經寫道：「窮人與富人是住在一個相同的地球兩個不同的世界裏面」，「窮人跑馬路用腿，富人用蛤蟆汽車，富人坐火車是花車、專車、頭等；窮人是三等、小票」。「任你怎樣去講『民生主義』，你不能把窮人富人講到一個世界裏來。並且過去是如此，現在還是如此；將來呢？說不定仍然是要如此。」〔註 5〕民國上海市民對交通工具的選擇，都力所能及地追求高檔舒適，買得起汽車的不會坐出租車，坐得起出租車的不會去擠公共汽車，坐得起人力車的不會坐江北車，那些最貧困的工廠女工，也同樣要坐著和步行一樣速度的江北車去上班而不願步行。〔註 6〕王儒年的這一觀察，暗示了交通工具的社會分層功能。下文將圍繞公共交通領域的列車、輪船和電車，以及自行車、人力車、馬車等，討論交通工具與消費分層之間的關係。

### 一、公共交通與社會分層

首先觀察列車。從近代西方交通工具更替的歷程看，汽車的獨立感和自由感，源於與鐵路的對比。有學者提出，19 世紀中後期，鐵路壓縮了空間和時間，開闢了時空新體驗，但歐洲上層階級只有犧牲特權才可以享受這些成就。富人的經典交通工具，即馬車，在一定程度上可以享受自由，但現在富人已受制於鐵軌和列車時間表，並且再也無法與社會下層保持適當的社會距離，無法享有遠離團隊生活方式和人群的特權，必須忍受下層民眾的「氣味」。〔註 7〕

---

〔註 5〕小工：《窮人雜感：窮人的愛情》，《大公報》（天津版），1928 年 9 月 8 日第 11 版。

〔註 6〕王儒年：《欲望的想像：1920～1930 年代〈申報〉廣告的文化史研究》，上海：上海人民出版社，2007 年，第 142 頁。

〔註 7〕Wolfgang Sachs. Are Energy-Intensive Life-Images Fading? the Cultural Meaning of the Automobile in Transition. *Journal of Economic Psychology*, Vol.3, Iss.3~4, 1983, pp.347~365.

但是，列車分為不同等級，可將不同社會層級進行區隔。1923年，嚴幼韻舉家遷往上海，但她自己仍然留在天津，繼續其中西女中的學業。她放假時，通常乘坐「豪華列車」，歷經三天三夜回到上海，「這趟列車大部分乘客都是外國人」。火車沿途停靠很多城市，每到一站，她都會從窗子裏探出頭去，從站臺上蜂擁而至的小販那裡購買「美味佳餚」。山東車站買的德州扒雞、南京的鹽水鴨、無錫的醬排骨，令她印象特別深刻。〔註8〕

包天笑的體驗可以作為一個反證。他回憶說，滬寧鐵路修建之後，上海到蘇州一般僅需兩個半鐘頭，特別快車則只需兩小時，火車票價分為頭等、二等和三等三個等級，價格分別是頭等1元、二等6角、三等4角，時間不同，價格亦有別。滬寧路的三等車最為熱鬧，數量亦最多，因沿路多鄉村小市鎮，出入往來頻繁。三等車以農人占多數，車廂中塞滿蔬菜瓜果、魚米雞豚，尤其是年末，鄉下人將自己所養的雞送給城裏的鄉親和地主，「車廂裏一時雞聲此起彼和，令人可笑」。二等車客亦多，「所謂中等階層的人，有的帶著家眷，有的攜著友朋，笑語喧嘩，自是熱鬧起來了。」但頭等車里人總是很少，主要是「官紳或者外國人」，因此頭等車廂常常空無一人。〔註9〕1932年1月，顧頡剛南歸過春節，其日記載：「坐三等車，車中不潔，以冬天，咳嗽吐痰者不絕，幾疑是病人車。」〔註10〕其體驗之差，可謂遠遠低於包天笑筆下的「可笑」。

馮玉祥對新生活運動頗有微詞，他也激烈批評火車的「等級」現象，認為火車分成三四個等級，「常常是頭二等車裏空空地沒有幾個人，而三四等車裏都是滿坑滿谷的乘客」。他承認「這雖然是商品社會發生以後，金錢萬能的國度裏必然會發生的現象」。但他「總希望火車裏不再分什麼等級。把所有的車，都是二等車，仍賣三等的票價，多開幾趟車，使得乘客不致感覺擁擠。」〔註11〕

再以輪船為例。頂級富豪家庭，已經不再與大眾為伍。嚴幼韻回憶說，

---

〔註8〕顧嚴幼韻口述：《一百零九個春天：我的故事》，楊蕾孟編著、魏平譯，北京：新世界出版社，2015年，第15～16頁。

〔註9〕包天笑：《衣食住行的百年變遷》，政協蘇州市委員會文史編輯室，1973年，第134～136頁。

〔註10〕《顧頡剛日記》（第2卷）（1927～1932），臺北：聯經出版事業公司，2007年，第603頁。

〔註11〕《中國與第二次世界大戰》（1935年5月1日），《馮玉祥選集》（上冊），北京：人民出版社，1985年，第252頁。

假期從天津回到上海，與其父母一起旅行時，通常乘坐一艘中國商船，上面的飯菜非常可口，供應中式法國大餐。但她直至晚年，看到鵝肝凍仍會感到有些噁心，起因在於在少時乘船出遊的顛簸，導致她對此菜肴產生不佳體驗。〔註 12〕周馥的曾孫女周稚芙家庭生活「非常海派」，不僅有洋房、汽車，還有遊艇。每到週日，父母常帶他們乘遊艇，從外灘開到吳淞口兜著玩。由於家里人多，遊艇小，別的孩子要輪流去的，而七小姐「頭上出角」，每次總是有的去。〔註 13〕

其他階層可以乘坐公共遊船，但根據票價進行區分。從上海市區到高橋海濱浴場的船票，分為三個等級。署名「會明」、刊載於上海《大公報》的遊記寫道：「在那都市風的雙層碼頭，小姐少爺們，大夥兒的有閒階級，今天，男的穿著挺括的西裝，女的穿著輕紗的長旗袍，立著，倚著欄杆，蹲著，靠著小皮箱，不論男女，不論小姐少爺們，為了享樂，本來是吃飯睡覺都要娘姨服侍的，可是，眼前都高興地帶上一隻小皮箱或小藤筐，『走吧！到高橋去！』誰都這麼想。抬頭，天幕是青油油的，沒有一片浮雲，雖然太陽炙在背上有點刺刺的，但真是一個游泳的好日子。市渡輪靠了碼頭，吐出了許多人，雜亂地，像一片潮，吸進了許多人，雜亂地，像一片潮。少爺挽著小姐們的手，紳士挽著姨太太的手，洋先生挽著西方美人的手，這許多高貴的人們，都是八角錢的客人，八角錢把他們帶到了上面的特等座位去，有些年輕的男女，他們是五角錢的客人，走到頭等座裏去了。餘下都是花了三角四分買聯票的二等客人，人數當然最多，擁著擠著，都想佔據得靠舷邊的兜得到風的座位。叮噹的鈴聲響了起來，船身就離開了碼頭，預備走上一小時的行程。我們一行三個孩子頑皮地向外灘一帶的巨廈做了個飛吻說：『再會吧！上海！』瞧一眼江海關上的大鐘正指著十一點上。」〔註 14〕

蕪湖有一山西籍寡婦，帶著孤兒來滬謀生不遂，只能空無所得重返故里，因為無錢買票，被「建國輪」船上的茶房推落黃浦江淹死，「孤兒就拋在岸上」。一名賣報小孩被人推下電車碾死。根據此類報章新聞，達伍寫道，「上

〔註 12〕顧嚴幼韻口述：《一百零九個春天：我的故事》，楊蕾孟編著、魏平譯，北京：新世界出版社，2015 年，第 16 頁。

〔註 13〕宋路霞：《上海灘名門閨秀》，上海：上海科學技術文獻出版社，2009 年，第 53 頁。

〔註 14〕會明：《海濱浴場一日，歡笑聲與浪花齊飛，海水共浴衣一色》，《大公報》（上海版），1936 年 8 月 1 日第 1 版。

船，進艙，下船，你也要被推」，但只限於坐統艙或買半票，或買不起票的。買了統艙票的要被房艙裏的人推，單單買了船票，而不買床位的要被無論哪一艙的人推，推得你無容身之地。至於連船票也買不起的人，就直截了當，推上岸或推下水去。萬一船開了，才被發現，就先在你身上窮搜一遍，在衣角上或褲腰裏搜出一毛兩毛，或十幾枚銅元，盡數取去，充作船費，然後把你推下船底的貨艙了事。而這以後，不論遠近，不管久暫，船上是不供給伙食，要把你餓得半死不活的。」作者曾經親眼所見，從南京上船的兩名「苦學生」，買了船票，但買不起床位，被「且喝且推，推得無處容身」，詢問站在旁邊「閒看」的作者：「我們出錢買票，卻不許我們立足，難道錢是叫我們白出的嗎？」作者回應說：「你們出了錢，他們自然要把你從南京『推』到上海去的啊！」〔註 15〕

1937 年八一三事變之後，中山大學教授徐仲年準備乘船赴重慶，他身穿一件「最老最難看」的青布長衫，衣襟上懸著校徽。上船之前，有人拍他肩膀，徐仲年看他也掛著中大襟章，從其外表推測大概是總務處職員。他指著自己腳邊的手提皮箱吩咐徐仲年：「請你提一提」，亦即徐因著裝普通而被視為「下人」。但是登船之後，徐仲年直接走進「房艙」，該總務處職員因為自己的誤判而尷尬不已。〔註 16〕由此可證達伍所描繪的「統艙」與「房艙」之間的階層差異。

以城市交通為代表的社會生活的時空歷程，界定了社會行為與關係的物質建構與具體化。當時針對不同群體的消費需求能力，交通營運公司在電車、公共汽車上均按等級設定票價和區域。三十年代，勞工階層乘坐的往往是最便宜的車廂，中產階級則選擇坐頭等車廂。據學者董樂山回憶，抗戰初期他在上海讀初中時，為了能用零花錢買商務圖書館的書，平時上課就不坐有軌電車的頭等車廂，擠到汗臭的三等車廂上去。那時電車只分頭等、三等，沒有二等，坐頭等的是身穿長袍或西裝的體面人士，坐三等的是著短打的下層居民〔註 17〕。第一次來到上海的少年楊應彬，認為上海電車的等級劃分，「世事的畸形，竟至於此，真怪極。」「他出了戲院，看見許多的車輛。車在上海

〔註 15〕達伍：《第三種人的「推」》，《申報》，1933 年 7 月 24 日第 17 版。
〔註 16〕徐仲年：《旋磨蟻》，南京：正中書局，1948 年，第 220～221 頁。
〔註 17〕董樂山：《魂牽夢縈憶商務》，商務印書館編：《商務圖書館一百年（1897～1997）》，北京：商務印書館，1998 年，第 45 頁。

是多極了！可是，我從來沒有看見坐車有這樣奇怪事的。就是電車分為兩等，可是，他不是分頭二兩等，而是分頭等、三等。我起初以為中間還有一段像火車一樣，沒有接上，後來，潘先生說是藐視中國人的意思。分頭三兩等，是說中國人非但不能夠坐頭等，並且連坐第二等都配不上，只能坐第三等。」〔註18〕1948年，劉仁美觀察到電車上只是一撥小市民、學生與公務員，在汽車階級「闊佬的眼中」，電車都是「一般小癟三坐的」。〔註19〕

從北京的電車狀況看，1924年12月17日北京電車公司在天安門南邊舉行通車儀式，車上乘客異常擁擠，沿途觀者人山人海。1928年發展到82輛車，6條線路，日均載客10萬人。1945年8月，每月上街行駛的車輛不足10輛，甚至一天只有一輛行使，線路也只剩下3條。到1948年底，平均每日出車也只有23輛，因此車一到站乘客就蜂擁而上。《北平日報》刊出打油詩一首：「站頭等車兩三時，望眼欲穿脖梗直，為省金錢六七角，好似嬰兒盼奶吃。」當時在電車行駛路線的沿線又出現了獸力車招攬客人的情況。〔註20〕

在嚴獨鶴看來，上海電車和公共汽車站上的秩序甚為混亂。乘客爭先恐後，常從窗口進出，或攀附車外，誠為事實。警備總部為制止混亂和防止危險，派憲兵警察巡查，如發現爬窗或「吊車」者，一律拘禁。嚴獨鶴認為此舉「不能不說是適當的措置」，但同時提醒當局，「大家也要想想，電車和公共汽車原是『大眾可坐』的，為什麼『大眾』不好好地上車，不好好地坐下，而要『爬』要『吊』？這當然是因為車子太擠了，等得不耐煩，只好冒一下險。假令電車和公共汽車能多開幾次，何致會有此種現象？房荒！是住的問題嚴重了。車擠！是行的問題嚴重了。衣食住行四字，一天比一天增加嚴重性，便反映出小市民的痛苦。然而房荒的痛苦對住在大洋房裏的人講還是不甚瞭解的。擠車的痛苦，對汽車階級講，也似乎是不感興趣的。因此小市民要希望根本解除痛苦，終於沒有辦法或沒有人為你想辦法。」〔註21〕還有人批評公共汽車的不便，認為汽車是便利交通的工具，但公共汽車則不然，「有時候

---

〔註18〕楊應彬：《小先生》，楊應彬、鄭黎亞：《金華集》，廣州：廣東人民出版社，1995年，第229頁。

〔註19〕劉仁美：《電車上》，《海濱寄語》，上海：南極出版社，1948年，第39～41頁。

〔註20〕邵雍編著：《中國近代社會史》，合肥：合肥工業大學出版社，2008年，第157～158頁。

〔註21〕《行的問題》(1946年4月18日)，桐鄉市政協文教衛體與文史委員會編著：《嚴獨鶴雜感錄》，上海：上海遠東出版社，2009年，第48頁。

不但對於交通不便利，而且對於行人還有影響，常常為等汽車而消耗去三十分五十分鐘的時間，有時候坐到中途，發生障礙，還要坐車人下去推，這樣所謂公共汽車還有什麼用。」〔註 22〕

在各種城市交通工具的行駛秩序方面，汽車亦往往享有優先權。有人以「窮人」的身份，根據自身經歷寫道，「小市民階級到處受人家支配」。有一次，他穿了一件舊長衫想跨上一輛電車，往頭等那邊上去，被售票員攔住，說「後頭後頭」。他談到乘坐黃包車穿越馬路的場景：「那位司路燈的女性，卻死人似的老是開著紅燈，必定要等汽車走完，才肯高抬五爪，把紅燈扳到綠燈，等得不湊巧，往往要等好幾分鐘。如果家裏有急症病人去延請醫生，可以耽擱出性命來，……不要氣，終有一天坐了新汽車，招搖過市，怕他們不老遠扳好綠燈，再不然，學會了開汽車，便去想法子謀一個救火會開車之職，也不怕他們不連忙扳好綠燈，讓我駛過去。……這種氣本來坐在汽車裏的人們是吃不著的，而一切市政權卻又操在坐汽車人的手裏，就是可以在地方上講幾句話的大市民，也是汽車階級……只好自認晦氣。」〔註 23〕

電車票價分等，其乘客亦明顯分層。輿論批評說，「大家閨秀」的思想多半帶有「毒素」，認為電車的「三等」是「下流人」乘坐的。」〔註 24〕時人會斌描述過他在上海搭乘電車的經歷。他晚上 11 點在愛文義路西摩路口跳上 24 路電車，頭等車廂沒有一個空位，男性多係筆挺西裝，頭上塗得光滑發亮，「神氣十足的公子少爺」，女性「裝束入時，脂粉塗得紅白分明，深紅的尖指甲，反映在雪白的手皮匣上，愈顯得那只纖纖玉手，只配給人鑒賞，不配靠它來獲取自己獨立生活的工具。」作者在電車上偶遇一位「摩登少女」，姓金，前幾天因為母親生病，向作者借過 20 元。她借錢時對作者說，自己月薪幾十元，但需要應酬同事，衣著不能不「考究點」，自己的衣服與妹妹調換著穿，以顯示衣服常新。在作者看來，她因為受到「富有親戚朋友的引誘和薰陶，沾染了時髦習慣，衣服入時，交際廣闊，在朋友面前從來不顯示出自己經濟拮据的樣子，哪怕肚皮空著，架子還要撐的十足。」作者向金打招呼，問候她母親的病情，但看到作者身上穿著花布長衫，腳上是一雙橡皮帆布鞋，又在

〔註 22〕老陳：《有感必錄》，《三六九畫報》，1943 年第 21 卷第 9 期。
〔註 23〕燕：《看燈與等汽車：窮人說氣話之一》，《上海報》，1936 年 9 月 1 日第 7 版。
〔註 24〕心期：《風頭挺健的大家閨秀》，《上海生活》，1940 年第 10 期，吳健熙、田一平編：《上海生活（1934～1941）》，上海：上海社會科學院出版社，2006 年，第 230 頁。

三等車廂，她馬上變得很「窘迫」，生怕被同伴知道自己認識作者。〔註25〕白鶴對上海的商業文化頗有微詞，稱之為「滑頭的上海」。他承認上海交通比內地方便，人力車、公共汽車和電車等都十分發達，可是初到上海者，有時從電車三等誤入頭等，便會遭到賣票人的嘲笑。〔註26〕

周稚芙深受父母寵愛，直到上中學，每次還是父親的轎車接送。哥哥姐姐凡事也都得讓著她，傭人們更是不敢得罪，敬如公主……以至於她這樣的好日子都過膩了，覺得乏味了。回憶起在中西女中讀書的日子，周稚芙說當時的想法，說出來可能別人不大相信，其實心裏想的是最好家裏的小轎車不來接，這樣就可以乘電車回家了。那時覺得乘電車多開心呀，那麼多人乘一輛車，大家擠在一起嘻嘻哈哈很熱鬧……甚至覺得過點苦日子反而很開心，很新鮮，好日子倒覺得單調、乏味了。在採訪者宋路霞看來，「那時很多有錢人家的孩子都是這樣，根本不知道窮人是怎麼過日子的。」〔註27〕

## 二、人力車和自行車的大眾屬性

雖然受後現代主義影響的學者傾向於認為物品的意義具有「靈活性和流動性」，但是商品的「物理特徵和外觀限制了它們可以刻入的含義」〔註28〕。鄭逸梅指出，俗名「江北車」又名「羊角串」的獨輪車，是「平民化」的小車，為了平衡，車子必須兩邊坐人，否則容易傾翻，並且輪外裹皮，「顛簸得厲害，坐的人很是累乏」，因此官紳富商「跟這種車子無緣」。〔註29〕或如邵雍的看法，獨輪小車是「最下等、最普通」的乘坐工具，上層人士「不齒於坐」。〔註30〕

人力車曾經短暫成為精英階層使用的交通工具，但因迅速大眾化而成為「寒酸」代稱。故宮藏有三輛人力車，長、寬、高分別為236、83、178釐米，輪徑108釐米，車把長度為107釐米。人力車為木質，「通體黑漆」，坐具及

〔註25〕會斌：《撐面子》，《婦女界》，1940年第9期。
〔註26〕白鶴：《滑頭的上海，宣傳起哄，都是假玩藝，商賈教育無處不騙人》，《大公報》（天津版），1931年8月18日第10版。
〔註27〕宋路霞：《上海灘名門閨秀》，上海：上海科學技術文獻出版社，2009年，第53頁。
〔註28〕Chris Ivory; Audley Genus. Symbolic Consumption, Signification and the 'lockout' of Electric Cars, 1885~1914. Business History, Vol.52, No.7, 2010, pp.1107~1122.
〔註29〕鄭逸梅：《上海舊話》（二），上海：上海文化出版社，1957年，第1頁。
〔註30〕邵雍編著：《中國近代社會史》，合肥：合肥工業大學出版社，2008年，第155頁。

腳踏處鋪設紅絨氈墊，車身有活動式黃油布卷蓋，可防曬防雨。車身後部鑲嵌銅匾，鐫刻『福記』二字，兩字中鐫刻蝴蝶一隻，周邊緣鐫有一圈盤腸，兼具裝飾和固定作用。仍能判斷係遜清皇室於民國初年購置，且是「非常時髦的交通運輸工具」。〔註 31〕1915 年，袁世凱曾經組建一支人力車隊，專用於接送高級官員。〔註 32〕而 1912 年，「皮蓬、或轎車、或黃包車」，乃是時髦男性外出時乘坐的交通工具。〔註 33〕再前溯四年，上海外灘的「人行道上很少能見到歐洲人。有人力車來代步，人們只需坐進去，就由苦力來代替自己走路了，一樣能夠到達目的地。外灘的人力車奔向各個方向，坐一次只要五分錢，如果你夠大方的話，就給十分錢。真是很便宜，但還不是最便宜的。人力車夫為了五分錢就可以跑得靈魂出殼，這還算是一等出租車呢。」〔註 34〕乘坐人力車也被斥為上海人奢靡觀念的證據，「即一出門，一里二里之地往往坐東洋車。若在他處則雖十里八里不過安步當車爾，豈他處能行，而在上海獨不能行乎？」〔註 35〕由此可見，乘坐人力車價格低廉，再加上數量激增，因而既無法展示財富，也不能保證稀缺，不具備地位標誌的必要特質。

「技術比自然更強大，而且似乎遠遠超過了人類的能力」。如果說汽車構成了「有機體的弱點與技術的完美」之間的不一致性，為人類體驗各種舒適提供了物質基礎，是一種擺脫了「身體努力」，但又能「享受以前有閒階級不用出汗和沉重呼吸的設施」〔註 36〕，而人力車則是有閒階級不用出汗，但伴隨著車夫的「沉重呼吸」的交通工具。在李子溫筆下，所謂洋車，隨城市不同而名稱有別，北平叫「洋車」，天津叫「膠皮」，上海和南京叫「黃包

〔註 31〕毛憲民：《故宮溥儀金棺槨及西洋車概述》，李立夫主編：《溥儀研究》（下卷），天津：天津人民出版社，2012 年，第 669 頁。

〔註 32〕人力車夫每人每月工錢銀圓三元幾角，共 20 人，每兩人拉一部車，前拉後推。人力車有車燈（蠟燭、電石或煤油燈），至少兩隻，還有手捏發聲的銅喇叭或從國外進口的腳鈴或雙腳鈴。人力車開始在北京進入快速發展階段。20 年代，北京有 5.5 萬車夫，上海 5 萬，廣州有 8000 人。在北京，拉外國人觀光的車，所得車錢比普通乘客要多得多。而且他們拉外國人到古玩、玉器、皮貨等商店買東西，商店要給車夫 10% 的提成，運氣好時一次就可得五六十元。參見邵雍編著：《中國近代社會史》，合肥：合肥工業大學出版社，2008 年，第 156 頁。

〔註 33〕田：《時髦派》，《申報》，1912 年 1 月 6 日第 22 版。

〔註 34〕《記者高德滿眼中的上海》，王維江、呂澍：《另眼相看：晚清德語文獻中的上海》，上海：上海辭書出版社，2009 年，第 163 頁。

〔註 35〕《儉說》，《申報》，1890 年 7 月 31 日第 1 版。

〔註 36〕Chris Ivory; Audley Genus. Symbolic Consumption, Signification and the ‘lockout’ of Electric Cars, 1885~1914. *Business History*, Vol.52, No.7, 2010, pp.1107~1122.

車」。至於「東洋車」和「人力車」等稱謂，不過是「咬文嚼字」者所用名稱。他認為，名稱雖然不同，但推進的「原動力」都是號稱為「萬物之靈」的人。他對乘車坐洋的體驗進行了生動傳神的素描：「平常的時候，洋車停放在路旁，洋車夫和你（坐洋車的人）似乎沒有多大的區分。但你一經費了極少數的代價，就可跳在他的車上，往後一仰，香煙一吸，眼一眯縫，車就帶著你走了。」〔註 37〕

與獨輪小車相比，人力車的乘坐體驗或許更佳，但隨著汽車增多，人力車逐漸成為中下階級的代步工具。包天笑自稱常坐人力車，他居住在上海英租界，要到華界老西門教書上課，如果經過法租界就得換乘，由法租界再到華界，又得換乘華界電車，因此不坐人力車，肯定耽誤學生一節課，而使學生「發生怨言」。〔註 38〕正如俞平伯的說法，乘人力車者「比上不足，不夠闊氣」。〔註 39〕1930 年代，對大家閨秀而言，乘坐人力車已經意味著「寒酸」〔註 40〕。

人力車也被視為「不人道」的象徵，個別精英出於人道主義的考量而拒乘人力車。包天笑說，上海黃包車夫大多來自蘇北，「水旱不修，連年荒欠，都是逃荒」到上海。拉車很傷身體，「不但手足用力，全身都要用力以及內臟。所以有些人不願為此，而這些江北苦哈哈，為了飢寒交迫，也只得俯受了。」〔註 41〕李子溫則指出，「你叫他往哪裡，他就往哪裡，叫他快他就不敢慢；叫他慢，他又不敢快；叫他停住，他又就不敢再向前走，在烈日如炙的炎夏，在朔風刺骨的嚴冬，得拉著跑；在疾風雨下，在冰天雪地中，也得拉著跑。有時拉慢了，還要挨打挨罵。」〔註 42〕蔡元培「最不喜坐轎，以為以人舁人，既不人道，且以兩人或三四人代人之步，亦太不經濟也。人力車較為經濟矣，然目視其傴僂喘汗之狀，實大不忍。故有船則乘船，有公車則乘公車。彼以

〔註 37〕李子溫：《談洋車》，《論語》，1936 年第 87 期，陳益民編：《民國名家隨筆叢書：國病》，天津：天津人民出版社，2011 年，第 308 頁。

〔註 38〕包天笑：《衣食住行的百年變遷》，政協蘇州市委員會文史編輯室，1973 年，第 122 頁。

〔註 39〕（俞）平伯：《人力車》，《論語》，1934 年第 53 期。

〔註 40〕心期：《風頭挺健的大家閨秀》，吳健熙、田一平編：《上海生活（1934～1941）》，上海：上海社會科學院出版社，2006 年，第 230 頁。

〔註 41〕包天笑：《衣食住行的百年變遷》，政協蘇州市委員會文史編輯室，1973 年，第 122 頁。

〔註 42〕李子溫：《談洋車》，《論語》，1936 年第 87 期，陳益民編：《民國名家隨筆叢書：國病》，天津：天津人民出版社，2011 年，第 308 頁。

為腳踏車及摩托車，最文明。必不得已而思其次，則馬車。以兩人一馬代步，而可容四人，較轎為經濟。能不竭馬力，亦尚留愛物地步。其不得已而乘人力車，則先問需錢若干，到則付之，從不與之計較也。」〔註 43〕吳稚暉「不坐轎，不乘人力車」。〔註 44〕包天笑也回憶過一位「發誓終生不坐人力車」的人。包天笑常常在馬路上遇見他，「走得汗流氣促，脫了馬褂圍在手臂上」，而總不肯坐人力車。據包天笑的瞭解，他在法國舉辦過勤工儉學會，極力主張自由、平等、博愛，認為坐人力車是以「勞苦人民的腳，代替自己的腳」，可謂「最不平等」，故而「力守此戒」。包天笑曾在滬寧火車站遇見他，揶揄說：「您不坐黃包車，黃包車夫在罵您呢。」這位先生回應道，「那也只好讓他罵了，子產濟人，安得人人而悅之。」〔註 45〕

自行車的物理特徵和技術基礎，注定不可能是少數特權階層的專屬之物，而是成為一種大眾交通工具。在 20 世紀 20 年代前期，自行車曾經進入皇宮，一度獲得溥儀夫婦的喜愛。1922 年溥儀與婉容結婚，溥佳所送禮物是一輛自行車。這可能是宮中首次出現自行車。溥儀婚後命遜清皇室內務府購置各國自行車，多達 20 餘輛，御花園絳雪軒成為他存放自行車的車房。故宮博物院還珍藏著溥儀、婉容當年曾使用過的一輛英國三槍牌自行車。〔註 46〕溥儀為了騎自行車方便，曾將其「祖先在幾百年沒有感到不方便的宮門門檻，叫人統統鋸掉。」〔註 47〕

但是，若從「生命週期」理論視角看，溥儀對自行車的喜好，只能視為青年階段對時髦物品的迷戀。他時常與宮中同齡人「以騎車為樂」〔註 48〕，此舉與普通的年輕人並無本質差異。按照溥儀英籍教師莊士敦的說法，「紫禁城雖大，但是如果讓一個年輕人每天都待在裏面，他肯定也會感覺到不滿足。」十幾歲的溥儀「非常活潑好動，渴望瞭解外部世界」，「想要做一個不被

〔註 43〕蔡元培：《蔡子民先生言行錄》，長沙：嶽麓書社，2010 年，第 14 頁。

〔註 44〕李石岑：《我的生活態度之自白》（代序），朱自清等：《北大人生講座》，哈爾濱：哈爾濱出版社，2018 年，第 38 頁。

〔註 45〕包天笑：《衣食住行的百年變遷》，政協蘇州市委員會文史編輯室，1973 年，第 122～123 頁。

〔註 46〕毛憲民：《故宮溥儀金棺槨及西洋車概述》，李立夫主編：《溥儀研究》（下卷），天津：天津人民出版社，2012 年，第 669～670 頁。

〔註 47〕溥儀：《我的前半生》，北京：東方出版社，1999 年，第 139 頁。

〔註 48〕溥佳：《溥儀大婚紀實》，文史資料研究委員會編：《晚清宮廷生活見聞》，北京：文史資料出版社，1982 年，第 124 頁。

約束的人，想到外面的世界去玩耍，而不僅僅是困在紫禁城裏面。」〔註 49〕他騎自行車與其身份並不相符，因此溥佳贈送溥儀自行車，溥儀「十分高興」，但卻被陳寶琛「狠狠地申斥了一頓」：「皇上是萬乘之尊，如果摔壞了，那還了得，以後不要把這些危險之物進呈皇上。」陳寶琛亦勸阻溥儀不要學騎自行車〔註 50〕。1921 年，溥儀參加母親的喪禮之後，得到一次在京城「微服遊玩」「寶貴的外出機會」。歸來之後，他強烈要求購買一輛汽車，而其父醇親王載灃係「反響最強烈的一個」，〔註 51〕但是醇王府是清朝第一個配備汽車和安裝電話的王府〔註 52〕。汽車與自行車在王府的地位截然相反。

民國初期，自行車在北京曾是奢侈品，被視為財富和身份的象徵，只有家境殷實的大戶和少數留洋歸來的人家才能購置〔註 53〕，但至 1948 年，北京的自行車數量多達 176970 輛。〔註 54〕甘肅定西縣直至 1936 年才有人購置自行車，該縣巉口鄉的宋天才是購買「三槍牌」自行車的第一人，其後在縣城、內官、巉口等集鎮，經商的富戶相繼購置。但是據不完全統計，民國時期定西縣民間僅有自行車 22 輛，主要用於中、短途載貨經商。〔註 55〕上海的電影明星大多自備汽車，但 1941 年太平洋戰爭爆發後，這些「汽車階級被迫向下位移」〔註 56〕，主動「腳踏車化」：「電影界有名的幾個汽車階級，陳雲裳、顧蘭君、李英、袁美雲、梅熹、韓蘭根、卜萬蒼、陳燕燕、黃紹芬，其中有夫

〔註 49〕「我常常看到他在空閒時，爬上御花園最高的假山，偷偷地眺望外部的世界，那樣子讓人看了眼睛發酸。偶而獲得一點外部世界的消息，他都會欣喜若狂。越是不讓他出去，他心中的欲望就越強烈。每當他要求出去的時候，內廷人員都會阻止他，並告訴他說外面的世界很危險，一不小心就可能再也回不來了。有時候，他們也覺得這樣對待一個小孩子太殘忍，所以就騙他說等他再長大一些就能出去了，但是在這之前，他必須學會忍耐。我不知道當時皇上心中作何感想，也不知道他是不是已經明白這只是一種敷衍性的託詞。」（英）莊士敦：《紫禁城的黃昏》，富強譯，北京：中國市場出版社，2007 年，第 160 頁。

〔註 50〕溥佳：《溥儀大婚紀實》，文史資料研究委員會編：《晚清宮廷生活見聞》，北京：文史資料出版社，1982 年，第 124 頁。

〔註 51〕（英）莊士敦：《紫禁城的黃昏》，富強譯，北京：中國市場出版社，2007 年，第 161 頁。

〔註 52〕溥儀：《我的前半生》，北京：東方出版社，1999 年，第 29 頁。

〔註 53〕戶力平：《光陰裏的老北京》，北京：新華出版社，2017 年，第 321 頁。

〔註 54〕戶力平：《光陰裏的老北京》，北京：新華出版社，2017 年，第 322 頁。

〔註 55〕《定西地區公路交通史志》編寫委員會編：《定西地區公路交通史》，蘭州：蘭州大學出版社，1989 年，第 98 頁。

〔註 56〕徐濤：《自行車與近代中國》，上海：上海人民出版社，2015 年，第 143 頁。

妻雙檔，有單方一檔，現在汽油斷檔，汽車只好放到汽車間裏，陳雲裳改乘腳踏車，車身全新，價值 1700 元，顧蘭君是猶太人，往往會打算盤，肉麻銅鈿，只出了 450 元買了一部中等的車子，卜萬蒼老早是腳踏車階級，改坐汽車後，賣給韓蘭根的，現在舊案重翻，卜萬蒼又要向蘭根想法子了，蘭根設法（弄）一輛給他，卜萬蒼貼費 200 元，黃紹芬廣東人門檻頂精，買了一部 350 元的就算數，岳楓禿子生光，不尚美觀，也以 370 元成交了一輛，劉瓊一輛是日美開戰之前買的，那時價鈿已經 900 元了，換了現在，恐怕兩千不會少嗎！樣子嶄（新），車身輕，劉瓊日常翹起大拇指以拿馬溫自誇，韓蘭根刮皮出名，老早買進一輛，只百餘元，可是貨色卻相當道地。」〔註 57〕因此，汽車可以成為地位性的交通工具，而自行車則是大眾性交通工具。

## 三、馬車的炫耀性

階層地位的象徵符號可能產生「虛假陳述」和「符號誤用」，解決辦法之一是「內在限制」，即「通過展示財富來象徵我們的財富，通過運用權力來展示我們的權力，通過運用技能來展示我們的技能。」〔註 58〕清末民初的馬車，即具有展示財富的功能。馬車曾是歐洲上層社會的「經典交通工具」。從物質的文化意義視角看，它「允許即興創作」，在一定程度上可以獲得自由，能夠享有遠離「團隊生活方式和人群」，因而是上層社會特權的交通象徵。〔註 59〕自清末傳入中國，馬車成為中國上層社會的地位符號。

1898 年，德國記者高德滿遊覽上海，他詳細描繪了「充滿生機」的外灘之馬車。「在人力車和手推車之間，還有馬車在奔跑——有一匹馬和兩匹馬拉的馬車。駕馭臺上穩穩地坐著中國馬夫，姿勢優美，他戴著倒喇叭形的帽子，穿著拖至腳踝的大褂，大褂的顏色與馬車主人家的一樣。他的旁邊是穿同樣制服、同樣姿勢優美、紋絲不動的中國侍童，手裏拿著代表尊嚴的馬鬃做的拂塵，用來為馬驅趕蒼蠅。侍童腦後的辮子拖得很長。馬車疾馳而去，車上端坐著的女士打開了遮陽傘，陽傘在微微搖晃著。街上也不乏愛自己駕車的年輕女士，她們手握轠繩，坐在漂亮的黃色馬車上。中國傭人坐在女主人旁

〔註 57〕《汽車階級全部腳踏車化》，《上海電影》，1941 年第 1 期。

〔註 58〕Erving Goffman. Symbols of Class Status. *The British Journal of Sociology*, Vol.2, No.4, 1951, pp.294~304.

〔註 59〕Wolfgang Sachs. Are Energy-Intensive Life-Images Fading? the Cultural Meaning of the Automobile in Transition. *Journal of Economic Psychology*, Vol.3, Iss.3~4, 1983, pp.347~365.

邊——讓漂亮的歐洲小姐帶著自己兜風，中國傭人顯得很是心滿意足。」他描述了富裕中國人的寬大的四座馬車，「中國佬」「蹲在上頭，鼻子上架著大眼鏡。現在中國人的觀念裏，透過厚厚鏡片看世界——這副大眼鏡可是不可或缺的高級地位的標誌。馬車後面站著拖著辮子的小個子保鏢，緊緊抓著兩個皮把手。中國夫婦就是這樣，在傍晚趕赴劇院。馬車在狹窄的街道上飛馳，動靜很大，馬夫簡直沒辦法讓馬停下來。等停下來之後，保鏢先跳下來，打開車門，然後男主人下車，其絲綢大袍沙沙作響，夫人——或者說是夫人中今天當班的那一位，跟著下了車。她也穿著高貴的絲綢，臉上畫得又紅又白，小腳踩在踏板上有點搖晃。星期天的下午，高等的上海人全都沿著靜安寺路出去郊遊，這時中國人的馬車多得跟歐洲人一樣。」〔註 60〕

按照邵雍的說法，外國人來華後引入西式馬車，中國的達官顯宦、富商大賈放棄轎子而改坐馬車。20 世紀初，清朝的達官貴人和各大商埠的買辦紳商「競相追求奢華，盲目崇洋」，紛紛購置西式馬車，甚至花費鉅資購買西洋高頭大馬。〔註 61〕據毛憲民的研究，故宮所藏 5 輛西洋馬車，為晚清朝廷或遜清皇室內務府購置。馬車的長、寬、高完全一致，分別為 410、160 和 90 釐米，「全包箱式，四圍鑲嵌玻璃，車包箱四角分別安裝圓筒形玻璃油燈。外圍通體髹黃漆，兩輛描繪有紅牡丹花，圍以綠葉襯托；另三輛描繪有紅團壽字，圍以紅蝠和五彩如意雲紋飾。」馬車圓頂髹黃漆，繪有牡丹花卉和八仙標誌物，分別是鐵拐李的碧璽葫蘆、漢鍾離的玉扇、曹國舅的碧璽雙板、張國老的松石漁鼓、藍采和的玉花籃、呂洞賓的松石劍、何仙姑的玉花、韓湘子的玉笛。馬車尾部鑲嵌珍珠六顆，下垂土黃色壽字編花雙穗，圓頂木沿紅漆底木刻梅、竹、花草紋飾，並繪成金黃色。包箱內飾雙人座圍鋪墊天鵝紅絨，面壁繪有金花草紋。馬夫站立的車轅處裝有鐵柵花欄，依稀可見其漆紅色。」由此不難窺見民國初年溥儀乘坐的西式馬車，「盡顯遜清皇室的奢侈生活和豪華氣派」。〔註 62〕從消費社會學視角看，溥儀的馬車實際上是炫耀自己所能承

〔註 60〕《記者高德滿眼中的上海》，王維江、呂澍：《另眼相看：晚清德語文獻中的上海》，上海：上海辭書出版社，2009 年，第 163～164 頁。

〔註 61〕「不少馬車行以馬車招攬生意，供客雇喚，或包租全月或全日。一般一部車由兩人拉，分白天、黑夜兩班，白班大致從開城門到關城門，餘為夜班。拉包車的每月收入 5～8 元不等，當然有外快，總長或其他達官顯貴會給賞錢，接送一次給一元、八毛的。」邵雍編著：《中國近代社會史》，合肥：合肥工業大學出版社，2008 年，第 156 頁。

〔註 62〕毛憲民：《故宮溥儀金棺槨及西洋車概述》，李立夫主編：《溥儀研究》(下卷)，

擔的最昂貴信號，如「炫耀浪費」「炫耀精度」「炫耀聲望」。〔註63〕此種奢侈品唯一的滿足來自於他是唯一能擁有它的人〔註64〕。

何剛德認為，清末北京官員的座駕，官轎與馬車並行，「王公大臣許坐四人肩輿，或藍呢，或綠呢，無甚區別，非如外官，必三品始坐綠呢轎也。」亦有不坐轎而坐車者，「車則必用紅套圍，非堂官卻不許僭也。要其坐轎坐車，則以貧富論；不以階級分也。」之所以如此，是因為坐車比坐轎的耗費更低，坐轎則「轎夫四人必備兩班三班替換，尚有大板車跟隨於後，且前有引馬，後有跟騾，計一年所費，至省非八百金不辦。」倘若坐車，則「一車之外，前一馬，後或兩三馬足矣，計一年所費，至奢不過四百金。」兩相比較，相差一倍，「京官量入為出，不能不斤斤計較也」。他自已初到京城，「皆雇車而坐」。數年之後，「始以二十四金買一騾，雇一僕月需六金」。後因公事較忙，「添買一跟騾，月亦只費十金而已」，但於同官漢員相比，「已算特色」，「蓋當日京官之儉，實由於俸給之薄也」。〔註65〕

邵雍曾經指出，馬車經歷了「社會化」的過程。〔註66〕亮生於1938年撰文回憶說，他於光緒二十七八年初到上海，「聞有所謂三響頭者，即坐馬車、吃大菜及看戲。」因此寓居上海者，將此三事視為「最闊綽而快意之舉動」，偶有親戚朋友自內地到滬，主人「亦必請其看戲、坐馬車、吃大菜」，「蓋其時除叫局吃花酒外，此三事亦為普通之酬應焉」。在他看來，坐馬車兜風係闊少「最出風頭」之舉動，在春秋兩季跑馬時，馬車風頭「真是十足」。闊少們或自備馬車，或雇用馬車，而車夫多穿「各色號衣號帽」。馬鞭最為講究，「鞭上五色絲繩，紮成花紋，招搖過市，途人駐足而觀，多有不勝羨慕之概。」〔註67〕

亮生的回憶與包天笑的記載可以相互驗證。包天笑九歲初到上海，第一次乘坐馬車。他說，凡是從內地初到上海者，一是吃西餐，一是坐馬車。置一

---

天津：天津人民出版社，2012年，第668～669頁。原文「馬車均長410、寬160米、高190釐米」，寬度單位應多餘「米」字。

〔註63〕（美）傑弗里・米勒：《超市裏的原始人：什麼是人類最根本的消費動機》，蘇健譯，杭州：浙江人民出版社，2017年，第119～134頁。

〔註64〕Rae, J.. *Statement of* Some *New Principles on the Subject of Political Economy.* Toronto: University of Toronto Press, 1834, p.274.

〔註65〕（清）何剛德：《春明夢錄・客座偶談》，太原：山西古籍出版社，1997年，第60～61頁。

〔註66〕邵雍編著：《中國近代社會史》，合肥：合肥工業大學出版社，2008年，第156頁。

〔註67〕亮生：《一派舊話》，《申報》，1938年12月20日第16版。

馬車，頗為不易，先要養一匹馬，還要雇一馬夫。因此馬車不如汽車「簡便」。在沒有汽車的上海，以「高貴自命」的外國人，「乃以馬車矜奇立異，驕示於眾」。他述及跑馬盛會，親眼見到一輛馬車，馬身「紮了彩，紅紅綠綠」，車也「金碧輝煌」，而馬車夫的打扮「像中國官員」，「穿了金繡的袍子，戴上一頂涼帽，紫色的緯，綠色的頂珠，真是令人可笑而可惱」。馬車的主人係外國領事的太太。〔註 68〕

曹聚仁從鄉下到上海的第一年，曾擔任鹽商吳家的家庭教師。吳家蓄駿馬兩匹，「亨司美馬車舒適華麗，夕陽西下，時常馳往龍華、滬西一帶兜風。」在馬車取代轎子而興的時代，吳家雖有汽車，「還不及馬車的風頭健呢！」亨司美馬車採用橡皮輪胎，大都敞篷，春秋佳節，適於郊遊。在他筆下，「前面往往駕著阿拉伯種的高頭駿馬，馬身上披著錦毯，頭上戴著小笠，笠上有兩小孔，把馬耳矗露在外面。那些年輕少年郎，自己拉著馬韁，身邊伴著美貌小姐，在綠蔭夾道的靜安寺路上向西飛駛，到張園、愚園兜圈子，也是他們顯威風的行當。」曹聚仁還記述了杭州馬車的情形。著名收藏家程定購置四輪馬車，首開杭州風氣。江建霞、沈淇泉兩位太史公，「家境雖窮，卻要擺闊，也坐四輪馬車」。時人以打油詩譏之：「闊得如此窮，窮得如此闊；江浙兩翰林，江三沈十一。」〔註 69〕

席正甫、席立功、席鹿笙祖孫三代擔任上海滙豐銀行買辦，財富驚人。席鹿笙本人很會享受，有保鏢，有車夫，有跟班，家裏有傭人，還有幾個馬車夫。〔註 70〕與席家地位相當的另一買辦家庭雇傭人員包括馬夫 3 人，東洋車夫 2 人。上海豪門巨富自備馬車，公館人家都有馬車間，比後來的汽車間還要大。連著馬房得有三四人打理，要喂馬，要遛馬，」一天也是很忙的」。〔註 71〕

---

〔註 68〕包天笑：《衣食住行的百年變遷》，政協蘇州市委員會文史編輯室，1973 年，第 127～128 頁。

〔註 69〕曹聚仁：《上海春秋》，上海：上海人民出版社，1996 年，第 163～164 頁。

〔註 70〕「他們一直過著奢華的生活。當時上海有一個跑馬廳，對中國人有限制，一氣之下，席鹿笙與一位姓嚴的同鄉合計，自己開起了中國的跑馬廳。」「後來跑馬廳建成了，我們每個星期六跟保鏢去看馬，有很多馬。我父親有 13 匹馬。」席與鎬口述，葉斌、馬學強訪問整理，轉見馬學強：《江南席家：中國一個經商大族的變遷》，北京：商務印書館，2007 年，第 192 頁。

〔註 71〕曹聚仁：《上海春秋》，上海：上海人民出版社，1996 年，第 165 頁。

# 第二節　汽車消費的雙重意義

本節基於汽車的理論闡述，以及汽車史的一些代表性觀點，對民國時期有關汽車雙重屬性的話語進行梳理，並從「汽車階級」與「剝削階級」的對立性稱謂切入，檢視精英話語對汽車一物的矛盾性認知和評判。

## 一、汽車的工具性意義

汽車是人類工業文明的標誌，被譽為「改變世界的機器」〔註 72〕。從社會心理學視角看，物質財富的意義，包含工具、象徵和情感三重維度，〔註 73〕使用汽車和擁有汽車的心理動機，亦包括工具動機、象徵動機和情感動機三大類型〔註 74〕，這意味著汽車不僅具有絕對性價值，而且具有相對性和象徵性的價值〔註 75〕。人類學的證據表明，前工業化社會的經濟形態，可以劃分為生存經濟以及聲望或禮儀經濟，〔註 76〕聲望經濟通過宴會等形式，發揮再分配功能，調節生存經濟中的不均衡狀態〔註 77〕，但現代經濟即似乎不能將生存和聲望區分開來：「如果汽車僅僅是一種交通工具，那麼製造小型的、更省油的汽車——更不用說讓人們去乘巴士和火車了——將會非常簡單。但是汽車是一種象徵性物品。它不僅是身體的承載工具，也是那種看重私隱觀和自由觀的身體的承載工具。所以，汽車不僅承載著它所承載的東西，它也承載著個人的意識形態。……作為一種象徵性載體，汽車穿梭於使用經濟（交通）和名望經濟（權力、能量和風格）之間。為此，汽車被精心設計，以表達我們置於技術、私有財產、個人的流動性、性的競爭能力以及社會競爭能力之中的文化價值。……所有的汽車不僅駕駛起來方便舒適，它們同樣也激發著人們的想像力」〔註 78〕。亨利·列斐弗爾更加強調汽車的象徵價值，他說：

〔註 72〕林曉珊：《國外汽車消費社會學研究述評》，《社會》，2008 年第 6 期。

〔註 73〕Dittmar, H.. T*he Social Psychology of Material Possessions: To Have is to Be*. New York: St. Martin's Press, 1992.

〔註 74〕Linda Steg. Car Use: Lust and Must, Instrumental, Symbolic and Affective Motives for Car Use. *Transportation Research Part A: Policy and Practice*, Vol.39, Iss.2~3, 2005, pp.147~162.

〔註 75〕Anco Hoen; Karst T. Geurs. The Influence of Positionality in Car-Purchasing Behaviour on the Downsizing of New Cars. *Transportation Research: Part D.*, Vol.16, Iss.5, 2011, pp.402~408.

〔註 76〕Mary Douglas; Baron Isherwood. *The World of Goods, Towards an Thropology of Consumption*. London: Routledge, 1996.

〔註 77〕Vance Packard. T*he Status Seekers*. NewYork: McKay, 1959.

〔註 78〕（美）奧尼爾：《身體形態：現代社會的五種身體》，張旭春譯，瀋陽：春風

「汽車是一種地位的象徵，它代表著舒適、權力、威信和速度；除了其實際用途之外，它主要是作為一種符號來被消費的；由於它是消費和消費者的象徵，它象徵著快樂並以象徵物來刺激快樂，所以汽車的各種內涵互相交錯、互相強化又互相抵消。」〔註 79〕

作為地位性商品的汽車，明顯存在「勢力效應」。由於只有 50%的人具有擁有高於平均地位的商品的財力，因此，其他 50%的人會不斷受到刺激，試圖「跟上瓊斯的腳步」〔註 80〕，或者通過不斷購買更奢華的商品來彌補相對劣勢。這也被稱為「地位跑步機」〔註 81〕。實證研究證明了汽車消費中的地位競爭。譬如，對哥斯達黎加大學 325 名學生進行的相對消費實驗表明，如果一個人購置了一輛更昂貴的汽車，其 45%的效用可以歸因於該車已經變得比其他人更貴這一事實。〔註 82〕在瑞典 700 名受訪者進行的規模更大的調查中，對收入、休閒、乘用車購買價格和安全水平的地位性進行了量化。結果發現，50%至 75%的汽車購買價格與地位性因素有關，而只有 25%與汽車的安全性有關。〔註 83〕換言之，購車者願意支付 50%至 75%的車價，以維持自己相對於其他車主的社會地位。荷蘭乘用車的實證研究，也提供汽車作為地位性商品的證據，汽車屬性（如尺寸、發動機容量和內飾）增加了其地位性〔註 84〕。

自我驅動的汽車是 20 世紀最重要的技術創新之一，是「現代性的象徵」，是一種「令人印象深刻的機器」，其衝擊力比摩天大樓或發電機等現代發明「更個性化」，又比「電力更加具象」。〔註 85〕汽車承擔和優化人類活動，反過來又

文藝出版社，1999 年，第 94～99 頁。

〔註 79〕Henri Lefebvre. *Everyday Life in the Modern World*. London: Allen Lane, 1971, pp.102~103.

〔註 80〕Hirsch, F.. *Social Limits to Growth*. Mass: Harvard University Press, 1976.

〔註 81〕Frank, H. D.. *Choosing the Right Pond: Human Behavior and the Quest for Status*. Oxford: Oxford University Press, 1985.

〔註 82〕Alpizar, F.; Carlsson, F.; Johansson-Stenman, O. J.. How Much do We Care about Absolute Versus Relative Income and Consumption. *Journal of Economic Behaviour and Organization*, No.56, 2005, pp.405~421.

〔註 83〕Fredrik Carlsson; Olof Johansson-Stenman; Peter Martinsson. Do You Enjoy Having More Than Others? Survey Evidence of Positional Goods. *Economica,* No.74, 2007, pp.586~598.

〔註 84〕Anco Hoen; Karst T. Geurs. The Influence of Positionality in Car-Purchasing Behaviour on the Downsizing of New Cars. *Transportation Research: Part D*, Vol.16, Iss.5, 2011, pp.402~408.

〔註 85〕Blaine A. Brownell. A Symbol of Modernity: Attitudes Toward the Automobile in Southern Cities in the 1920s. *American Quarterly*, Vol.24, No.1, 1972, pp.20~44.

啟蒙人類，「車主喜歡他們的汽車，只是因為他們喜歡擁有最新的技術」，因為擁有複雜精密的技術而感到自信，並因此而貶低以前的所有技術，甚至會自認為正在參與被譽為「歷史軸心」的「技術進步」，「意味著將技術進步帶到觸手可及的範圍內，將歷史帶回家」。「尖端技術往往具有自戀的品質；它作為主人的鏡子，通過反射其卓越的品質來提升他的自尊。在廣告中觀看冗長的技術描述——對於外行來說往往難以理解——人們如何超越他們的需求裝備自己，則可以觀察技術自戀如何工作。」〔註 86〕

早在 1917 年，蔡元培從人類進化史的角度，將汽車等現代交通工具視為文明的標誌：「昔也穴居而野處，今則有完善之宮室；昔也飲血茹毛，食鳥獸之肉而寢其皮，今則有烹飪、裁縫之術；昔也束薪而為炬，陶土而為燈，而今則行之以煤氣及電力；昔也椎輪之車，刳木之舟，為小距離之交通，而今則汽車及汽舟，無遠弗屆；其他一切應用之物，昔粗而今精，昔單簡而今複雜，大都如是。故以今較昔，器物之價值，百倍者有之，千倍者有之，甚而萬倍、億倍者亦有之，一若昔節儉而今奢侈，奢侈之度，隨文明而俱進。」〔註 87〕章克標也指出，「汽車是近代文明的代表」，有「十二分的理由去讚頌它」。〔註 88〕1926 年，春暉館主在討論汽車與文明的關係時，認為汽車與文明具有正比例的關係。他說，世界愈文明，交通愈便利，「縮天涯於咫尺，視五洲若戶庭，足使吾人得享時間上之經濟者，莫非舟車之功也。舟之行於水程者無論巳，而陸地自有汽車以來，火車、電車之功用亦且遜讓而退居於後。」他認為通都巨埠工商業之發展，「浸浸乎有一日千里之勢」，而汽車「奔走輸運之功，實乃居其泰半」。在他看來，「觀一埠市政機關汽車註冊之多寡，可以卜一埠實業之興衰。」因此，汽車業之發展，「每與國家之文明程度為正比例」，欲謀市政發達和工商業之進步，必「就汽車一業極力鼓吹而倡導之焉」。〔註 89〕

---

〔註 86〕Wolfgang Sachs. Are Energy-Intensive Life-Images Fading? the Cultural Meaning of the Automobile in Transition. J*ournal of Economic Psychology*, Vol.3, Iss.3~4, 1983, pp.347~365.

〔註 87〕蔡元培：《文明與奢侈》，沈善洪主編：《蔡元培選集》（上卷），杭州：浙江教育出版社，1993 年，第 451 頁。

〔註 88〕章克標：《汽車讚頌》（1929 年 7 月 29 日），陳子善編：《海上文學百家文庫 92，韓侍桁、章克標、楊邨人卷》，上海：上海文藝出版社，2010 年，第 241 頁。

〔註 89〕春暉館主：《汽車與文明》，《申報》，1926 年 12 月 31 日第 26 版。

楊劍花《上海之夜》中不無諷刺地寫道：「上海真是江南絕妙的去處，彷彿昔年的揚州，不愧為世界第 x 都市。詩人時常企羨而加以渲染白天的上海，全部浸在煤煙塵灰之中，在斗室中總有些氣窒不快。當夜裏走到車如流水的街心，要記牢『馬路如虎口，當中不可走！』的『工部格言』。在『上寫字間』『下寫字間』的當兒，汽車連串著往還，像一字長蛇陣。……然則上海是個文明世界了吧！」〔註 90〕梁得所在描述南京路西南地區的景象時說，「這一帶行人雖少，可是每日上工和放工的幾個時刻，千百汽車連串往來，因為西南一區，既多商家住宅，來回於家庭和辦事處之間，汽車之多，是必然的事。胡適博士說過，看汽車的多少，可知文明程度之高下這話很有相當道理。雖然在只有大貧小貧的中國，汽車似屬貴族奢侈品，可是根本說，坐人力車比坐汽車奢侈得多！因為世上最寶貴的是人的精力和時間，那麼，坐人力車既費時間，又耗人力，而汽車只須撥動機器，燒多少油，事半功倍，豈不是經濟得多嗎？」〔註 91〕

作為一個有吸引力的運輸工具，其使用的功能評估主要著眼於汽車的「靈活性、獨立性、可用性、速度，可靠性、安全性以及承載能力和舒適性」，〔註 92〕或將汽車視為人類成為「時間和空間主人」的代稱〔註 93〕。蔡元培強調汽車「無遠弗屆」的交通功能，章克標的看法大體類似，認為「坐了汽車，要到什麼地方去都自由自在，既快又穩，絕不誤事，很忙的人是用得著汽車了。即使是空閒的人，也該有汽車，因為坐在裏面很安適，行駛時的微震又生肌肉的快感……所以上海灘上的人，都要購置幾輛汽車，便是買不起汽車的窮小子，也歡喜坐坐公共汽車，野雞汽車，過他們的汽車癮。」〔註 94〕

與汽車奢侈論針鋒相對，大量言說鼓吹汽車的工具意義。1926 年底《申

〔註 90〕楊劍花：《上海之夜》，陳子善編：《夜上海》，北京：經濟日報出版社，2003 年，第 137 頁。

〔註 91〕梁得所：《上海的鳥瞰》，余之、程新國主編：《舊上海風情錄》（下集），上海：文匯出版社，1998 年，第 47～48 頁。

〔註 92〕Linda Steg. Car Use: Lust and Must, Instrumental, Symbolic and Affective Motives for Car Use. *Transportation Research Part A: Policy and Practice*, Vol.39, Iss.2~3, 2005, pp.147~162.

〔註 93〕Wolfgang Sachs. Are Energy-Intensive Life-Images Fading? the Cultural Meaning of the Automobile in Transition. J*ournal of Economic Psychology*, Vol.3, Iss.3~4, 1983, pp.347~365.

〔註 94〕章克標：《汽車讚頌》（1929 年 7 月 29 日），陳子善編：《海上文學百家文庫 92，韓侍桁、章克標、楊邨人卷》，上海：上海文藝出版社，2010 年，第 241 頁。

報》汽車專欄刊文，「汽車不能認為奢侈品」。文章指出，「城市之發達與否，胥視所屬交通之利便而轉移，非僅少數人以簡陋之眼光，謂置汽車為消耗品也。汽車之為用，已知其能惜時省費，便於運輸與辦公之時間，以鐘點關係之要，尤非他車所可望塵。所謂縮短時間之經濟，舉一切而繫之交通之利便。進行既速，興盛為旦夕間事矣。即以轉運而論，用汽車實較他項笨重之車為廉。」文章根據汽車給美國經濟與社會變化帶來的巨大利益，強調「惟能利用汽車者，能受汽車之賜」，如果「置汽車為示闊之舉，非汽車為奢侈品，實人之有負於汽車。」「其痛視汽車為奢侈品者，對此當可以悟也。」〔註 95〕

1931 年 12 月《申報》刊載的《汽車與人生》一文，作者少珊明確指出，汽車「乃日用品非奢侈品」。作者認為，「近世汽車事業，突飛猛進，大有一日千里之勢。在歐美物質文明發揚之邦，幾於家置一輛，早視為日常不可或缺之必需品。」「汽車有關人群生活，增進世人福利，其為日用要品，自無待言。」但少珊也重視中、西之不同，「歐美諸邦，經濟裕如，國富民阜，人民享用汽車，本視為普通之事。」但中國經濟衰落，處處在人之後，生活程度亦較歐美為低，故人民享用汽車「遠不如彼」。因此，國人的汽車觀念亦大不相同，上海汽車一物，已經司空見慣，但視汽車為日用必需品者，不過三成，而視為奢侈品者，乃占十分之七。而在窮鄉僻境、民智閉塞之地，甚至「以神秘之怪物視之」。職是之故，作者強調，在中國討論汽車問題，其根本立場「當然與歐美有異耳」〔註 96〕。

早在 1910 年代，即使是中小學生，亦從社會進化的角度，認識到汽車的進步性。1915 年，松江貞淑女校高等一年級學生劉智峻，在當地《青年雜誌》發表「說汽車」短文，「上古之世，人皆巢居而薛處，茹毛飲血，饑則食，渴則飲，事簡而時閒，勞力之事，無一不以人力任之。迨之中古，文化漸開，世事漸繁，社會進化，利用牲畜，引重至遠者，或用人力，或用牲畜之力，一日可行百里。其他各事，似較上古為便。及至今日，文化又進矣。如昔日之製造物品，皆用人力，今則用機器代之。昔日之車，用人力運行，今則用輪軸，用轅以駕騾馬，而社會愈進化，機械愈發達，自蒸汽之理發明，於水則有汽船，於陸則有汽車。……一小時可百餘里……非尋常車所能及者，則汽

〔註 95〕《汽車不能認為奢侈品》，《申報》，1926 年 12 月 4 日第 27、28 版。
〔註 96〕少珊：《汽車與人生——乃日用品非奢侈品》，《申報》，1931 年 12 月 23 日第 17 版。

車是也。」〔註97〕1917年，上海的《少年》雜誌刊載「說汽船汽車之便利」的小文，認為「汽車日行千餘里，交通益便矣。我國從前路上行車，或用人力，或用獸力，遇險隘之地，不能行矣。舟之行也，藉風與水之力，然時遇逆風逆水，則又遲滯。自汽船汽車發明之後，日行千里，無所阻礙，此即汽船與汽車之便利也。」該文作者係北京師範附屬小學國民科四年級安崇海。〔註98〕

## 二、汽車的象徵性意義

早在1916年，《餘興》雜誌以笑話的形式，刊載了兩名掃街工人的對話，掃街夫甲問：「儲蓄票不日開彩，發財後汝如何得意？」掃街夫乙答稱：「我發財後每日掃街，必坐摩托車，方身份相稱也。」〔註99〕汽車不能僅僅視為一種運輸的「技術裝置」，它也是一種「充滿欲望、意義和生命形象的文化符號」。〔註100〕作為一種重要的物質財富，汽車具有工具、象徵和情感三大功能，也就是說，汽車使用具有工具功能，即有利於活動，其符號價值指向車主的身份，是表達自我或社會地位的手段，人們不僅可以通過汽車或使用汽車來表達自我及其社會地位，還可以將自己的汽車與其他人或社會標準進行比較〔註101〕。

章克標強調汽車具有交通便捷的基本功能，又具有展示財富的符號價值，也就是「可以裝點場面，表示闊綽」〔註102〕。與章克標類似，俞子夷亦強調，無論是黃包車、小車，還是馬車、汽車，目的都是「交通」，與身份資格不應發生「特殊的關係」，「然而事實卻不然，軍閥官僚非用汽車不可，不用汽車好像是丟臉的，他們在路上坐在汽車裏，愈開得快愈好。並非有要事，而是去應酬拜客、打牌、抽大煙。其時間一文不值，終年的浪費。但是好像自己沒有汽車，

---

〔註97〕劉智峻：《說汽車》，《青年雜誌》，1915年第6期。

〔註98〕安崇海：《說汽船汽車之便利》，《少年》，1917年第7卷第7期。

〔註99〕徂東：《身份》，《餘興》，1916年第17期。

〔註100〕Wolfgang Sachs. Are Energy-Intensive Life-Images Fading? the Cultural Meaning of the Automobile in Transition. J*ournal of Economic Psychology*, Vol.3, Iss.3～4, 1983, pp.347~365.

〔註101〕Linda Steg. Car Use: Lust and Must, Instrumental, Symbolic and Affective Motives for Car Use. *Transportation Research Part A: Policy and Practice*, Vol.39, Iss.2~3, 2005, pp.147~162.

〔註102〕章克標：《汽車讚頌》（1929年7月29日），陳子善編：《海上文學百家文庫92，韓侍桁、章克標、楊邨人卷》，上海：上海文藝出版社，2010年，第241頁。

是窮的表示，汽車速度不快，風頭一定不足。造汽車的人，目標在節省時間，哪裏知道用汽車者卻用來搭架子，發明者知道了，一定要大發牢騷。」他針對新式婚禮用車現象指出，「新法結婚，有好多要裝闊的新郎，一定要請新娘坐頂慢頂慢的汽車，這又是另一用意了，用汽車是裝闊。走得慢是捨不得新人受震動，認為是以金錢做標準，橫豎不在乎走得慢，何不用五色鈔票在頂慢的車上，如牛車，一定更慢，紮了些彩，然後請新娘坐，這樣又慢，又有架子，並且還新樣別致，豈不更好。」〔註103〕《大公報》的言論將乘坐汽車視為一種「懶性意識的假高貴」，認為「富豪的小姐少爺們，因為是慣於受人的扶侍，就養成了他們一貫的生活態度，不論他們在任何地方，他們的依賴的性質總是纏繞著，在明面看，態度是多麼莊嚴，行動是多麼華貴，可是在他們的內在的意識上講，正充分的表現著他們的懶性意識。然而他們或不自覺的還照常的出入在熱鬧的地方，他們像沒有腿的人，出門有車子駝著他們，他們一旦失去了車子，自己大踏步的走，那要失去了他們的身份！身份是什麼，假清高的玩意兒，這種東西是養成了懶性意識的原素。」〔註104〕

北平《實報》專欄記者王柱宇的「汽車定律」，也包括使用價值和符號價值，即「辦事敏捷」和「出風頭」。「分明是成天沒事的人，因為偶然出去拜會朋友，或者應飯局，或者去逛窯子，非坐汽車不可。這種用意，完全是為出風頭。要是事務紛繁忙得不可開交。點半鐘到安定門辦了事，兩點鐘又得到前門外辦事，三點鐘以前，又得往德勝門去，因為怕誤事，非坐汽車不可。這種原因，完全是為辦事。為出風頭而坐汽車，是無聊的虛榮。為辦事而坐汽車，是不得已的舉動，不可一概而論。有位闊人先生，最不崇尚虛榮。可是他有話說，如果時間從容，出門辦事，便該走去。真個有要緊的事，無妨坐汽車。」〔註105〕

有人認為，「食足以飽腹則已，復何求乎山珍海味。衣足以暖身則已，復何求乎綾羅綢緞。行路足以免勞則已，復何求乎汽車之奢華。」汽車既然並非必需的奢侈品，當然應該重徵其稅。其二，汽車之肇禍傷人「日有所聞」，「其速禁止之不及，反鼓吹以求其發展，非喪心病狂不出此。」第三，汽車主

〔註103〕俞子夷：《奢侈》，《生活》，1926年第1卷第26期。
〔註104〕需：《街頭隨筆續》，《大公報》（天津版），1934年6月28日第12版。
〔註105〕王柱宇：《大人物與汽車》，朱波編：《廢話連篇》，呼和浩特：遠方出版社，1996年，第407頁。

人多係「用以跨耀一時」，如果用於便利交通，則毫無奢華可言了。〔註 106〕

經濟學家李權時在其《消費論》一書中，秉持奢儉相對性的觀點，認為奢儉與否，必須考慮到消費者的地位、身份、職務或所得等因素，「與其說奢侈是對物講，不如說奢侈是對人講。與其說奢侈是永久的缺點，不如說奢侈是暫時必需的損害。」任何商品都會經歷由奢侈品變為安適品，再成為必需品的過程。他以「舒服靈快」的汽車為例，認為對於清苦的教員或其他所得稀少的人來說，汽車是奢侈品，但是對於經濟寬裕而事務不忙的人而言，則係體面品或安適品，而對於事務忙碌、所得豐裕的醫生、律師、會計師以及及官吏而言，「簡直是必需品」。〔註 107〕林植夫則認為，任何商品都具有必需性與奢侈性，同樣的消費行為，因人、因地時而異，有奢侈與非奢侈之分。在他看來，事情多的人，為了縮短行程，坐汽車不但不是奢侈，而且是必要。〔註 108〕

三十年代前期蘇州汽車事業的討論，明顯夾雜著工具與象徵的分歧。1933 年 8 月，瞻廬撰文指出，蘇州市民對於該市發展汽車問題，存在兩種互相對立的觀點，所謂「心理上冷熱不同」，或「冷到冰點以下」，或「熱到沸度以上」。反對者認為，蘇州城內可以行駛汽車的道路「只有一條半，打不轉圈子，出不來風頭，有什麼趣味可尋」，因而利少害多，造成「市虎橫行」，難免犧牲「許多生命」，勿需「自尋煩惱」，破壞城內「太平」。支持者則主張，蘇州城內大有必要駛行汽車，「務須在短期內，拆除四周城垣，開拓一切街道，汽車神聖，萬無阻止」。瞻廬奉行所謂的「調和」論，不能阻止汽車事業的發展，但必須發揮汽車的交通功能，而摒棄汽車的炫耀功能。他說，上有天堂，下有蘇杭，但杭州風景區已有汽車，而蘇州風景區則無，「每逢春秋佳日，我們蘇州人去遊西湖風景的，絡繹不絕；至於我們蘇州著名的太湖石湖，東西洞庭，光福玄墓，一年到底能有幾個遠來的遊人呢？休說遠人，便是城圈子裏的人，曾經遊過這幾處的風景所在，也是少數。唉！枉算是天堂，一步步的落後，以至農村破產，造成一個不景氣的如此天堂！」因此，他建議首先在蘇州風景區通行汽車，然後推廣到市區，蘇州風景便可吸引四方遊人，「雖然比不上杭州西湖，但是，至少可以挨著西湖的肩；西湖風景是大哥哥，我們

〔註 106〕省：《汽車——奢華品》，《申報》，1922 年 4 月 22 日第 19 版。
〔註 107〕李權時：《消費論》，上海：東南書店，1928 年，第 128～130 頁。
〔註 108〕林植夫：《奢侈與社會》，《新聲》，1930 年第 15 期。

蘇州風景是二哥哥」。他認為，假使從虎邱至光福，從光福至石湖，築成「邱福」和「福湖」兩條公路，那麼蘇城名勝和風景區域即可「聯絡一氣」，而寬曠之區亦可降低「市虎噬人」的交通風險。交通利便，一年至少可以吸引外來數萬遊客，附近村民可以經營負販，推銷出產，生計既多，即可以振興農村，變荒涼為熱鬧之區，失業者可以從中討取生活，不至淪為匪類。他稱之為「一舉而數善備」。反之，如果「專在城圈子裏踵事增華，所有風景，由它去埋沒，所有農村，由它去衰落；凡是四鄉村八鎮的財主，都集中在城市裏面，坐汽車，吃大菜，看電影，這不是個好現象啊。」〔註 109〕

大致同期的俞友清，持論與瞻廬基本相似。他分析了蘇州景區的地理分布和旅遊業的情況，認為蘇州大半風景區散佈於西南各地，彼此相隔太遠，素負盛名的鄧尉山之梅花，能夠去欣賞的，「大半是有產階級」，「坐汽油船，疾馳而去」，所耗代價不菲，而普通人只能裹足不前。天平、靈巖等歷史遺跡，「令人十二分的留戀」，可惜距離城關太遠，雖可坐輪船，騎驢馬，「但是至少使得人們行色匆匆，不能盡興而返」。因此，他主張，與其在城市通行汽車，不如在名勝之區迅速通行汽車，便利遊客，而農民也可藉此販賣土產。而城市通行汽車，不過是在景德路、護龍街一帶「死出風頭」，獲得他人羨慕而已。他批評蘇州人眼光狹隘，「只知道在市街上出風頭，不在那風景區上著想」。〔註 110〕

與沿海城市相比，長沙雖然「是在現代化過程中的都市，卻還依然充滿著中世紀殘餘的意味」。一些少年官吏和紳士們「也有幾分老紳士的神氣」，很少像江浙人那樣好著西服，大半長袍馬褂，「襯托得十分雍容儒雅似的」。「小老婆與包車幾乎是新興紳士們必備的兩件玩意兒」。長沙汽車很少，大約師長以上才有自備汽車。因此，自備一輛包車「在斗大長沙城中，也相當的神氣」。即使老爺們不常乘坐，但可以讓太太們乘著到親眷家裏去「搓麻雀」，實行「新生活」。太太、小姐們的打扮「總是朝著現代化一方面，但道地摩登的還是只有汽車階級，據說這是經濟條件使然。」〔註 111〕

李權時認為，醫生、律師、會計師「事務忙碌、所得豐裕」，因而汽車是必需品。而日本在上海實行的交通政策，某種程度上說明汽車對於醫生的必

〔註 109〕瞻廬：《風景區域與汽車》，《申報》，1933 年 8 月 11 日第 17 版。
〔註 110〕俞友清：《蘇州是不是要通行汽車》，《申報》，1933 年 9 月 6 日第 17 版。
〔註 111〕張文博：《長沙的文化姿態》，本社編：《吾鄉風情》，上海：上海書店出版社，1997 年，第 43～44 頁。

需性。據陶菊隱回憶，日本侵略者佔領上海之後，逐步實行「戰時經濟管制」，限制私人汽車行駛，汽油因軍用頻繁而異常缺乏，導致出租汽車首先停駛。1941 年 12 月 23 日，工部局奉命規定私人汽車除特許發證者外，一律不得行駛。「醫生有優先發證之權」，是日公共租界僅簽發私人汽車許可證 600 張，法租界 300 張，從此市內私人汽車寥寥可數。〔註 112〕

但是，醫生的汽車也承擔了符號功能。據秦瘦鷗的看法，上海中醫陳存仁生於上海，長於上海，學醫於上海，開業於上海，在以私有制為中心的舊社會裏，作為小資產階級知識分子的陳存仁，其思想、認識和行為追求，難以超越時代和社會的侷限，必定「處處以自我為中心，耽於名利，醉心享受」。陳對社會風尚的觀察「周密深透」，深諳「市民崇尚虛榮、只認衣衫不認人的病態心理」，行醫不足十年，即自備小轎車，購買新建洋房，躋身於上流社會。秦瘦鷗指出，陳存仁最「高明」的手段，便是利用各種方式凸顯自己形象，創辦《康健報》，自費在《申報》開闢半版《康健週刊》，編纂《中國藥學大辭典》等等，固然都是宣傳手法，而坐小汽車、住大洋房，其目的也同樣是宣傳。「病家越來越多，檔次越來越高，診費也就不斷上漲。請他出診的病人，看到他飛車而至，更加堅定信心，以為必可藥到病除，即使在診金以外，得再付兩三元的車費，也心甘情願。」〔註 113〕

1924 年長沙出現第一輛私家汽車，為英國製造，「因城中街道狹窄，故不能通行。雖係特製，車身甚小，然仍然不能在城中往來行駛」。〔註 114〕1927 年春，貴州省周西成主席派遣部屬盧燾，在香港購置一輛福特牌七座汽車。當時貴州沒有公路，盧燾的香港友人均感奇怪，並譏笑盧燾。盧在廣州聘請一名司機，將汽車運到柳州，又經都柳江運到貴州榕江，再由榕江運到三合縣。榕江至三合的河道無法通行大船，他們將兩隻小船拼接，裝上汽車運到三合。司機再將汽車拆散，雇人挑抬，經過十多天運到貴陽。在貴陽運動會上，汽車在運動場轉了幾圈，全場轟動。城里居民奔走相告，家家戶戶扶老攜幼，上街觀看汽車。周西成還貼出布告：「汽車如老虎，莫走當中路，死

〔註 112〕陶菊隱：《孤島見聞：抗戰時期的上海》，上海：上海人民出版社，1979 年，第 130 頁。

〔註 113〕秦瘦鷗：《中醫陳存仁的發跡史》，方俊主編：《上海灘雜誌精華本：百年上海灘》（下），上海灘雜誌社，2005 年，第 542～544 頁。

〔註 114〕元：《長沙第一私家汽車英國製造》，《時報》，1924 年 11 月 12 日第 12 版。

了無告處。」〔註 115〕

汽車的雙重屬性，誠如俞平伯所言：「近來人力車夫的氣氛似乎不如從前了」，迄現在，我是主張有人力車的。千年前的儒生已知道肩輿的非人道，而千年以後，我還要來擁護人力車，不特年光倒流，簡直江河日下了。這一部二十五史真有不知從何說起之苦。原來不乘人力車的，未必都在地上走，乘自行車怕人說是『車匪』，馬車早已沒落，乾脆，買汽車。這不但舒服闊綽，又得文明之譽，何樂不為？」〔註 116〕

熊彼特在評論消費者行為理論的歷史演進時，曾以汽車作為比喻，認為現代汽車無論有了多少改進，附加了多少新配件，但和 1914 年的汽車相比，仍然大體上是一樣的東西。〔註 117〕波德里亞也有類似看法，認為長久以來美國汽車裝飾著「大型的翅膀」，這象徵美國人對消費品的「狂熱」。〔註 118〕從二十年代上海汽車市場看，美國出品最多，英國出品次之，法國、意大利、德國更次之，並且英國汽車西人主顧多，華人少。據大陸汽車公司華人經理李叔軒分析，西人購買汽車，是為日常便利的目的，而華人購買汽車，多持「出風頭主義」。美國汽車在形式上迎合了中國人的炫耀性需求。〔註 119〕《北華捷報》亦有類似評論，認為大多數中國人都承認英國汽車耐用、省油，但卻更喜歡美國汽車，後者之所以更吸引中國人，除了實際功能的考慮之外，還有其他意義的考量。在 2000 至 3000 元的比較昂貴的車型中，具有炫耀性外觀的美國汽車比英國多，「這對中國人的目光有吸引力」。〔註 120〕甚至有中國車主因為私自安裝 12 盞不同顏色的車燈而被送上法庭，並且在法庭上辯稱不只自己一個人這樣做。《字林西報》的報導就此評論說，此種行為反

---

〔註 115〕熊作華：《貴州的第一條公路和第一輛汽車》，中國人民政治協商會議貴陽市南明區委員會文史資料委員會編：《南明文史資料選輯》（第 20 輯），2002 年，第 57～58 頁。

〔註 116〕（俞）平伯：《人力車》，《論語》，1934 年第 53 期，陳益民編：《民國名家隨筆叢書：國病》，天津：天津人民出版社，2011 年，第 305 頁。

〔註 117〕（美）約瑟夫・熊彼特：《經濟分析史》（第 3 卷），朱泱等譯，北京：商務印書館，1994 年，第 568～569 頁。

〔註 118〕（法）尚・布什亞：《物體系》，林誌明譯，上海：上海人民出版社，2001 年，第 58 頁。

〔註 119〕燕敏：《美國汽車的將來》，《申報》，1928 年 7 月 9 日第 32 版。

〔註 120〕*Notes and Comments: Chinese Tastes in Motor Cars*, The North-China Herald and Supreme Court&Consular Gazette（1870～1941）, 1929 年 8 月 3 日第 6 版。

映出中國車主的「虛榮」。〔註 121〕

## 三、「汽車階級」與剝削階級

20 世紀二十年代，汽車曾被視為美國青年道德滑坡的罪魁禍首之一〔註 122〕。同期中國的情況與美國並不完全相同，但從道德角度討論汽車，無疑也是近代中國汽車話語的一部分。心理學博士郭任遠指出，外國人使用汽車的目的，是為了節省時間和工作便利，但上海人使用汽車，一是為了「表示寫意」，二是用於「兜風、嫖賭，還有綁票」，沒有人完全用來辦公。他進一步指出，上海表面上具有 20 世紀物質文明的氣象，但實際上仍然保持「封建社會的中國化」，而且上海又是一個「染缸」，即使是外國人到了上海，也會「上海人化」。外國人汽車在上海的用途與中國人一致，即為「最顯著的證據」。〔註 123〕

與蔡元培相反，張聯沅認為奢侈文明論適用於西方，而不適用於中國。他說，「一般新學人，造出一種學說，反而謂奢侈風俗，為文明的進化。這種說詞，要在外國，並不是沒有片面理由，在我們中國，是萬萬說不得的。」因為外人的奢侈和耗費，其商品都是本國貨，製造越精，工業越發達，國民經濟也越充裕，因此其奢侈風俗可稱為文明進化，況且外洋稅則，對於奢侈品加倍徵稅，以限制奢侈，所以其危害甚小。但中國的奢侈風俗與十數年前相比較，已逾百倍，即使是窮鄉僻壤，「全變了章程，穿錦繡絞羅，吃珍饈美味」，香煙啤酒，也有銷售。而都市社會更甚，衣裳必要講究西服，飲食必要講究西餐，住必要講究樓房，乘的必要講究汽車，一履一帽，無不以洋式為美，此種奢侈心理，將中國國貨完全視為「廢物一般」，沒有一樣可用。在他看來，不僅中國的奢侈品來自國外者十之八九，而且國民知識膚淺，群相仿傚，以用洋貨為「無尚光榮」，把本國商品視為「粗笨」，而關稅又不能禁止，因此年年入超，不僅本國資本缺乏，亦影響工業、農業，只好舉借外債。他強調，奢侈之害，制中國於死命。〔註 124〕

---

〔註 121〕 Vanity of Chinese Motorists: A Passion for Many Coloured Lights, Twelve Lamps on One Car. The North-China Daily News（1864～1951）, 1926 年 10 月 5 日第 12 版。

〔註 122〕 Blaine A. Brownell. A Symbol of Modernity: Attitudes Toward the Automobile in Southern Cities in the 1920s. *American Quarterly*, Vol.24, No.1, 1972, pp.20~44.

〔註 123〕 舞雨：《郭任遠概說汽車》，《小日報》，1929 年 9 月 21 日第 2 版。

〔註 124〕 張聯沅：《說風俗：奢侈之危害》，《講演彙編》，1917 年第 20 期。

五四時期，汽車也被視為剝削階級的代名詞。1920年，鄧恩銘指出，勞苦大眾須有「徹底的覺悟」，為什麼自己終年勞動，而「一般軍閥、官僚、政客、資本家」則「終年安樂」，為什麼自己「窮的沒吃沒穿妻離子散」，而「一般軍閥、官僚、政客、資本家就坐汽車，打麻鵲牌，吃花酒」。鄧恩銘強調，「他們的衣食住一切」都屬於「一般苦同胞」，是「一般苦同胞的血汗」，「若是再不設法子來對待他們這一般豺狼似的軍閥、官僚、政客、資本家」，以後就沒有「苦人過的日子了。」〔註125〕在五卅運動時期，陳毅撰文指出，工農大眾對學生「痛哭流涕的宣講」，「也詫異莫名其妙」，因此必須強調工農生活的艱難，「米麵價值一天貴一天，而且是永遠貴下去」，我國同胞「面黃肌瘦，無可為生」，但來華的外國人「誰個不闊綽」，「坐汽車，修高房，穿好衣服，吃好食品」。陳毅認為，此種生活反差的根源在於帝國主義的侵略，以及中國軍閥與外國強盜的勾結，因此，中國同胞的「歸路，不是餓死，便是被殺而死。與其死，不如起來反抗！」〔註126〕

《勞動界》發刊詞將工人和資本家的生活狀態進行比較，強調「工人在世界上是最苦的」，勞動時間長，但生活條件極其惡劣，而工人的「東家，有錢的人」，「一天到黑一點事情也不做，天天睡到多時候了才起來。起來了之後，不是叉麻雀，就是談天。不是跑馬車，就是坐汽車。不是逛窯子，就是抱小老婆。不是逛大世界，就逛戲園子。他們雖然這樣一天到黑一點事不做，他們反有大房子住，好東西吃，好衣服穿，有馬車坐，有汽車坐，有小老婆抱，有大世界逛，有戲看。」〔註127〕遲明將「平民教育的真精神」解釋為「就是在求得社會中各分子的真正平等和真正自由。這些人可以住高大房子，坐汽車馬車，那些人也可以住高大房子，坐汽車馬車；這些人做工，那些人也應該做工；這些人可以這樣，那些人也可以這樣；這些人是那樣，那些人也應該那樣。這樣子方才可以說是真正平等真正自由。」〔註128〕1923年，郭沫若在《上海的清晨》寫道：「坐汽車的富兒們在中道馳驅，伸手求食的乞兒們

〔註125〕《災民的我見》（1920年10月10日），《鄧恩銘文集》，北京：人民出版社，2013年，第12頁。

〔註126〕《誰是救國的主力軍？》（1925年7月28日），聶元素編輯整理：《陳毅早年的回憶和文稿》，成都：四川人民出版社，1981年，第174頁。

〔註127〕《〈勞動界〉發刊詞：為甚麼要印這個報？》（1920年8月15日），中國社會科學院現代史研究所：《「一大」前後——中國共產黨第一次代表大會前後資料選編》（一），北京：人民出版社，1985年，第66～67頁。

〔註128〕遲明：《平民教育的真精神》，《平民教育》，1919年第2期。

在路旁徙倚」〔註 129〕。1933 年，松喬對天津進行了「解剖」，既有幾十萬中下級社會的市民過著 19 世紀的生活，亦有少數中上社會的資產階級享受著 20 世紀的物質文明，前者終日辛勞，「最大的奢望」是「吃一些精美的食品，做一件半時髦的衣服」，而進入租界，「巍峨的樓房，平光的柏油路，汽車載著穿漂亮衣服的男女，充分表現出資產階級享樂的驕態」。〔註 130〕

惲代英指出，五卅愛國運動面臨帝國主義的走狗（漢奸）「有意破壞」，他們造謠誣衊愛國運動「過激」「赤化」，「誣賴愛國的學生受了共產黨的金錢」，並且「假裝學生」，故意製造「淆亂耳目的事情」，「以敗壞學生會的名譽與信用」。他認為，「這種破壞團體的人還容易提防，最難提防的另外有兩種人」，其中之一即愛國團體內部的「風頭派」，不僅爭奪「會長或什麼部長」，而且「只想坐汽車，住大旅館，與達官貴人相來往」，千方百計滿足自己的「淺薄的心理」。惲代英強調，「決不能滿足風頭派的欲望」，因為「會長部長的人數是有限的，總沒有法子使這些風頭家人人都做得著會長部長」，也「不可放縱汽車大旅館或不正當的交際」，倘若「放縱過甚」，將從根本上「破壞一切」愛國事業。〔註 131〕後來，他在總結五卅運動時再次指出，「一般學生檢查仇貨很勇敢，很熱心，但是亦有些毛病，有些人是亂七八糟的，比方扣留水果，他們自己拿來吃了；不能久貯的貨物，他們任其腐敗；有些貨物亦不管是否確係英貨，隨意扣留，並且學生會無專人辦事，商人有事要來接頭，感覺非常麻煩，自然很不高興。有些學生會的職員，喜歡坐汽車，吃西餐，尤其是愛與女學生講交際，更引起一般無聊腐敗的人的評議，加之學生內部，又常常發生問題，如查帳、爭位置等，以後學生會力量亦成有限了。」〔註 132〕

1937 年 9 月，中國共產黨發表「告日本陸海空軍士兵書」，指出日本士兵都出身於工人農民，「在工廠裏做工，受資本家的剝削和壓迫，工人勞動一天所得甚少，連養活你的父母妻子也不夠」，但是日本資本家「有百萬千萬的家財，有工廠，有銀行，有商店，有美麗的房子，坐汽車，吃大餐，抱嬌妾。」

〔註 129〕郭沫若：《上海的清晨》，《郭沫若全集·文學編》（第 1 卷），北京：人民文學出版社，1982 年，第 319 頁。

〔註 130〕松喬：《天津內部的解剖》，《大公報》（天津版），1933 年 5 月 24 日第 13 版。

〔註 131〕《謹防破壞團體的人》（1925 年 5 月 23 日），《惲代英全集》（第 7 卷），北京：人民出版社，2014 年，第 165～166 頁。

〔註 132〕惲代英：《五卅運動》，上海社會科學院歷史研究所：《五卅運動史料》（第 1 卷），上海：上海人民出版社，1981 年，第 14 頁。

「在農村耕地，受地主的剝削和壓迫，農民辛苦一年，大部分要當作地租交給地主了。日本的地主有田連阡陌的土地，有大的田莊，有滿倉庫的穀米，他們也同資本家一樣，住的華廈，坐汽車，吃大餐，抱嬌妾。農民一切都沒有，地主一切都有了。」〔註133〕抗戰時期的山東解放區，財政收支大體平衡，但抗戰勝利以後，財政虧空甚大，據薛幕橋的分析，原因在於：「自動地提高了生活待遇，奢侈浪費空前增加。許多幹部過去用腿跑的，現在騎車子或牲口才能出發，原來騎牲口的則要改乘汽車。吃飯穿衣也比過去闊綽，許多幹部以為抗戰八年，『沒有功勞也有苦勞』，現在應當舒服些了。」〔註134〕1950年，鄧小平在分析西南工作問題時指出，「就全國來說，四川地主的奢侈是最突出的。在成都周圍，有一些鄉長有專用包車，這些汽車是從農民身上剝削來的。地主過著奢侈淫逸的生活，而農民卻在痛苦地呻吟。」〔註135〕

進步報人和記者杜重遠的看法，與中國共產黨人的上述觀點頗為近似。他揭示和譴責中國社會各個階層無不追逐「面子」的錯誤觀念，其中十里洋場的「高等華人」，「拍慣了洋大人的馬屁，把帝國主義者當作了自己祖宗」，他們在租界裏住洋房、坐汽車，「高等」則「高等」矣，「但是說到臉，他們實在要向著沒有面子的人力車夫們說一聲慚愧」。他總結說，「要面子不要臉這六字，包括盡了中國人的劣根性：政治的腐敗，經濟的破產，東北的失陷，邊境的淪亡，都是由於要面子不要臉這一種人生哲學的緣故，所以要救中國必先革除這種亡國的人生哲學。」〔註136〕復興麵粉公司的創立者鮮伯良後來回憶說，抗日戰爭時期，自己為了「變成一個像華爾街那樣的大老闆」，於是從復興麵粉廠撥款6百萬創辦復華銀行，自任總經理，「同時勾結軍閥官僚，放高利貸，作黃金美鈔生意，投機倒把，修洋房，坐汽車，討姨太太，狂嫖濫賭，隨意揮霍，走上了更加殘酷剝削廣大勞動人民的道路，陷入了更加腐化

〔註133〕《中國共產黨告日本陸海空軍士兵書》（1937年9月25日），中共中央文獻研究室、中央檔案館編：《建黨以來重要文獻選編》（1921～1949）（第14冊），北京：中央文獻出版社，2011年，第530頁。

〔註134〕《山東解放區的財政經濟工作》（1947年4月），薛幕橋：《抗日戰爭時期和解放戰爭時期山東解放區的經濟工作》，濟南：山東人民出版社，1984年，第26頁。

〔註135〕《當前西南工作的五個問題》（1950年7月31日），中共中央文獻研究室：《鄧小平文集》（1949～1974年）（上卷），北京：人民出版社，2014年，第138頁。

〔註136〕杜重遠：《要面子不要臉》，《新生週刊》，1934年第1卷第6期。

墮落的生活中。」〔註 137〕與此相對照，許多來自上海、武漢的企業負責人，「自經遷移，沿途備嘗艱苦，已把原來的享受習慣改變過來，當老闆的不坐汽車了，步行三五十里路算不了一回事。天原廠主吳蘊初為了安裝電介槽子，七日七夜未脫工衣。建國造紙廠協理陳彭年，為了澆造紙機的水泥地腳，兩日夜未曾離開他的崗位。」〔註 138〕

中共黨人將汽車視為剝削階級的代稱，而後者亦以汽車消費作為例證，反擊甚至污蔑中共黨人領導的工農運動。在四·一二反革命政變中，黃金榮、張嘯林、杜月笙公開發表電文，大肆抨擊總工會，「所收入之會費，已達千餘萬元。所謂總工會之委員長，衣西裝，坐汽車，納嬌妾，住洋房。口唱打倒帝國主義，打倒資本主義，殊不知自身擁資款數百萬元，需用舶來品物，恬不知恥。其工作以煽動罷工為能事，以打倒資本廠主為勝利，以推翻廉恥教育為特色，以實行廢姓非孝為優點。此種舉動，絕非人類，是可忍，孰不可忍。」〔註 139〕

中國共產黨並非反對現代物質文明，反而將發展物質文明作為自己的目標。僅以 1944 年陳雲的《關於財經問題的報告》為例。他「反對鋪張裝洋」，「本來是土里土氣，硬要裝得洋里洋氣，何必呢」！陳雲反對鋪張裝洋而接待前來陝甘寧邊區的「洋人」和「參政員」。他說，「王雲五是我的老上司，我們一塊處了十多年，那是一個老資本家。他出門坐汽車，辦公桌上幾個電話，吃的是最好的飯。他到我們這裡來，我們白木桌子也不要緊，桌子上擺得差一點也不要緊。你說擺得好看一點，他也不感到新鮮，他也不是沒見到過，他見得比你多。」「鋪張裝洋」不但不會得到他們的好評，反而會引起他們的反感。陳雲以 1938 年招待世界學聯代表團為例，「招待很好」，但是「他們看我們吃小米飯，而給他們那樣好的飯吃，感覺並不好」，世界學聯代表團後來在來信中聲稱：「你們吃小米，給我們這樣好的東西吃，這是浪費。」陳雲指出，邊區政府有了汽車，但沒有公路和洋房，本來還是「土」和「窮」，但是由於個別「鋪張裝洋」現象，引起一部分黨外人士的誤解，「看到我們花的錢太多，

〔註 137〕鮮伯良：《決不再留戀剝削生活》，《重慶工商》，1956 年第 1、2 期合刊。

〔註 138〕林繼庸：《民營廠礦內遷紀略》，《工商經濟史料叢刊》（第 2 輯），北京：文史資料出版社，1983 年，第 135 頁。

〔註 139〕《黃金榮、張嘯林、杜月笙之電文》（《時報》，1927 年 4 月 14 日），劉長徽編：《四·一二反革命政變資料選編》，北京：人民出版社，1987 年，第 191～192 頁。

所以說共產黨錢真多」，聲稱「共產黨錢真多，這裡建築，那裡也建築。」陳雲指出，1937 年和 1938 年，邊區只有「剃頭凳子，還沒有靠背」，「以後才有靠背椅，那時靠背椅還是白木的，再以後才加了油漆。木頭是硬的不算，還是搖的。」他總結說，共產黨的目的是「把這個世界搞好，大家都享福，這個是要得的。」「我們將來來得及搞，現在我們應該節省一點，用在反攻的準備上。將來我們到了北平、天津再搞，現在應該節省一點，使我們支持得久一點。能省的就省，反對裝洋。」〔註 140〕

1936 年，新生活運動方興未艾。馮玉祥對社會上層的奢侈生活多有批評。他強調自己批判享受奢侈的對象，「當然不是對大多數老百姓」，因為他們「差不多都是過著流汗勞苦的生活，而所得的收入反不足以維持溫飽·」他直言不諱地指出，其批判對象是針對「一般站在統治地位的人，一般自命為『高等華人』的人」，他們的私生活「老實不客氣地說，是萎靡，豪奢和墮落。」之所以將矛頭指向精英階層，馮玉祥強調，「因為他們是站在統治的地位，他們在表面上還是站在領導社會的地位，所以他們的私生活對於社會尤其對於青年有很多的影響。這一個影響下去，會發生種種不良的結果」。〔註 141〕他援引海關數據，1933 年交通器具進口 24031947 金單位，1934 年進口 25103092 金單位。他承認，進口的交通工具主要是用於修築軍用公路，但也是由於「要人」們私用摩托車及機關用摩托車的增加〔註 142〕。他並不否認汽車使用的不可抗拒性，因為「行的原則」是「迅速而安適」，因此「要人」們出入汽車，似乎無可厚非。但如果將都市交通狀況進行對比，汽車仍可歸結為奢侈品，他說，「和一九三五年流線型的摩托同時奔馳的，在各大都市還有很多把人當作牛馬的人力車和運載貨物的笨重騾車。而在鄉村，更把牛車（驢馬均被軍隊牽去了）、手車和轎子當作重要的交通工具。」基於此種比較，馮玉祥認為，在大多數人還不能利用新式交通工具之前，個人的享受總不能不說是奢侈。他主張我國應該大力發展公共交通和自行車，「在我們自己能夠製造汽車之後，無論在城市或鄉村，都要儘量地修築公路，敷設電車軌道，開辟公共汽

〔註 140〕《關於財經問題的報告》（1944 年 12 月 1 日、2 日），中共中央文獻研究室編：《陳雲文集》（第 1 卷），北京：人民出版社，2005 年，第 427～428 頁。

〔註 141〕《中國與第二次世界大戰》（1935 年 5 月 1 日），《馮玉祥選集》（上冊），北京：人民出版社，1985 年，第 246～247 頁。

〔註 142〕《中國與第二次世界大戰》（1935 年 5 月 1 日），《馮玉祥選集》（上冊），北京：人民出版社，1985 年，第 247～248 頁。

車路線，使得每一個人都能夠節省時間與精力。腳踏車也可以設廠大規模地製造，使大多數的人都能夠利用。」。〔註 143〕

馮玉祥聲稱自己雖然向來主張簡樸生活，但決不是完全鄙棄物質享受，相反，毋寧說自己贊成提高所有國民的物質享受。但是中國大多數民眾飢寒交迫，而少數人因為「愚蠢和無知，不認識帝國主義國內下層社會生活的困苦」，由於「所接觸的都是外國的資本家或資本家的代言人」，於是「也要過帝國主義國家裏最豪奢資本家的生活」，這是馮玉祥「所最鄙棄的。」〔註 144〕馮玉祥一向「布衣粗食」，「世人多有以其行為為矯枉過正者」，他在接受《大公報》採訪時解釋說，「我非不知肉味之美、絲綢之麗、居住洋樓乘坐汽車之舒服，假如人不如此，豈不是出乎人情之外，但是我因為看見我國四萬萬數千萬的同胞無衣食者比比，而權達輩之揮霍引起人民效法，因之奢風日熾，此時一餐之費，貧民得之，可維持其生活至一年之久，能將各種妄費的金錢節省下來，由我輩提倡節儉，使人民恢復儉樸，大家都不發生衣食住行之恐慌時，我們再吃穿享受亦不為晚，何必要急急於一時，為自己謀暫時的享受呢。」〔註 145〕

1948 年 7、8 月間，高淳縣政府內部發生過一起「共黨嫌疑」案。嫌疑對象是新任縣長朱武成。這件事曾驚動江蘇省政府和省保安司令部，但在外界卻一直鮮為人知。1948 年 6 月，縣長張鼎因網羅黨羽、擴充勢力，被本地復員回鄉的軍官告發而下野。省政府委派朱武成來淳接替他的職務。朱是江蘇鹽城人，早年留學日本，畢業於日本警官學校。回國後，作為國民黨方面的代表，在淮陰停戰三人執行小組工作。在此期間，他因工作關係，經常來往於國統區和解放區，廣泛接觸了一批共產黨員和進步人工，所見所聞在他思想上產生一定的影響。1948 年 7 月 1 日，縣政府召開同人月會，朱武成到會作題為《優勝劣敗》的形勢報告。他在報告中說：「我們國內也有兩個壁壘，即國共兩黨。共產黨的武力雖不及政府軍，但照種種做法來看，我們遠不如共黨的地方太多。難怪人家口號大喊而特喊，實在是我們政府本身太不健全，

〔註 143〕《中國與第二次世界大戰》（1935 年 5 月 1 日），《馮玉祥選集》（上冊），北京：人民出版社，1985 年，第 252 頁。

〔註 144〕《中國與第二次世界大戰》（1935 年 5 月 1 日），《馮玉祥選集》（上冊），北京：人民出版社，1985 年，第 248 頁。

〔註 145〕《馮玉祥談布衣粗食，奢風日熾應行節儉》（泰安通信），《大公報》（天津版），1934 年 6 月 25 日第 9 版。

政治腐化，官吏貪污，一切真是墮落到不堪收拾。從物價波動一點看，經濟已陷總崩潰的階段。政府所統區，不知有多少老百姓在飢餓線上掙扎，而一般有錢人和中央大員只知整天住洋房，坐包車，看電影，吃喝嫖賭，高談闊論，人生的快樂哪樣沒被他們享盡！」他在痛斥國民黨政府一系列腐敗現象後，用無可辯駁的口吻說：「而共產黨就不同，有人說共產黨欺騙老百姓，為人民服務是假的，可我們的政府連欺騙和假的也沒做到。在蘇北的解放區，百姓生活確實比我們安定得多，原因就是能控制物價。人民能刻苦工作，根本就沒有化子和富翁之別、『汽車階級』就無法生存。」〔註 146〕

1946 年作家蕭幹在其散文《新舊上海》中，借託夢境揭示了汽車造成的社會區隔，並表達了對平等社會的憧憬：「塔塔夫婦上了他的汽車，便向市區馳去。由車窗外眺，但見橫跨黃浦江上的是三座鋼橋。浦東那面也是高樓林立……橋上有高架電車，底層中間專走汽車……橋上千百車輛規則地前進。照市府辦法。車的喇叭聲已由尖銳的呼嘯變為悅耳的低吟了。而行人與車輛之間既有欄杆隔開，司機也就不必嘟嘟叫個不停了。……上海最大的變化還是坐汽車的與步行者之間已沒有了懸殊的社會階級之分。在大量生產下，每個工人或小職員都可用分期付款辦法，以兩三年的積蓄購置一輛特別設計的『平民世紀車』。」「因為人人可以有汽車，汽車就失掉舊日的威風了。」〔註 147〕

## 第三節　汽車消費與地位展示

本節首先粗略清算民國時期購用汽車的花費和支出，以此為基礎，進而討論汽車賦予車主的地位信號，並分析汽車信號功能的社會反饋。

### 一、購用汽車的耗費

歐美汽車廠商曾經主要面向精英市場。根據唐納德・芬利・戴維斯的研究，19 世紀後十年至 20 世紀前期，財富來自鐵路、造船、鑄造、化學和伐木的美國底特律市的傳統精英，對重大的汽車產業幾乎沒有控制權，當地三大

〔註 146〕陳後朔：《一起發生在國民黨高淳縣政府內的「共嫌」案》，中共高淳縣委黨史資料徵集小組辦公室、高淳縣志編纂委員會辦公室等：《高淳史志資料》（第 8 輯），1988 年，第 20～22 頁。

〔註 147〕徐茂昌：《車輪上的上海》，上海：上海三聯書店，2007 年，第 48 頁。

汽車公司的通用汽車公司（G.M.）和克萊斯勒公司（Chrysler）被紐約的金融資本控制，第三家公司由亨利·福特（Henry Ford）控制。「福特是個孤獨者，有點吝嗇，深深植根於密歇根州小鎮的鄉村，幾乎是民粹主義的傳統」，他「為大眾造車」違背了美國的階級關係。其他舊式精英的社會偏見阻止他們意識到廉價而大規模生產汽車的可能性，著力於生產奢華昂貴、象徵高階地位的汽車〔註 148〕。戴維斯揭示了早期企業家如何通過生產適合展示其崇高自我形象的豪華汽車來鞏固他們在底特律的社會地位，即使從大眾汽車市場生產中可以獲得更大利潤，這些商人還是更願意將自己的名字與能夠贏得社會同儕尊重的「優質」汽車聯繫起來。〔註 149〕另一位學者則評論說，美國汽車製造商聚焦於中高端市場，原因不僅僅是「社會誤解」，因為中高端市場的資本回報率較高，雖然沒有人能夠與福特爭奪大眾市場，但其最暢銷的「Ford Escort」是「金錢的輸家」。〔註 150〕

高昂價格決定了汽車一度成為歐美精英階層專屬的奢侈品。在 1909 年之前，美國南部被視為一個缺乏吸引力的汽車銷售市場。汽車製造商認為南方人買不起汽車。1908 年，在擁有執照的汽車製造商協會會員的公司生產的 109 款車型中，有 28 種售價為 4000 至 5000 美元；13 種超過 6000 美元，只有 3 種的價格低於 1000 美元。〔註 151〕20 世紀初期的英國汽車的價格亦非大眾階層所能負擔。1902 年底在倫敦汽車俱樂部舉行的一系列題為「中等收入男性的汽車市場」的講座中，演講者估計，一輛好車每年的代價為 335 英鎊（價格約為 525 英鎊），尚不包括折舊。而該時期成人的平均年薪不超過 360 先令（或 18 英鎊），當時只有 4%的人口能夠留下價值超過 300 英鎊的財產〔註 152〕。因此，汽車消費的高昂代價給英國精英階層提供了一個「公

〔註 148〕Donald Finley Davis. *Conspicuous Production: Automobiles and Elites in Detroit, 1899~1933*. Philadelphia: Temple University Press, 1988.

〔註 149〕George Lipsitz. *Conspicuous Production: Automobiles and Elites in Detroit, 1899~1933（Book Reviews）*. Labor History Vol.35, No.1, 1994, p.137.

〔註 150〕Clay McShane. *Conspicuous Production: Automobiles and Elites in Detroit, 1899~1933（Book Reviews）*. Journal of social history, Vol.23, No.4, 1990, pp.869~870.

〔註 151〕Howard L. Preston. The Automobile Business in Atlanta, 1909~1920: a Symbol of "New South" Prosperity. *The Georgia Historical Quarterly*, Vol.58, No.2, 1974, pp.262~277.

〔註 152〕Christopher W. Wells. The Road to the Model T: Culture, Road Conditions, and Innovation at the Dawn of the American Motor Age. *Technology and Culture*, Vol.48, Issue 3, 2007, pp.497~523.

認的社會和經濟地位的象徵」〔註 153〕，並為富人提供了一種重新獲得旅行「排他性」的方式。〔註 154〕

從私人消費看，民國時期的進口汽車當然也專屬於各界精英，成為他們財富和身份的象徵。

首先，這是汽車的高昂價格決定的。當時的汽車價格一般在千元至數千元之間。陳伯熙的《上海軼事大觀》記載，「迄後汽車日多，傷人之事亦夥，除私家自備外，別開公司以待雇者亦踵相接，於是紈絝之子、青樓之妓竟以此為出風頭之具，乘一小時價約四、五元，車價則自千元至數千元不等。」〔註 155〕1924 年溥儀命令遜清皇室內務府從北京亨茂洋行購置當時最新式的 3 輛汽車，分別是美國通用汽車，現洋 4600 元；美國六缸「別克」牌汽車，現洋 3400 元；新式上海造汽車，現洋 4000 元。〔註 156〕1928 年，陳銘樞由粵蒞滬，轉赴南京，在滬逗留期間，「免不了酬酢」，前禁煙局長楊某見陳「終日奔走，辛勤異常」，花了 3000 千多兩銀子，在環球汽車公司購置一輛新汽車贈送送給陳，「作為代步之用」，但陳在南京已有一輛，「為節省經濟起見」，遂將新車轉送其部下。〔註 157〕

1915 年 10 月 8 日《申報》頭版載有「汽車廉價出售」的廣告：「茲有轎式汽車一部，機器堅穩，裝配美華時樣，該車上身乃由法京巴黎名廠所造，其下身由英京倫敦特巴敦名廠製造，開駛特別容易，當時買進原價銀 5500 兩，該車現仍全新，惟因主人將要回國，故減價出售，只需價銀 3000 兩，如欲購置者，請函至白克路六百廿九號詢問徐海渡可也。」〔註 158〕由此可見，該車二手轉售，仍需銀 3 千兩。《實報》記者社長王柱宇認為，社長管

〔註 153〕Plowden, W.. *The Motor Car in Politics*, 1896～1970. London: Bodley Head, 1971.

〔註 154〕Chris Ivory; Audley Genus. Symbolic Consumption, Signification and the 'lockout' of Electric Cars, 1885~1914. *Business History*, Vol.52, No.7, 2010, pp.1107~1122.

〔註 155〕陳伯熙編著：《上海軼事大觀》，上海：上海書店出版社，2000 年，第 297 頁。

〔註 156〕「汽車買到後，立即在京師警察局登記納稅，並須發通行銅牌車號：1381、1382、1383。遺憾的是，汽車手續辦好後還未及使用，即於當年 11 月 5 日被馮玉祥派北京衛戍區總司令鹿鍾麟、警察總監張壁帶著 20 人的手槍隊闖進宮內，要溥儀在『從即日起永遠廢除皇帝尊號』的修改了的優待條件上簽字，並限 3 小時內全部搬出紫禁城。」毛憲民：《深宮消閒術》，北京：中央民族出版社，1994 年，第 213 頁。

〔註 157〕死人：《陳銘樞的汽車》，《月宮》，1928 年 4 月 15 日第 2 版。

〔註 158〕《汽車廉價出售》，《申報》，1915 年 10 月 8 日第 1 版。

翼賢事務繁忙，既要到各學院授課，又要採訪新聞和應酬朋友，而以其「資力，坐汽車也夠格了」，可他一直沒有購置汽車。王柱宇有一朋友，因為賦閒，一輛汽車擱在家裏，沒有用處，同時又需資金周轉，便委託王介紹買主，他聲稱自己也是從朋友手中購買的二手車，汽車原價 2000 元，他自己花費 1200 元。他說不希望賺錢，只求不賠本。〔註 159〕1932 年，著名演員胡蝶向人購買一輛二手汽車，價格為 2400 兩。她計劃把它改漆成淡綠色。〔註 160〕

1926 年 1 月，針對北京政府擬議加徵汽車及汽車零件進口稅百分之三十之舉，上海汽車行主及汽車銷售商人在花旗總會集議反對，認為中國進口汽車增稅「實為失策」，「蓋行用汽車為啟發交通之利器，中國現正需要廣闢道路，多用汽車，以便行旅，且中國未能自造，則增稅尤不適合。至於增稅影響於個人者，亦復不淺，譬如，現今購入一車，價 2000 兩，則增稅之後，即需 2400 兩。而一切零件，如配件橡皮胎等，勢必一律漲價，則日後修理之費，若今日僅需 20 兩者，將增為 24 兩矣。」〔註 161〕可見，上海流行的汽車，價格多在 2000 兩左右。

不過，抗戰勝利之後，美貨大肆來華傾銷，一些舊汽車的價格極低。據張緒諤回憶，1945 年的上海街頭出現大量吉普車，使用者大多是重慶復員歸來的中美軍方人員。他認為，二戰結束後，大批美軍及軍用物資進入上海，而美國政府對軍用物資似乎毫無管理措施，被某些軍方人士「任意盜賣」。其五兄曾費 100 美元買到一輛舊吉普車，因為不能領到牌照，只能自家在院裏「開著玩」。後來美產汽車源源不斷運到上海，包括凱迪拉克（Cadilac）、林肯（Lincoln）、派克（Packard）、別克（Buick）、奧茲莫比爾（Oldsmobile）、美克瑞（Mercury）、福特（Ford）、雪佛蘭（Chevrolet）、克萊斯勒（Chrysler）、道奇（Dodge）、順風牌（Plymouth）、香檳牌（史蒂倍克，Studebaker）等，都是新款車〔註 162〕。但國民政府為了所謂「戡亂建國」，對經濟實行全方位管制，汽車價格大漲。據徐菽圖在「旅美什錦」中所記，美國已經實現汽車「平

〔註 159〕王柱宇：《大人物與汽車》，朱波編：《廢話連篇》，呼和浩特：遠方出版社，1996 年，第 408 頁。

〔註 160〕《胡蝶購汽車》，《開麥拉》，1932 年第 84 期。

〔註 161〕丁祖澤：《上海汽車界將反對增加汽車稅》，《申報》，1926 年 1 月 16 日第 21 版。

〔註 162〕張緒諤：《亂世風華：20 世紀 40 年代上海生活與娛樂的回憶》，上海：上海人民出版社，2009 年，第 75～76 頁。

民化」，他在 1942 年到美國時看見 40 美元一輛的舊汽車標賣，五年之後，仍見有二三百元的舊汽車。其同事所購 1946 年的新車，每輛至多 1600 美元，八九成新的汽車，僅需 1200 美元，尚有五六百元左右的舊車。如果分期付款，任何美國人或旅居美國的外國人，只要能夠湊足百把塊錢，就可以成為汽車階級。甚至派送報紙的人坐了汽車送報，理髮匠駕駛汽車到理髮店工作。但是，美國的「蹩腳汽車運到上海也可賣十根八根條子，那種老牛破車，在美國早已當廢銅爛鐵秤噸數賣。」〔註 163〕

1921 美國汽車市價表　（單位：美金）

| 汽車名 | 二人坐 | 五人坐 | 七人坐 | 轎式車 |
|---|---|---|---|---|
| 愛西 Ace | 2260 | 2260 | | |
| 愛倫 Allen | 1195 | 1195 | | 1895 |
| 愛塞司 Alsace | | 1485 | | |
| 亞美利根 American | 2195 | 2195 | 2275 | 3150 |
| 安特生 Anderson | 1795 | 1795 | 1845 | 2795 |
| 安普生 Apperson | 3350 | 3350 | 3500 | 4200 |
| 安固宜 Argonne | 4500 | 4700 | | |
| 奧旁 Auburn | 1670 | 1695 | 1760 | 2495 |
| 奧斯丁 Austin | 6500 | | 6500 | |
| 皮格司 Beggs | | 1775 | | 2775 |
| 皮耳 Bell | 1495 | 1495 | | |
| 別特耳 Biddle | 3750 | 3950 | | |
| 巴特惟司 Bour-davis | 2385 | 2335 | | |
| 白來特雷 Bradley | | | 1370 | |
| 白利斯得 Briuster | 7000 | 7000 | | |
| 白立斯可 Briscoe | 1085 | 1085 | | 1685 |
| 盤愛克 Buick | 1495 | 1525 | 2435 | |
| 開特來克 Cadielac | 3790 | 3740 | 3940 | 4690 |

〔註 163〕徐菽園：《旅美什錦》，《申報》，1947 年 6 月 28 日第 9 版。

| | | | | |
|---|---|---|---|---|
| 坎麥郎 Cameron | | 2000 | 1700 | |
| 扣司 Case | 2650 | | 2650 | 3750 |
| 強姆司 Chalmers | 1545 | | 1545 | 2445 |
| 香賓 Champion | 1350 | 1595 | | |
| 強達拉 Chandler | 1785 | 1785 | 1785 | 2885 |
| 雪佛勞來 Chevrolet | 1185 | 1185 | | 1885 |
| 克利扶倫 Cleveland | 1295 | 1295 | | 2295 |
| 可爾 Cole | 3250 | 3250 | 3250 | 4450 |
| 哥侖比亞 Columbia | 1475 | 1475 | | 2350 |
| 可麥脫 Comet | | 2350 | | |
| 康門偉司 Common | 1595 | 1785 | | 2465 |
| 可愛哈 Crow-Elkbart | 1195 | 1195 | 1345 | 1995 |
| 但尼耳司 Daniels | 4850 | 4850 | | 6000 |
| 臺維司 Davis | 1995 | 1695 | 1995 | 2795 |
| 地司派切 Dispatch | 1290 | 1350 | 1350 | |
| 地克賽飛 DixieFlyer | 1445 | 1445 | | 2345 |
| 道奇兄弟 Dodge Brother | 935 | 935 | | 1785 |
| 道利斯 Dorris | | 4750 | 4750 | 5720 |
| 道爾脫 Dort | 985 | 985 | | 1685 |
| 圖防脫 Dupont | | | 4000 | |
| 圖生堡 Duesenberg | | | 7000 | |
| 圖蘭脫 Durant | | | 890 | |
| 經濟 Ecomomy | 1895 | 1895 | | 2475 |
| 愛爾卡 Elcar | 179 | 1795 | | 2495 |
| 愛耳近 Elgin | 1595 | 1495 | | 2395 |
| 伊賽克斯 Essex | 1375 | 1375 | | 2230 |

資料來源：《美國汽車最近市價表》，《申報》（汽車增刊），1921 年 11 月 27 日第 37 版。

但是，當時汽車也有超過萬元者。三十年代的上海私人汽車，以「地皮大王」陳貽澤一車「最為考究，車價貴至兩萬餘金」。〔註164〕銀行家周作民的購車經歷，頗能說明經濟精英的價格考量。1935 年，他任誠孚公司董事長及總經理，〔註165〕委託上海的唐壽民代購汽車，唐於 1 月 31 日的信函中提供了三種方案，請周作民「擇定示知」。一是在上海裝配的「司蒂貝克八缸總統牌」，使用進口玻璃，計價銀元 11000 元，時間需要 60 天。二是從美國定製的八缸總統牌，計價美金 4900 元，時間 50 天，上海交車。三是已裝好的總統牌，唐使用不久，並且新換進口玻璃，「等於新車」，可以 9000 元價格轉讓給周，「隨時可用」。〔註166〕在 2 月 11 日的回函中，周作民說，購車一事「究以何種辦法為宜，仍請尊酌代辦為荷。」〔註167〕14 日，唐壽民回函稱：「委購汽車一事，弟考慮之下，仍以逕向外洋定購為妥，已為代辦，請釋懷。」〔註168〕由此可見，周最終選擇的是第二種方式，也就是他拒絕了在地組裝車和二手車，而是選擇美國原裝進口車。

耐人尋味的是，周作民購車之後兩年，英商恒通汽車公司展覽「一九三七年式司蒂倍克」汽車，其廣告聲稱：「今年司蒂倍克富麗堂皇之『總統』牌八汽缸車及雍容華貴之『執政』牌六汽缸車，上自車頂，下至車胎，前自前保險梗，後至後保險梗，通體新穎美妙，殆無一處不高人一等。至於駕駛之安全，乘坐之舒適，開銷之經濟，以及行李箱之寬敞，幾令人歎為觀止。」〔註169〕王儒年在解讀此條廣告時指出，它突出商品的「傑出品質和與眾不同」，告訴消費者：「你只要擁有這些汽車中的一輛，你就會享受到肉體的舒適和精神的愉悅，你會因為別人的羨慕而感到自豪，感受人生的成功和滿足。」〔註170〕周作民的購車選擇，雖然不能視為廣告效力的直接證據，但其偏好與廣告植入的地位符

---

〔註164〕如絲：《杭州的汽車》，《越國春秋》，1933 年第 49 期。

〔註165〕人物簡介可詳見彭曉亮編注：《周作民日記書信集》，上海：上海遠東出版社，2014 年，「編選說明」。

〔註166〕《唐壽民致周作民函》（1935 年 1 月 31 日），彭曉亮編注：《周作民日記書信集》，上海：上海遠東出版社，2014 年，第 205 頁。

〔註167〕《周作民復唐壽民函稿》（1935 年 2 月 11 日），彭曉亮編注：《周作民日記書信集》，上海：上海遠東出版社，2014 年，第 206 頁。

〔註168〕《唐壽民致周作民函》（1935 年 2 月 14 日），彭曉亮編注：《周作民日記書信集》，上海：上海遠東出版社，2014 年，第 206 頁。

〔註169〕《一九三七年式司蒂倍克汽車，今日正式展覽，歡迎各界參觀》，《申報》，1937 年 1 月 30 日第 20 版。

〔註170〕王儒年：《欲望的想像：1920～1930 年代〈申報〉廣告的文化史研究》，上海：上海人民出版社，2007 年，第 141 頁。

碼，卻是吻合的。

以金融業的另一個案與周作民進行對比。杜賡堯曾任交通銀行張家口支行會計和行長。〔註 171〕他 1930 年的家庭簿記中記載，購到福特小汽車一輛，價 1200 元。先付 200 元。交去交行支票 A 01271 號一紙，餘欠 1000 元，由次年 1 月 5 日、4 月 5 日各付 500 元。購德全永汽油一箱價 4 元。馬車一輛售出，得 100 元。〔註 172〕由此可見，杜賡堯選擇的是相對廉價的福特汽車，並且拋售馬車，屬於改善型的交通支出。

其次，除了購車花費之外，汽車尚有燃油、維修甚至雇用司機等費用。1923 年，有人宣稱自己每年家用汽車之費用，大約 320 元，「頗有以為經濟者」，但丁祖澤指出，尚有低至 160 元以下者，但大多車主每年費用超過 800 元。〔註 173〕1925 年，郭傳煜認為，「汽車自行銷中國以來，紳商仕宦，家擁鉅資者，莫不購置」，但汽車費用，如車夫工資、捐納照會、修理車輛等等，「為數不輕」，年均需 500 元，「蓋奢侈費用之一也」。〔註 174〕

1929 年，黃影呆曾經專論汽車之費用問題。他指出，「汽車之在今日，已成不可或缺之物。凡中上之家庭，莫不備有汽車。然汽車一物，其駕駛時之一切用費，是否較任何交通器具為低廉，此實為疑難問題。」困難之一是資料缺乏，因為「我國備有汽車之人，能將逐日之用費，筆之於簿，記之於時者，為數聊聊。」其次是統計方法頗為複雜，如果僅就駕車所費之汽油、潤滑油及車胎等物進行單獨計算，則頗為便利，但尚有其他諸種消費不可忽略，如租賃停車間，亦必花費車主若干金錢，他如為免於危險起見，車主不得不進行保險，此保險費自亦不可不計。此外稅率、租金等亦須一一計入。第三是車輛本身價值的折舊費。他認為，新車第一年的折舊費，至少達到 25%。他根據一名英國車主的數據進行了測算。一類為行駛費用，包括汽油、潤滑油、車胎和修理，平均每英里之費用為 77 便士。第二大類是固定費用，包括停車室、駕駛照會、車輛執照、保險和折舊，平均每英里之費

---

〔註 171〕杜賡堯，遼寧瀋陽人，1916 年 3 月入職交通銀行張家口支行，1933 年被任命為張行行長。分別參見交通銀行編：《交通銀行同人錄》，出版地不詳，1931 年，第 140 頁；《交通銀行史》編委會編著：《交通銀行史》（第 2 卷），北京：商務印書館，2015 年，第 117 頁。

〔註 172〕杜庚堯：《家計簿記》，上海：商務印書館，1932 年，第 156 頁。該書雖然是近代不可多見的家庭簿記之專書，但其中案例，當為杜庚堯家庭收支的實錄。

〔註 173〕丁祖澤：《汽車費用之奢儉》，《申報》，1923 年 3 月 31 日第 22 版。

〔註 174〕郭傳煜：《汽車與家庭》，《申報》，1925 年 3 月 14 日第 21 版。

用為 317 便士，兩相合併，則每英里之費用為 394 便士。他認為，如果再根據乘車人數進行測算，則比乘坐火車更加便宜，可知汽車為「最經濟之交通器具也」〔註 175〕。

時人中五曾經批評教會學校大學校長與國立大學校長之間的待遇差距太大，他說，「教會學校的大學校長月薪只有三百元，不說比不上國立大學校長的薪水，便連國立大學校長的一部汽車也比不上，其理由安在？假定一部汽車在南京的壽命為三年，車價為 4000 元，那麼每月的 Depreciation fee 為 1100 元，汽車夫月薪為 60 元，油費為 150 元（別奇怪，因為汽車能吃油亦能吐油），再加上修理以及其他意想不到的花費，總計一部汽車的用費在 300 元以上，所以說一個教會大學的校長抵不上國立大學校長的一部汽車。國立大學校長的偉大，教會大學校長的渺小，其差別好像一個大象與一個螞蟻。」〔註 176〕

上海務本女子中學校長王孝英係張群親信，曾經成為 C.C.分子的攻擊目標。「王的汽車，據說是某主席所贈送。其校長月薪不過 190 元，實際總收入不超過 300 元，每週來往京滬兩次，坐頭等臥車，開棧房，吃館子，以及其他應酬，所拿立法院的薪俸，可算扯直，毫無剩餘。可是一輛汽車的開銷，每月至少 1000 元。務本中學雖小，以其手段，揩油數千元，尚非難事，不過學生倒楣罷了。即以膳食費而論，月有盈餘 500 多元，足夠坐汽車而有餘。」〔註 177〕

第三，汽車停放的支出較大，非下層社會能夠承擔。郭傳煜認為，汽車與住宅密切相關，城市人口稠密，一些家庭難覓棲身之所，勢必移居他處，附郭之地，遂致逐漸繁盛，來往交通，均用汽車。鄉村的有車之家各設汽車間，「或在屋之下層，或在屋之後部，人都不願修理舊車，寧購新車，將舊車寄存附近汽車間，較個人自行保管利便為多，費用亦可減省也。」〔註 178〕。

車主沒有汽車間，或向別人租借安放，或寄停朋友住所，但隨著汽車數量逐年增加，建設自備汽車間問題便成討論中心。程志政的專題討論中，涉及汽車間的位置和大小兩個主題。他認為，汽車間雖然無需與住房一樣考究，

〔註 175〕黃影呆：《論汽車之費用》，1929 年 8 月 20 日第 29 版。

〔註 176〕中五：《說汽車》，本社編：《百味人生》，上海：上海書店出版社，1997 年，第 296 頁。

〔註 177〕捨末：《王孝英的汽車費》，《上海週報》，1933 年第 2 卷第 20 期。

〔註 178〕郭傳煜：《汽車與家庭》，《申報》，1925 年 3 月 14 日第 21 版。

但最低限度要「適宜」。當時，汽車間的建築位置，存在三種看法，一是主張將汽車間附於住房旁邊，二是主張另闢一處，三是主張建於地下。程志政認為，汽車間的建築不能減損房屋美觀，因而地下汽車間最佳。他也傾向於認同美國的做法，即將汽車間附於正屋旁邊，既不必另行填掘，又不影響房屋美化，並且汽車間上層可作僕役臥室。對於此種設置，他進一步提出，汽車間和正屋必須「合式」，即不能使人看出是汽車間，常見的解決辦法，是使車子由側門出進，若從正面觀察，則並無汽車間的絲毫痕跡。汽車間的大小問題，並未得到重視，一般根據汽車大小而建設，但程志政認為此種做法缺乏遠見。第一，根據美國的家庭汽車發展趨向，一般家有汽車二輛，中國的汽車間也須能容納兩車。第二、汽車間最好為狹長形。第三、汽車間只需一個邊門，但裏面必須寬闊，「庶幾兩車可以安然放入」，尚可置放修理應用器具。〔註 179〕

盧清渝批評說，所謂「體面家庭」的標準，就是洋房和數輛汽車，「老爺辦公有車，太太逛電影場有車，少爺上學有車，冬天轎車，夏天兜風有車」。〔註 180〕1941 年，《申報》上一篇文章也指出，家有兩三部汽車「已不算一回事」。〔註 181〕這些關於家庭汽車數量的說法，大體驗證了程志政的汽車間大小的預判，而貝松蓀的車庫位置，亦大抵符合程志政有關功能與美學兼顧的主張。貝於 1932 年任中國銀行副行長，1934 年擔任宋子文籌劃的中國建設銀公司執行董事。1945 年又出任中央銀行總裁。貝宅建於 1934 年，由中都工程公司設計。佔地面積 3250 平方米，建築面積 2449 平方米。副樓高四層，現代派建築風格，通過一個鍋爐房和南側主樓連接，還有汽車庫。〔註 182〕嚴幼韻家上海的房子「相當宏偉」，大樓北面是另外一排房子，包括馬廄和一個可以容納六輛汽車的車庫。〔註 183〕

〔註 179〕程志政：《家庭汽車間的設計》，《申報》，1929 年 12 月 24 日第 27 版。

〔註 180〕盧清渝：《體面的家庭》，《清華週刊》，1932 年第 37 卷第 8 期。

〔註 181〕鍾子芒：《汽車和汽車階級》，《申報》，1941 年 2 月 10 日第 12 版。

〔註 182〕婁承浩、薛順生：《上海老房子》，上海：上海辭書出版社，2008 年，第 156 頁。

〔註 183〕顧嚴幼韻口述：《一百零九個春天：我的故事》，楊蕾孟編著、魏平譯，北京：新世界出版社，2015 年，第 22 頁。

圖片來源：顧嚴幼韻口述：《一百零九個春天：我的故事》，魏平譯，北京：新世界出版社，2015 年，第 23 頁。

## 二、汽車信號的社會反饋

財產的作用遠遠超出滿足功能需求的範圍。物質財產與佔有者身份的聯繫，是理解社會關係的一種手段。從社會建構主義的理論視角看，人們把物質產品和消費模式作為理解、引導自己在社會環境中的基本方式，也是個體與社會環境互動的基本方式。物質財富用於表達和維持社會認同和社會地位，從他人的物質情況亦可推斷其社會身份。〔註 184〕作為地位象徵的汽車，提供了用於發現車主地位的「暗示」，作為地位符號的汽車，是車主被賦予的地位以及社會他者如何選擇對待他的「線索」〔註 185〕。

地位符號將人分為不同類型，從而有助於維持某一類別的內部團結和不同類別之間的敵意。它既具有絕對意義，即它可有識別製造者的社會地位。但它也可能具有表達意義，即它可能表達新的意義、生活方式，以及創造它

〔註 184〕Dittmar, H.. *The Social Psychology of Material Possessions: To Have is to Be*. New York: St. Martin's Press, 1992.

〔註 185〕Erving Goffman. Symbols of Class Status. *The British Journal of Sociology*, Vol.2, No.4, 1951, pp.294~304.

的人的文化價值，或者可能滿足特定社會位置中活動不平衡所造成的需要。〔註 186〕梁實秋認為，在大眾眼中，人分兩種，一種是坐汽車的人，一種是沒有汽車坐的人。〔註 187〕殷汝耕在成立「冀東防共自治委員會」時，被任命為「外交」處長的霍實「心懷狐疑」，認為「日本人的壓力這麼大，我們應該請示中央，不要自作主張。」而殷說：「你是從古北口來的，難道沒有在古北口看到大軍壓境嗎？蔣介石遠在南京，還能管得了這裡嗎？」坐在霍實右邊的池宗墨，用左腳踢了踢霍實的右腳，對他耳語：「不要再講話了，我們都是汽車階級呀！」〔註 188〕張愛玲《半生緣》中的曼楨，於星期六到她姊姊家去探病。其姊姊的新房位於虹橋路，「地段雖然荒涼一些，好在住在這一帶的都是些汽車階級，進出並不感到不方便。」〔註 189〕

唐豔香等人的《近代上海飯店與菜場》認為，上海外資銀行職員當時被稱為「寫字間階級」，他們的「職位薪水收入不同，各自趨食之處亦有高下之別」。有汽車者「吃一頓普通的午餐也要匯中飯店，或銀行俱樂部華懋食堂等地方去。」〔註 190〕郁達夫回到杭州以後，「千辛萬苦地也修起了一座房子」，作為杭州名流之一，無論上自省政府主席請客，下至廳長、大學校長、文藝團休請客，都莫不有他們夫婦的一份。「年青漂亮的太太，在當時既係杭州三美之一，所往來者都係有汽車階級的闊太太老爺們，當然虛榮心也就愈漲愈高了。」〔註 191〕

陳大悲的話劇《平民的恩人》中，汪銳庵揚言要以「平民」的身份去告發勾結土匪的雷子剛，雷子剛則反唇相譏：「哼哼！口口聲聲地平民，平民！你當真可以算得是個平民嗎？在中華民國裏當平民的也夠得上坐汽車來往嗎？平民有這雪白的臉雪白的手嗎？平民也掛得起金表嗎？平民也穿得這樣

〔註 186〕Erving Goffman. Symbols of Class Status. *The British Journal of Sociology*, Vol.2, No.4, 1951, pp.294~304.

〔註 187〕《汽車》，王暉主編：《梁實秋文集》，長春：吉林攝影出版社，2000 年，第 78～79 頁。

〔註 188〕《殷汝耕的叛國和偽「冀東防共自治委員會」的出籠》，河北省唐山市政協文史資料委員會：《二十世紀三十年代的冀東陰雲——偽「冀東防共自治政府」史略》（唐山文史資料第 21 輯），1999 年，第 34 頁。

〔註 189〕張愛玲：《半生緣》，廣州：花城出版社，1987 年，第 109 頁。

〔註 190〕唐豔香、褚曉琦：《近代上海飯店與菜場》，上海：上海辭書出版社，2008 年，第 164～165 頁。

〔註 191〕陳翔鶴：《郁達夫憶瑣記》，《文藝春秋副刊》，1947 年第 1 卷第 1～3 期合刊。

材料的衣服嗎？平民還能在北京城裏販運煙土嗎？」汪銳庵則自辯道：「你瞧我是平民嗎？在中華民國裏有坐汽車的平民嗎？有掛金表的平民嗎？有穿這樣材料的衣料的平民嗎？平民有本錢辦這麼大一個藥房嗎？」〔註 192〕在一二九運動中，有人針對「華北民眾贊成自治」的政治陰謀指出，「幾天來謠言多得很。許多事令人莫名其妙！有人說了，冀東宣布『自治』以後才三天就有『冀東』號飛機在北平天空出現，散放『自治』傳單，北平街上也有所謂『華北民眾自治會』的人坐汽車散傳單，到新華門請願，警察都不敢攔阻；又有人說華北民眾都不贊成，坐汽車的那幾個人不能代表全體民眾。」〔註 193〕

梁實秋將汽車視為「最明顯的階級標幟之一」。他形象地寫道：「如果去拜訪一位貴友或是場面較大的機關，而你是坐著汽車去的，到門無須下車敲門投刺那一套手續，只消汽車夫嗚嗚的揿兩聲喇叭，便像是天方夜譚裏盜窟的魔術一般，兩扇大門砉然而開，一個穿制服的人在門旁拱立，春風滿面，一頭不穿制服的獒犬在另一邊立著，尾巴搖動，滿面春風，汽車長驅直入。但如果你是人力車的乘客，甚而是安步當車者流，於按門鈴之後要鵠立許久，然後大門上開一小洞，裏面露出兩隻眼睛，向你上下掃射，用喝口令的腔調問你找誰，同時獒犬大吠，大門一扇略開小縫，堵著門縫向你盤查，如果應對得體，也許放你進去，也許還要在門外鵠立，等他去報告他也不知是否在家的主人。」「至於汽車是怎樣來的，租的、買的、公家的、接收的，也沒有關係，汽車的樣式也沒有關係，四方聳的高軒也行，搖幾十下才能開動的也行，水缸隨時開鍋冒熱氣的也行，只要是個能走動的汽車，就能保證車裏面的人受到人的待遇。」〔註 194〕

著名記者邵飄萍非常講究「派頭」，所抽香煙係特製，印有其姓名，外出採訪時所乘洋車裝飾華麗，兩邊各裝 3 盞十分漂亮的燈，後來換為馬車和汽車，都很豪華。但其講究「派頭」並非為了炫耀身份，而是為了新聞採訪獲得成功。黎元洪與段祺瑞爭權時，後者「作態辭職」，離京赴津，後復職，深夜返京。邵飄萍趕赴車站，沒有見到，即換乘汽車，直奔段宅，「在外急鳴警笛，

〔註 192〕陳大悲：《平民的恩人》，《晨報副刊》，1922 年第 12 期。
〔註 193〕朱泯：《文化城裏所見》，人民出版社編：《中國現代革命史資料叢刊：一二九運動資料》（第 1 輯），人民出版社，1981 年，第 128 頁。
〔註 194〕《汽車》，王暉主編：《梁實秋文集》，長春：吉林攝影出版社，2000 年，第 78～79 頁。

看門者以為十分緊急的事情，連忙開門，但侍者稱段祺瑞已經休息」，邵飄萍聲稱有要事求見，把段祺瑞從床上喊了起來。當時段祺瑞在與黎元洪的鬥爭中佔了上風，正自鳴得意，極欲向人吹噓，竟與邵從半夜 12 點多一直談到凌晨。邵飄萍從段宅出來後，直奔印刷所，在正要付印的報紙上插入剛剛獲取的消息。「如果不是有汽車、不是有『派頭』，想做到這樣是根本不可能的。」〔註 195〕

1938 年，國際紅十字會的印度醫生經重慶轉赴延安。據其日記記載，11 月 29 日，泰戈爾國際大學中國學院的譚雲山教授到其住所，叫了一輛出租汽車，把他們帶到離城 5 英里外的林森主席官邸〔註 196〕。12 月 1 日又記載：「年輕嬌美、全盤西化的榮夫人也住在我們的公寓。她邀我們跟她的朋友一起到廣東餐館吃飯。她肯定很有影響，不然的話，她不可能坐小轎車。」〔註 197〕

「購物不僅複製了在其他地方偽造的個人和集體的社會身份，而且提供了一種積極的個人和社會認同建構的獨立組成部分」，購物中心具有「事先完全確立的階級意識」，已經成為一種「額外的媒介」，通過這一媒介，「社會分類得到澄清並被賦予進一步的意義」，因而在自我認同的創造和投射中具有強大作用，可謂「商場建構了男人或女人」。英國倫敦的「布倫特十字」的中產階級顧客，只使用約翰·劉易斯停車場，通過約翰·劉易斯的大門進入商場中心，這些細節表明消費者希望維護自己的社會地位。〔註 198〕辛亥革命之後，上海南京路的商業發生巨變，「百貨商場也躲不過這場和平的革命，像飢餓的騾馬擠向料槽一樣，商店也漸漸向變寬的南京路兩邊擠去，那種老式而舒適的商店慢慢地被新時代擠掉了。」舊式店鋪「裏面原本很舒適的，不僅對顧客來說，對店員來說也是如此。店門是向街上打開的，當售貨員按顧客要求配貨的時候，顧客可以在桌邊坐下，喝茶聊天，總會有一個店員陪著說話的。所有這一切，營造出安安靜靜、互相尊敬的氛圍。」雖然此類商鋪並未消失，南京路還有這種「舒適的、前革命時代的遺留」，但是「大多數商店都帶有了美國式

〔註 195〕《魏染胡同的邵飄萍故居》，陳光中：《風景——京城名人故居與軼事》(3)，北京：新世界出版社，2002 年，第 69 頁。

〔註 196〕(印度) 比·庫·巴蘇：《巴蘇日記》，顧子欣、王其良等譯，北京：商務印書館，1989 年，第 52 頁。

〔註 197〕(印度) 比·庫·巴蘇：《巴蘇日記》，顧子欣、王其良等譯，北京：商務印書館，1989 年，第 53 頁。

〔註 198〕Christopher M. Moore. Shopping, Place and Identity. *European Journal of Marketing*, Vol.34, Iss.8, 2000, pp.1003~1006.

商店的匆忙，過分客氣和過分鄙視的詞句，都會從同一張嘴裏對顧客冒出。」「在老式商店裏，所有的顧客，不論其地位高低都是一視同仁。而如今要是一個穿著不好的農婦進了大商場，而她後面又來了輛汽車，從汽車裏走出一位渾身包裹著絲綢、帶著手鐲、裝點著人造鑽石的美人，這位美人就會得到點頭哈腰的接待，而農婦就會被上下一通不耐煩地提問：要什麼？！」〔註 199〕

地位符號與其說是表徵自己的立場，不如說是影響來自他人的「預期判斷」。此種符號「涉及對它所象徵的權利或特徵的可以預見的使用」，「通過展示財富來象徵我們的財富，通過運用權力來展示我們的權力，通過運用技能來展示我們的技能」，否則就會出現「虛假陳述」和「欺詐」，〔註 200〕也就是地位信號錯亂，從而引發他人的誤判。孫中山的經歷從反面驗證了梁實秋的描繪。據跟隨孫中山十餘年的馬湘之回憶，一位美國中將請孫中山到其住所晚餐。孫中山雇了一部馬車，途中壞一車輪，天又大雨，孫、馬兩人冒雨抵達。馬湘「跑到門前把電鈴一按，沒有人開門。停了一會，再按一下，有人來開門了，但只開了一道縫，向門外張了一張，便又把門關了。」馬湘望見一個外國人站在臺階上向外面張望，遂用英語對他說：「孫博士來了。」這名外國人才跑下臺階，開門讓孫中山進去。進門之後，門房打聽孫博士的身份，馬湘告知孫博士就是孫文。門房驚奇地說道：「原來就是報紙上常常登載的孫文，他為什麼不坐汽車來呢？到這裡訪問的人沒有不坐汽車的，剛才門鈴響，因沒有聽到汽車響聲，我還以為是頑童作弄，所以沒有開門。」〔註 201〕

進步人士倪斐君（賀耀組夫人）絲毫沒有「官太太」的架子，服裝樸素，舉止豪放，很像一位誠樸的工作者〔註 202〕。她在《我的控訴》一文中寫道：當我在甘肅省做主席太太的時候，為慰勞前方抗日將士，我們大大小小的官太太們曾瘋狂地為他們募款，縫衣，捐鞋襪，但結果引起了人們的批評，「身為主席太太，穿布衣，著布鞋，出門不坐汽車，走路不帶跟班，腦子一定有毛病，思想靠不住」。1942 年底，賀耀組就任重慶市市長後，倪斐君主持重

〔註 199〕《專欄作家賽克文章裏的上海》，王維江、呂澍：《另眼相看：晚清德語文獻中的上海》，上海：上海辭書出版社，2009 年，第 253 頁。

〔註 200〕Erving Goffman. Symbols of Class Status. *The British Journal of Sociology*, Vol.2, No.4, 1951, pp.294~304.

〔註 201〕馬湘：《跟隨孫中山先生十餘年的回憶》，尚明軒等編：《孫中山生平事業追憶錄》，北京：人民出版社，1986 年，第 122～123 頁。

〔註 202〕徐晦明：《介紹倪斐君女士》，《現代婦女》，1948 年第 11 卷第 5 期。

慶市政府新生活婦女工作隊的工作，因為「對工作不敢疏忽，以及和一般工作朋友的接近，竟又引起了一些人們的猜疑，和閒言閒語，連市長太太穿藍布袍子，擠擠公共汽車都為他們攻擊的藉口，甚至進一步的威脅和利誘」。倪斐君感歎：「我覺得中國太可憐了，像我這樣平凡的，無能的，在社會上不能起多大作用的人，他們都這樣重視，這樣大驚小怪，我只有替我們國家前途悲哀！」〔註 203〕

鑒於車主的地位，交通事故的處理往往有利於強者。李大釗指出，汽車的橫暴妨害行路安寧，經常發生軋死人畜之事，而警察對於乘坐汽車者，「往往怕他們的勢力，或關他們的情面，不去干涉」。他說，日本也有這種現象，但日本人發明一個方法，即將汽車號碼簿帶在身邊，遇有對人無理或與人不便的汽車，即按號碼簿所記汽車所有人的住址、姓名，「發郵片去警告他」。李大釗建議北京市民仿行日本的做法。〔註 204〕1930 年，有人寫道，上海汽車既無一定軌道，而且速度比電車快，「便是眼明腳快的人，一不小心，也或許要碰上一下。碰上了，碰上而受傷了，或是死，怎麼辦呢？據說是可以得到一些醫治費，或撫恤金的，多則一百，少則五十。但這還是例外。例內的：或許那坐的是闊人，被碰的是狹人，那就不論傷或死，都只好自認晦氣，工部局就加上一句很公正的判語道：咎由自取。」〔註 205〕1946 年，方之中寫道，「早些年，上海的汽車殺人，倒是司空見慣。那是講什麼流線型，汽車開得越快，越顯得汽車階級威風，來不及讓開路的兩足動物，就淪為車下之鬼了。乘客拿點恤金，命案從此了結。」〔註 206〕廣州亦有類似情況。廣州汽車作為奢侈生活的象徵，有自己的車的人都是官員或者富家子弟，乘車的人往往「穿紅著綠」招搖過市，只為兜風取樂。有的還請幾個拿著駁殼槍的士兵站在汽車兩旁，威風凜凜，他們總是開著車在馬路上慢慢悠悠，來來去去，有時候又風馳電掣，行人若不當心，就會成為車下之鬼。普通市民最恨這些車橫行無忌，所以在市虎之外，民間對這類「私家

〔註 203〕倪斐君：《我的控訴》，《現代婦女》，1946 年第 8 卷第 3 期。

〔註 204〕《汽車與郵片》（1919 年 4 月 20 日），中國李大釗研究會編注：《李大釗全集》（第 2 卷），北京：人民出版社，2013 年，第 451 頁。

〔註 205〕一蝶：《水泡》，上海：光華書局，1930 年，第 47～48 頁。

〔註 206〕方之中：《「拉」和「撞」》，《晉察冀日報》，1946 年 8 月 31 日，雷加主編：《中國解放區文學書系：散文雜文編》（二），重慶：重慶出版社，1992 年，第 1216 頁。

車」又有「老虎蟹」之說。〔註 207〕

周瘦鵑借汽車之口，生動描述了交通事故的前因與善後。「主公的那幾位姨太太和公子女公子們，都喜歡自己開車，橫衝直撞的，把他們開得飛跑，這幾年中也不知道鬧了幾回亂子。男子、女子、老婆子、小孩子，已殺死了不少，好在主公有錢，殺一個人，至多花一二百塊錢完了。最冤枉的要算是我們做汽車的，可是出了事，人家總說汽車害人，連新聞紙中也大書特書的『汽車肇禍』，其實害人咧，肇禍咧，何嘗是我們自動，都是駕駛我們的人主動的。譬如大炮機關槍倘沒有人裝了藥進去施放，他們也會轟死人麼？然而輿論不管，往往派我們做汽車的不是。還有那班汽車夫，想要討好主人，總把我們開得飛奔，倘是載著那珠圍翠繞花枝招展也似的小姐姨太太們，那就更要開得飛快，出足風頭，直好似入了無人之境，人家的性命，全都不管了。出了事，總還說死者自不小心，自己把身體送到車下來碾死的，不是開車的不是，可憐死人不能開口，不能爬起來辯白，也只索受了自不小心的處分，冤冤枉枉的死定了。記得有一回那一位公子自己開車，碾死了一個窮人家的孩子。這孩子年已十二三歲，是三房合一子的，雖是生在貧家，可也名貴得很，但為了那位公子要出風頭，就輕輕的犧牲了這條小性命。好一位公子，見了那臂斷腿碎血肉模糊的屍體，毫不在意，口中銜著雪茄，微微一笑，接著就從身邊掬出一疊鈔票來，等候罰金。那孩子的家原是在近邊的，頓時驚動了他三房的父母，一窩蜂的趕來，抱著那破碎的屍體，呼天搶地的痛哭，大家鬧到官中，上官判罰三百塊錢。公子早就預備著的，把那疊鈔票一擲，返身走了。誰知那三房的父母很不識趣，竟不希罕這些鈔票，苦苦的求著上官伸雪，並且願意把六條老性命一起犧牲，自去橫在街上，請那公子照樣的把汽車來碾一碾，碾死了他們，免得以後不見兒子的面，一輩子受精神上的痛苦。這幾句話，說得大家掉下淚珠來，這件事不知道後來怎樣了結的，可真淒慘極了！唉，我們每夜停在汽車房中，似乎夜夜有冤魂到來，繞著我們的腳，啾啾哭泣，就我們身上的大紅顏色，也彷彿滿塗著他們的鮮血呢。」

周瘦鵑建議引進美國芝加哥懲戒車速過快的車主，「把犯案的人帶到驗屍所中，指點那些被汽車碾死的孩子，給他們看，喚他們一禮拜後再來。這一禮拜中，他們受了良心上的裁判，夜中常常夢見自己的兒女死在汽車之下，於是一禮拜後再到官府，說以後決不敢再開快車了。」但是他也擔心這一方

〔註 207〕南方都市報編：《廣州舊聞》，廣州：南方日報出版社，2007 年，第 64 頁。

式在上海不一定有效，「上海富人的心地太硬，見了屍體不動心，想自己兒女出門總坐汽車，一輩子不會給人家碾斃的，夜中做夢，又總夢見的飲食男女之樂，如此這一種良法美意，可也不行了。」因此，他借汽車之口替無數窮人苦人請命：「諸公要出風頭盡著出，但也總須顧全人家性命。自己不開車的，便勸導勸導汽車夫，隨時留心一些，不要給人家瞧我們汽車是劊子手中的刀，又使我們擔怨擔恨，代諸公受過咧。」〔註 208〕

1924 年，燕京大學的俞廷專文討論了「汽車的威風」。他剛到北京時，認為汽車不過是「萬能而同時亦萬惡的金錢運用的結果」，目的在於獲得身體舒服與轉運便利，「至多不過再加上闊綽的炫耀而已」，並未感覺到汽車有多大的威風，「足以使人見了起驚駭畏懼的情狀」。他確信汽車的發明，全然是為了交通便利，為了減少人力苦役而增加生活安樂。在北京住了兩年，其汽車觀念發生了轉變，承認坐汽車的人不但享受到交通便利與生活安樂的利益，同時也可以「威風凜凜」，對於行人「真可稱為一世之雄」。汽車有如「一股生力軍，橫撞直衝，無可抵敵」，甚至車上再站幾位穿灰色衣服、背盒子槍的護衛，更是無人敢不「望風而靡」了。有時街頭巡警見了汽車一來，「也好像嚇得心弦一緊，恨不能一皮鞭把這些阻礙『老爺大人們』的洋車夫貶到無人的境地」。他以自身經歷為例。作者晚上搭乘一輛爛舊洋車回校，路經觀音寺時遭遇擁堵，數十上百輛洋車忽然塞擠的一步也不能動，後邊汽車「哇哇不止」，「一時比一時緊」，「好像督催示威的樣子」。交通擁擠的原因，是觀音寺與大柵欄交界處有三輛汽車「三足鼎立」，互不相讓，好像「馬寇劫人」。汽車中有一無頂汽車的司機高高站在車上，作者以為他立起來大半是為想法子倒車讓路，但過了數分鐘還不見鬆動一點，「翹起首來用力一瞧，原來他是在享『仰觀宇宙之大，俯察品類之盛，所以遊目騁懷，足以極視聽之娛』的『信可樂也』的生活！」〔註 209〕一位坤角曾經說道，「我明兒個要是坐上汽車的時候，我不能同別人一樣，抖起點兒來，不理凡人」。但是不及三月，購置了一輛「四輪三七式」的汽車，於是「趾高氣揚，昂視闊步，大有千軍萬馬，不值一顧之概。」被譏為「自己打自己嘴巴」。其實，「不獨某坤角為然」。〔註 210〕

〔註 208〕周瘦鵑：《汽車之怨》，《禮拜六》，1922 年第 157 期。

〔註 209〕俞廷：《汽車的威風》，《晨報副刊》，1924 年 7 月 24 日，李為、齊思編：《社會聚焦》，天津：天津人民出版社，2011 年，第 129～133 頁。

〔註 210〕《某坤角說》，《三六九畫報》，1940 年第 5 卷第 18 期。

城市交通亦有利於汽車。在作家火雪明看來，「富人不但不惱恨雨天，而且珍惜著雨天，這與窮人珍惜晴天，而惱恨著雨天，有著相等的程度。因為坐汽車的老闆，平日招搖過市。瞧見了路上的行人車馬，總要生出閒氣，說是這些傢伙，阻礙了他汽車的速程，恨不得闢取坦道，與紐約、倫敦一樣的專駛 Motor Car。」〔註 211〕老舍曾經討論濟南的城市建設和交通狀況，「更希望巡警不是專為汽車開路，而是負著指揮馬車之責的。現在的辦法是：每逢汽車的喇叭一響，巡警的棒子便對洋車小車指了去，無論他們怎樣困難，也得給汽車讓路。這每每使行人、自行車、洋車、小車全跌滾在一處。汽車永遠不得耽誤一秒鐘，以大家跌滾在一處為代價！我們要記得，城裏的通衢也不是很寬的。」「自然話須兩說著，汽車要是沒有這點威風，誰還坐汽車呢？也對！」〔註 212〕即使是香港亦有類似情形，有人聲稱：「我以前立下宏願，認為生活於香港，非買一部汽車不可，這感覺我想凡是經過娛樂業戲院門前的都會有，看人家左上右落多麼威風，而自己要呆站在路邊十五分鐘才能偷了縫隙過馬路。」〔註 213〕

據陳伯熙記載，上海最初購乘汽車者為猶太富商哈同夫人，「乘駛極迅，行人常有不及避讓之勢，然捕房只有取締馬車等規則，而於初發現之汽車無法取締，惟準馬車等規則亦可推之至於汽車，遂禁止其快馳，否則議罰五百金，其人欲快意，恒懷鈔票數十金疾行於南京路，巡捕干涉則如所罰之數予之，雖一日數罰不恤也，捕市亦漸任之。」〔註 214〕

汽車成為社會高階階層之標識，此種社會信號機制，即使是在新中國成立之後，在一定程度上依然存在。1957 年，吳祖光在其雜文《相府門前七品官》中記述了自己的一次經歷，他去雲南大學，因「安步當車」，被「表情冷若冰霜、絕無討價還價之餘地」的看門人一句「不見客」而拒之門外，他「在低頭憂鬱地走回翠湖的路上時」「忽然想明白了」，因為前幾次乘坐小汽車去雲南大學，而被拒絕是因為自己步行。看門人「認車不認人」，知道坐汽車的

---

〔註 211〕火雪明：《上海的雨》，《上海生活》，1930 年第 7 期。

〔註 212〕老舍：《路與車》，《老舍散文經典》（下），瀋陽：春風文藝出社，2013 年，第 309 頁。

〔註 213〕天高：《我不買私家車的理由：獻計給充闊的朋友們！》，《生活在香港》，1947 年第 1 期。

〔註 214〕陳伯熙編著：《上海軼事大觀》，上海：上海書店出版社，2000 年，第 296～297 頁。

不是首長，也必是貴賓，而走路的不是人民，便是群眾；而群眾只配吃閉門羹。他感慨地寫道：「我很自然地想起京劇《打嚴嵩》中的嚴俠來，這位『相府門前七品官，見他容易見我難』是舊社會裏趨炎附勢、諂上欺下的典型人物。然而千百年來陰魂不散，到了解放後的今天還是根深葉茂，本固枝榮。嚴重的是這種精神、這種意識、這種作風，偏偏不是前呼後擁、車來車往的首長們所能接觸和體會得到的。」〔註 215〕當然，此種不良風氣，也恰恰是新中國著力剷除的對象。

汽車是財富的指示器，即便是募捐的小孩亦了然於心。在 1931 年的水災募捐活動中，上海的童子軍極力向街頭的汽車車主募捐，她們說：「坐汽車的朋友，應該多捐點錢賑災。」〔註 216〕

資料來源：《中央畫刊》，1931 年第 113 期。

當然，「汽車階級」也成為綁票和搶劫的對象。華成煙廠陳楚湘家住蘇州河旁盤灣里附近，在當地老百姓走路出行的地方，陳乘坐林肯牌轎車出門，非常引人矚目，曾遭劫匪搶劫。雖然生命財產並未受到損失，但自綁架事件之後，陳精神受到刺激，一直疾病纏身，只好攜妻子到杭州療養，數年之後方才痊癒，再回上海管理企業事務。〔註 217〕

〔註 215〕《相府門前七品官》，吳祖光：《吳祖光選集》（第 6 卷），石家莊：河北人民出版社，1995 年，第 116～117 頁。

〔註 216〕《中央畫刊》，1931 年第 113 期。

〔註 217〕陳其信：《美麗牌香煙和湧泉坊的風風雨雨》，竺劍等：《海派生活小史》，上海：上海世界圖書出版公司，2017 年，第 106 頁。

## 第四節　汽車牌號的精英競爭

朱麗葉·斯格爾指出，衣服、汽車、手錶、客廳家具、口紅等物品是社會地位的體現，但火爐、床墊、臥室窗簾、粉底、銀行賬戶則否，原因是使用場所不同〔註 218〕。在文化人類學家哈維蘭看來，社會階級的「外顯」，一般表現於「言詞評價」「聯繫模式」和「符號標誌」。符號標誌（Symbolic Indicators）包括能夠指示出階級的活動和所有物。居住地點和車的種類都屬於符號標誌。〔註 219〕消費社會學則認為，包括人類在內的動物常常會炫耀自己所能承擔的最昂貴的信號，例如雄孔雀的尾巴或悍馬 H1。可靠的信號傳達要求存在某種程度的「炫耀浪費」「炫耀精度」「炫耀聲望」和「炫耀稀缺」。人類設計的大部分商品都表現出炫耀浪費和炫耀精度在某種程度上的組合，也同樣在一定程度上依賴於「地位徽章」，即商品品牌。當然，炫耀浪費、精度和聲望並不是信號可靠性所有的可能形式，此外還有炫耀稀缺。〔註 220〕

杜森貝利在闡述示範效應時指出，有些社會聲望是通過擁有某種對滿足任何需要毫無用處的「好東西」而獲得的，儘管這些東西完全無用，但得到它們，可能對獲得威望或維護自尊至關重要。他以汽車為例，認為消費者之所以選擇「別克」，而非「雪佛蘭」，或許是因為別克更加舒適或速度更快，但這一原因並不足以否定維護自尊是購買行為的一部分基礎。〔註 221〕根據塔德

---

〔註 218〕（美）朱麗葉·斯格爾：《過度消費的美國人》，尹雪姣等譯，重慶：重慶大學出版社，2010 年，第 61 頁。

〔註 219〕言詞評價（Verbal Evaluation），即人們對他們自己社會中的其他人所說的話。聯繫模式是指不僅僅是誰與誰互動，還有怎樣互動和在什麼情境下互動。（美）威廉·A·哈維蘭：《文化人類學》，上海：上海社會科學院出版社，2006 年，第 33～36 頁。

〔註 220〕悍馬 HlSUV 偏向於炫耀浪費（它重達 3.6 噸，每升油耗只能跑大約 4 公里），而炫耀精度就很少，事實上，它的設計和製造的精度只能滿足極短時間的要求，隔三差五地需要維修（根據《消費者報告》的可靠性評分，其維修頻率非常之高）。而雷克薩斯 LS460 轎車在炫耀浪費方面就比較少（它的重量為 2 噸，每升油耗可以跑大約 8 公里），但在炫耀精度上則比較多（精細、光亮、功能、可靠性、奢侈）。炫耀稀有的例證，如粉色鑽石、倫勃朗的油畫、月球塵土、戴安娜王妃的衣服。珍奇寵物的狂熱愛好者對於稀有度的價值評判是如此之高，以至於每當有科學講座提到一種新的物種，那些尋求稀世珍品的收藏家都會加劇其滅絕的風險。（美）傑弗里·米勒：《超市裏的原始人：什麼是人類最根本的消費動機》，蘇健譯，杭州：浙江人民出版社，2017 年，第 119～134 頁。

〔註 221〕James, S. Duesenberry. *Income, Saving and the Theory of Consumer Behavior*. Cambridge, Massachusetts: Harvard University Press, 1949, p.29.

的「模仿律」，如果某人購買了某種款式的汽車，同一階層的其他人也許會計劃購買同樣款式的汽車。同樣經濟地位的家庭購買同類汽車的事實，說明消費的發展相對獨立於社會經濟水平。〔註 222〕

## 一、汽車消費的品牌問題

在汽車消費的非大眾化時代，品牌階層化現象並不十分明顯，而主要是汽車擁有與否的競爭。正如梁實秋的分類，人分兩種：一種是坐汽車的人，一種是沒得汽車坐的人。〔註 223〕根據 1930 年上海汽車註冊情況，美國汽車位居首位，在 23 種註冊牌號中，有 16 種牌號屬於美國，4 種為英國汽車，法國占兩種，意大利一種。從汽車牌號看，別克車冠居榜首，福特位居第二，第三位是雪佛蘭〔註 224〕。詳細數據參見下表。

流行之汽車

| 牌　名 | 私　用 | 公　用 | 合　計 |
|---|---|---|---|
| 別克 | 848 | 144 | 992 |
| 福特 | 751 | 156 | 907 |
| 雪佛蘭 | 457 | 200 | 657 |
| 馬立司考萊 | 522 | | 522 |
| 飛霞脫 | 471 | 4 | 475 |
| 司蒂倍克 | 408 | 45 | 453 |
| 雪鐵龍 | 400 | 8 | 408 |
| 奧司汀 | 353 | 2 | 355 |
| 道琪 | 265 | 91 | 356 |
| 愛山克水 | 316 | 26 | 342 |
| 納喜 | 271 | 49 | 320 |
| 馬立司奧克司福 | 272 | | 272 |
| 灰百脫 | 187 | 54 | 241 |
| 克雷司勒 | 197 | 33 | 230 |

〔註 222〕（法）尼古拉·埃爾潘：《消費社會學》，孫沛東譯，北京：社會科學文獻出版社，2005 年，第 52 頁。

〔註 223〕《汽車》，王暉主編：《梁實秋文集》，長春：吉林攝影出版社，2000 年，第 78～79 頁。

〔註 224〕沛甘：《上海之汽車統計》，《申報》，1930 年 7 月 30 日第 25、26 版。

| 黑潑麻皮爾 | 172 | 43 | 215 |
|---|---|---|---|
| 勒克倍 | 111 | 14 | 125 |
| 哇浮蘭 | 114 | 8 | 123 |
| 司坦達達 | 120 | | 120 |
| 歐司金 | 87 | 31 | 118 |
| 潑萊茂司 | 47 | 70 | 117 |
| 哇爾特司麻皮而 | 97 | 11 | 108 |
| 旁推克 | 94 | 9 | 103 |

資料來源：沛甘：《上海之汽車統計》，《申報》，1930 年 7 月 30 日第 25、26 版。

1935 年的南京，交通發展極速，汽車牌號以福特最多，雪佛蘭次之，道奇、別克、納喜等又次之，其他司蒂倍克、大蒙天、萬國牌等又次之。〔註 225〕同期廣州的汽車國別來源與上海有同有異。據廣州市政統計，廣州市之汽車「類多購自國外」，可分為普通自由車、運貨汽車和長途客車三種，普通自由車之購自美國及加拿大者 414 輛，意大利者 24 輛，英國者 20 輛，法國者 5 輛，德國者 3 輛，其他 12 輛，共 478 輛。運貨汽車之購自美國及加拿大者 44 輛，英國者 5 輛，其他 2 輛，共 51 輛。長途客車購自美國及加拿大者 50 輛，意大利 2 輛，英國 5 輛，共計 57 輛。合而計之，美國居首。〔註 226〕

第一次世界大戰以前，中美貿易未甚發達，「自歐戰發生，美國利用時會，極力發展對華貿易，因之情形為一丕變。」因為「前時中國需要於歐洲之貨物，比以戰事中斷，遂不能不向美國求代替品；而歐洲各國所需要於中國之貨物，因戰事不能直接運輸，亦多藉美商代為運銷來歐，因此之故，美國對華進出口貿易均大臻發達。」〔註 227〕《紐約時報》於 1919 年刊文「現代化的中國前途無量」，對中國交通現代化的願景非常樂觀：「今天的北京有 25000 輛膠輪車，據說為 4 萬人力車夫帶來了生計。無數人力車頻繁穿梭進出北京的前門，每 24 小時往返架次高達 5 萬輛。交通高峰時，穿過前門的人力車達到每小時 3500 架次，川流不息，蔚為壯觀。因為有很大的需求，膠皮車輪胎賣得很火。正常年景的消費量高達數十萬套。儘管北京尚未進入汽車時代，但製造商們已在認真討論在華建廠的可行性。辛亥革命爆發時，

〔註 225〕鳳侶：《首都之汽車消費》（南京通信），《禮拜六》，1935 年第 606 期。
〔註 226〕悟非：《讀廣州市汽車統計後》，《申報》，1930 年 7 月 30 日第 26 版。
〔註 227〕武堉幹：《中國國際貿易概論》，長沙：湖南教育出版社，2010 年，第 483 頁。

北京僅有 6 輛汽車，而現在已有 500 輛，並且還在繼續增加，幾乎每隔一天就會有一輛新汽車上路。可以肯定，在不遠的未來，將會有成千上萬輛汽車跑在北京的道路上。」〔註 228〕

此後美國汽車在華的發展，一定程度上驗證了《紐約時報》的憧憬。武堉幹根據海關關冊數據，認為汽車由美進口之價值雖不甚大，「然頗見激增氣象，且他國尚無可與之競爭者，尤為其對華貿易之特色。」1924 年我國輸入汽車 1397 輛，美國占 1045 輛，1925 年輸入 2176 輛，美國占 1347 輛，其餘皆由加拿大、法國、意國、英國輸入。〔註 229〕而據何乃民的統計，中國進口車輛 85%以上係屬美貨。〔註 230〕

第一次世界大戰期間汽車的功能極大地改變了歐洲人對汽車的認知。戰前，歐洲汽車的擁有僅限於一小群精英或冒險家，一般將汽車僅僅視為「富人的玩物」，但是大戰「極大地改變了這種廣泛傳播的觀念」，汽車對戰爭的作用「給普通歐洲人留下了深刻的印象」。不過，美國汽車對歐洲產生了強烈衝擊，被歐洲各國精英視為「美國文化侵略」的象徵，對歐洲的「美國化」憂心忡忡，竭力呼籲保護各國自身的「民族性」。〔註 231〕眾所周知，美國汽車因福特主義的推行，具備強大的價格競爭力。1936 年，何乃民在美國考察其汽車工業，為期三月有餘，認為美國是汽車最發達的國家，每 5 人中平均擁有 1 輛汽車，雖然他對汽車大眾化的趨勢頗有懷疑，但同時認為，「美國汽車製造業的偉大，促成人人都有乘坐並使用汽車的機會。對人類交通上的貢獻，是極其重要的。」他說，美國汽車製造工業由於採用大規模生產的方法，效

〔註 228〕《現代化的中國前途無量》（1919 年 9 月 28 日），鄭曦原：《共和十年社會篇：〈紐約時報〉民初觀察記（1911～1921）》，北京：當代中國出版社，2011 年，第 405 頁。

〔註 229〕武堉幹：《中國國際貿易概論》，長沙：湖南教育出版社，2010 年，第 491 頁。

〔註 230〕何乃民：《現代汽車來概況》，上海：商務印書館，1946 年，第 241 頁。亦有論者指出，據 20 世紀三十年代中期的不完全統計，上海街頭行駛的汽車廠牌和型號近 200 種，世界上最著名的名牌車在上海街頭一應俱全，如英國的「福森」「茄福特」「奧斯汀」，日本的「三菱」「尼桑」「本田」，法國的「雷諾」「貝利埃」，意大利的「菲亞特」，德國的「雷蘭」「奔馳」，美國的「道奇」「福特」「雪佛蘭」「奇姆西」「大蒙天」等，形形色色，琳琅滿目，上海街頭有如流動的萬國汽車博覽會。上海市歷史博物館編：《都會遺蹤》（第 6 輯），上海：學林出版社，2012 年，第 18 頁。

〔註 231〕Adam C. Stanley. *Modernizing Tradition: Gender and Consumerism* in *Interwar France and Germany.* Baton Rouge, LA: Louisiana State University Press, 2010, pp.109~139.

率非常高，成本非常低，美國汽車的平均價格比歐洲便宜三分之一，歐洲各國如果沒有關稅保護，汽車工業「早被美國打倒」。〔註 232〕

從汽車消費視角看，民國時期精英階層之間關於汽車品牌的重視雖不十分顯著，但已經初露端倪。都市小說作家描繪都市摩登時，都著重凸顯汽車的品牌和形制。劉吶鷗《兩個時間的不感症者》中寫道：「在馬路的交叉處停留些甲蟲似的汽車。『Fontegmac1929』的一輛稍微誘惑了 H 的眼睛，但他是不會忘記身邊的 Fair sex」〔註 233〕。在主人公眼裏，時髦轎車和時髦女人都是誘惑之「物」〔註 234〕。穆時英的《白金的女體塑像》，描繪謝醫師「駕著一九二七年的 Morris 跑車，一個月之後又「駕著一九三三年的 Studebaker 轎車〔註 235〕。在《上海的狐步舞》中，穆時英寫道，娛樂場所外面停放著「奧斯汀孩車，愛山克水，福特，別克跑車，別克小九，八汽缸，六汽缸」。主人公

〔註 232〕何乃民認為，「美國是汽車最發達的國家，但公共交通，都不及倫敦和巴黎。至於汽車數量，名義每五人中平均有一輛汽車，但不少備有汽車的人，多是家無立錐之地，手中亦無儲蓄。完全靠工資收入，用每月按期付款方法購置汽車。車輛購得後，因租用不起停車場，所以不論日夜都是露宿在馬路上的。這般人一旦遭著失敗，他的汽車立刻就要出售。有很多的美國人，住的穿的吃的可以不講究，但是汽車不可不備。社會上是否需要這種風氣，這是值得考慮。」（何乃民：《現代汽車來概況》，上海：商務印書館，1946 年，第 3 頁。）他對德國汽車展覽會有四點「小小批評」，認為德國汽車工業的「特殊性」，對中國發展汽車工業有警示意義。他寫道「一是對坦克車、軍用車，以及與軍事有關之載重汽車，均在顯著的地位陳列，陳列希特勒照片處派兵把守。這種現象均為英法美諸國汽車展覽會所無有。」二是「德國苛捐雜稅，民不聊生。汽車界也不能例外。汽車稅太重，所以德國汽車出售價格，比英國至少要貴三分之一，比美國要貴五分之三。如此而欲將車輛普及於民間，那無異南轅而北轍，」三是展覽會開幕時，希特勒發表演說，「希望德國車輛價格應設法降低至一倍、二倍、三倍及四倍」，同時又極力提倡汽車軍用化。「汽車專家觀察，惟有民眾化的汽車，才可降低價格，希特勒氏之言，毋乃自相矛盾乎？」四是希特勒「以愛國、愛雅利安民族相號召。不悉德國的汽車 40%已落在美國人之手。希特勒參觀展覽會時，對所有權在美國人手裏的福特及 Opol 所陳列的車輛，特別予以較長時間的看觀和讚賞，論者深歎美國汽車勢力之偉大，雖工業先進如德國亦難免被其侵略，而莫可如何！」何乃民：《現代汽車業概況》，上海：商務印書館，1946 年，第 340 頁。

〔註 233〕徐俊西、李楠楠編：《海上文學百家文庫 55，劉吶鷗，穆時英卷》，上海：上海文藝出版社，2010 年，第 27 頁。

〔註 234〕楊聯芬：《中國現代小說導論》，成都：四川大學出版社，2004 年，第 162 頁。

〔註 235〕穆時英：《白金的女體塑像》，《穆時英小說全集》（下冊），長春：時代文藝出版社，1998 年，第 410、419 頁。

「開著一九三二的新別克，卻一心兒想一九八〇年的戀愛方式」〔註 236〕。茅盾在其《子夜》的開頭即寫道：「這時候——這天堂般五月的傍晚，有三輛一九三〇年式的雪鐵龍汽車像閃電一般駛過了外白渡橋，向西轉彎，一直沿北蘇州路去了。」〔註 237〕

汽車是都市的標誌，也是都市有產者的身份標誌。享有全球盛譽的建築大師貝聿銘，青少年時代生活在上海，曾有「猜汽車」的經歷。其時，貝聿銘就讀於聖約翰中學生，家住福熙路，平日最喜歡與長他一歲的「小爺叔」貝祖遠玩耍。福熙路車水馬龍，各種不同牌號的進口汽車每天從其家門前駛過。叔侄倆放學回家後，幾乎每天的「課外作業」就是憑窗觀望，對行駛過來的汽車打賭。他們以進入視線的車輛為基點，猜測這輛車後面的第幾輛將是什麼國家生產的什麼牌號的車輛。貝祖遠在晚年回憶道：「當時上海『奧斯汀』車最多，所以我總是猜下面的第幾輛是『奧斯汀』，猜中的機會也很多，贏的面也最大；但貝聿銘總喜歡將寶押在當時上海極少的高檔轎車『凱迪拉克』上，當然輸的面很大。」〔註 238〕

黃蕙蘭在回憶錄中，不斷敘及其汽車問題。少年時代，她家購置了爪哇的第一輛汽車，是一輛法國雙座小汽車，牌子是「威樂馬」，自己曾「溜出去偷偷地將它開走」，結果撞到一棵樹上，而使它停止。黃仲涵稍後從英國訂購一輛「蘭西亞」大型豪華轎車，但最不實用，因為「厚厚的毛織品內部裝璜和只能搖開一部分的車窗使得坐在車上的人都熱得難受。」〔註 239〕旅居倫敦時，黃蕙蘭學會開車，並購買了一輛雙座戴姆勒汽車，因為價格昂貴，她姐夫「憤怒若狂」〔註 240〕。在婚禮籌備前，她同「小戴姆勒汽車黯然話別」，其母為她特訂了一輛大羅爾斯—羅伊司轎車，「車窗如此之大」，被譽為「水晶宮」。其母認為，「一位公使夫人要乘坐這樣的汽車才合身份，當然還要配上一個由登希爾提供服裝的司機。與此同時，她還給她自己和姐姐各訂了一部羅爾斯—

〔註 236〕穆時英：《上海的狐步舞》，穆時英等：《上海的狐步舞》，南昌：二十一世紀出版社，2013 年，第 55、57 頁。

〔註 237〕矛盾：《子夜》，《矛盾選集》（第 1 卷），成都：四川文藝出版社，1994 年，第 3 頁。

〔註 238〕徐茂昌：《車輪上的上海》，上海：上海三聯書店，2007 年，第 57 頁。

〔註 239〕黃蕙蘭：《沒有不散的筵席：外交家顧維鈞夫人自述》，天津編譯中心譯，北京：中國文史出版社，1988 年，第 83 頁。

〔註 240〕黃蕙蘭：《沒有不散的筵席：外交家顧維鈞夫人自述》，天津編譯中心譯，北京：中國文史出版社，1988 年，第 110～111 頁。

羅伊司。這些賬單都送到爸爸那兒作為我婚禮開支的一部分。」〔註 241〕顧維鈞曾經反對黃蕙蘭一家有關豪車的安排，而願意購買施肇基的舊汽車，但遭到黃蕙蘭的反對。〔註 242〕黃蕙蘭晚年回憶說，作為年輕的駐英大使的妻子，其生活並非全是神話一般，但對自己物質方面的奢華，依然認為「很榮耀」：「我戴著親手在卡梯埃選購由爸爸付帳的鑽石花冠參加了阿斯脫勳爵和夫人在倫敦社交季節率先舉行的舞會；在阿斯考特就坐於王室專席，同頭戴大禮帽的維鈞一起參加官方活動後乘坐我的『水晶宮』羅爾司轎車穿過大街，兩旁的人群向我揮手致意——是向我致意！——就像我也是某一位重要人物。」〔註 243〕

尺寸、發動機容量和內飾等屬性，可以提高汽車的地位性〔註 244〕。汽車被建構為一種文化符號，反過來能夠而且確實會發送使用者的信息，因此汽車在許多方面是「移動」的象徵符號，被「意義和價值之網」「包裹」，「講述著汽車使用者的某些東西」。〔註 245〕政治精英的汽車牌照是其政治權力的信號。陳存仁回憶說，他在北平時，向其妻子姑丈曹汝霖借用汽車，牌子是雪弗萊，車牌號碼是六六，「這號碼是當地盡人皆知的，車子開到了我住的旅館，一個司機、兩個衛士恭恭敬敬地來向我請安。……潤老那輛雪弗萊車，左右各有一條很闊的踏腳板，衛士們在車子行走時，一手攀著窗口，兩足站在踏腳板上，像老式的軍閥一般，十分威武。」〔註 246〕1928 年，上海媒體詳細描繪了張作霖的汽車，車身純鋼製造，外表是紅黃色，車窗玻璃特製，防彈，車內附屬品有電燈、電風扇、電話、電鈴、電氣爐、金花瓶絲、絲絨靠背，繡墩係粉黃色金邊，上綴紅色龍二條，其餘武器係向德國名廠定製，

---

〔註 241〕黃蕙蘭：《沒有不散的筵席：外交家顧維鈞夫人自述》，天津編譯中心譯，北京：中國文史出版社，1988 年，第 127 頁。

〔註 242〕黃蕙蘭：《沒有不散的筵席：外交家顧維鈞夫人自述》，天津編譯中心譯，北京：中國文史出版社，1988 年，第 144 頁。

〔註 243〕黃蕙蘭：《沒有不散的筵席：外交家顧維鈞夫人自述》，天津編譯中心譯，北京：中國文史出版社，1988 年，第 148 頁。

〔註 244〕Anco Hoen; Karst T. Geurs. The Influence of Positionality in Car-Purchasing Behaviour on the Downsizing of New Cars. *Transportation Research: Part D*, Vol.16, Iss.5, 2011, pp.402~408.

〔註 245〕Adam C.Stanley. *Modernizing Tradition: Gender and Consumerism* in *Interwar France and Germany.* Baton Rouge, LA: Louisiana State University Press, 2010, pp.109~139.

〔註 246〕陳存仁：《銀元時代生活史》，上海：上海人民出版社，2000 年，第 151 頁。

車價 75000 元，再加上零碎，差不多 8 萬，兩個司機的月薪 5 百。因此張作霖的汽車檔次，非一般富豪可比，「上海闊人，不但衣要綢緞，食要大菜，住要洋房，出門代步的汽車，也要弄得與眾不同，電燈、電扇、花瓶、繡墱，五花八門，令人目為之炫。可是怎樣排場，總比不上坐鎮北京的張作霖的汽車」〔註 247〕。

1948 年《東方日報》報導，總統蔣介石在南京的代步工具是一輛 1940 年式的方頭汽車，乘坐五六人並不擁擠，前後有兩輛流線型車子保護。該方頭汽車不僅式樣與眾不同，而且喇叭聲也不一樣，發出「汪汪」聲音。〔註 248〕1932 年《上海報》比較了蔣介石、宋子文和孔祥熙三人之汽車，認為「三人名列顯位，各登要席」，在滬所乘汽車亦與眾不同，其中孔祥熙的汽車最佳，係美國福特汽車廠「特有出品之林克恩牌，價值 3 萬餘兩，行駛時快捷如飛，超出平常汽車一半以上，四面之車窗玻璃，厚一英寸半，身坐車中，在車行時絕無震動，且輪盤之旋轉，疾疾如雨點聲，奇妙無比。惟因行駛太快，上海各馬路，不能使其直放快車，正嫌馬路太短也。」蔣、宋二人之汽車亦係美國福特廠出品之「派克」牌，「不諳保險機關之人，無論如何，不能將車開行，惟開快車時，不如林克恩汽車之快，故其售價亦略低」。文章指出，派克牌汽車在上海不超過 50 輛，而林克恩全滬不足 5 輛。文章感歎「闊哉，中國要人之汽車」〔註 249〕。上海「竊車黨」曾經專竊停留市區的各要人之汽車，「前晚被竊汽車兩起，派克牌，照會為 12599 號新式流線型跑車。另一為京字 11377 號照會之汽車」。〔註 250〕

在張恨水筆下，南京中山大道上的汽車「威風」在陪都重慶再次上演。他寫道：「這條長約二十里的中山北路與東路，中間是其平如鏡的柏油路面，只許汽車走。柏油路面兩邊栽著路樹，算是汽車階級的夾道儀仗。兩行儀仗之外，是石子鋪的路面。歸馬車人力車走。再在石子路外，有水泥路面，有石板路面，有土質路面，那是人行道。這告訴你汽車受特別優待，其餘車輛，讓他來左去右，一律壓石子。行人則聽其自然，不在理會之列。在專用馬路上奔馳過多年的京字牌汽車，逃亡到山城來，只有兩三條曲線馬路可跑，而且

〔註 247〕拙愚：《張作霖的汽車》，《大上海》，1928 年 5 月 16 日第 2 版。
〔註 248〕執芸：《蔣總統的汽車》，《東方日報》，1948 年 12 月 14 日第 2 版。
〔註 249〕珍淑：《蔣宋孔三要人之汽車談，孔氏新車最佳》，《上海報》，1932 年 5 月 10 日第 2 版。
〔註 250〕《要人的汽車，當心》，《前線日報》，1946 年 4 月 4 日第 4 版。

其寬不過四五丈，與一切行人車輛共之，實在太委屈了。現在有人說駕駛京字牌汽車的車夫，頗不聽巡警指揮。這真是大錯，重慶市政府為什麼不把南京中山路搬來，叫他們英雄無用武之地？」〔註 251〕

華僑胡文虎的汽車，不僅是交通工具與財富展示，還是市場營銷的有力工具。其汽車尤其與眾不同，係定製車型，汽車頭部像隻老虎，張開血盆大口，兩眼炯炯發光，喇叭聲音如同虎吼，這與其「虎牌」萬金油一致。胡文虎成為名人之後，曾獲新加坡警局特別優待，其小汽車上街，不管交通多麼緊，均可先行。當地群眾頗為不滿，警局解釋說：「你們知道救護車出來，不是開綠燈讓它先走嗎？胡老闆是賣藥的，所以我們也照例辦理！」〔註 252〕1930 年秋天，胡氏為了推廣國內業務，特將新加坡之虎頭汽車運到上海。該車駛過外灘和南京路時，雙眼閃光，吼聲喧嚣，瞬刻間人山人海，圍得水泄不通，引起巨大轟動。上海報紙說：「虎頭汽車遊上海，『阿拉』成了鄉下佬」，〔註 253〕甚至認為胡文虎的虎頭汽車，驗證了上海流行的汽車「市虎」一說〔註 254〕。

## 二、汽車稀缺牌號的意義及競爭

隨著使用者人數的增加，汽車價格不斷下降，而且已經擁有汽車者的效用也會隨著汽車變得普遍而降低。而汽車號碼在「在某些絕對或社會強加的意義上是稀缺的」，其吸引力的一部分源自「唯一性」，汽車使用者的滿足主要源自「符號，而不是物質」，某些特殊的汽車號碼可被視為「純粹的社會稀缺性」〔註 255〕，因而成為民國精英競爭的稀缺資源。

抗戰勝利之後，孫科擔任行政院院長，「平日代步之別克小轎車照會為四個一字，頗引人注意」，傳聞此車為接收敵偽產業以後，由南京市長馬超俊轉贈孫科。輿論諷刺說，一些芝麻綠豆官「神通廣大」，「遠較院長有辦法」。〔註 256〕

〔註 251〕《京字牌汽車》（1938 年 9 月 20 日，重慶《新民報》），《張恨水散文》（第 4 卷），合肥：安徽文藝出版社，1995 年，第 282 頁。

〔註 252〕陳丹心：《胡文虎與永安堂虎標藥品》，壽樂英主編：《近代中國工商人物志》（第 4 冊），北京：中國文史出版社，2006 年，第 299 頁。

〔註 253〕李逢蕊：《李逢蕊集》（第五卷，胡文虎研究專輯），呼和浩特：內蒙古教育出版社，2012 年，第 24～25 頁。

〔註 254〕阿祿：《胡文虎虎頭汽車》，《好萊塢日報》，1940 年 3 月 23 日第 1 版。

〔註 255〕Hirsch, F.. *Social Limits to Growth*. Mass: Harvard University Press, 1976, pp.1~27.

〔註 256〕馮憶：《官有二口，上隻講是，下隻講否》，《申報》，1946 年 6 月 29 日第 8 版。

全面抗戰爆發之前的北平，大於1200號的汽車號碼，屬於軍政要人之坐騎，1937年6月1日，曾有1230號的汽車發生交通事故，「警察見了屁滾尿流」，原來車主係29軍副軍長呂秀文。而中山公園門口本來不准停車，但其中居然停滿了1200以上號碼的汽車，「堵住了遊人的出入，大家敢怒不敢言」。〔註257〕南京國民政府成立之後擔任南京市市長的劉紀文，自備汽車兩部，一為1929年別克轎車，一為1927年者，朝夕停放於住宅門首，汽車號數為京市999及666，幾無人不知為劉市長之汽車也。最近不知何故，將汽車號碼999改為908，666改為838，「抑或喜新厭舊，抑或亂人耳目，則不得而知」。〔註258〕1928年，上海市政府公用局編訂汽車號碼，「編訂之初，首先送局考核領用號牌之汽車」，即屬市長張定璠，「故其市字號碼，固赫然一號也，以身作則，張市長有之。」〔註259〕

汽車號碼數字的大小，意味著擁有汽車的遲與早，而且汽車號碼具有「外部性」，即一個人的正「消費」意味著另一個人的負「消費」〔註260〕。上海《光化日報》曾經載有小文「假使我暴發了」，對暴發戶的欲望主義進行了辛辣的嘲諷。作者寫道：「我一定把跳舞場的樂隊、舞女及女大班在打烊之後統到我住所來跳一個通宵，這告訴人家，別得地方跳不到舞，我家裏還有。盡可能地出高價徵求臺而蒙水果，sw咖啡，立蒲頓紅茶，每天儘量的吃，因為我十一歲學泥水匠，19歲起一直當踏車夫，28歲一年當了人家公館裏的聽差，我天天見到，可從來沒有嘗過，為報復計，還不吃它一個痛快？至少要出錢買一個10號以內的汽車照會出出風頭。一定買一副吳湖帆的中堂，加上葉恭綽的對聯。以前老有人諷刺我不識字，現在多麼風雅啊。我準叫我兒子去追求女明星。」〔註261〕

汽車初到上海，工部局「也不識貨」，仍依馬車從輕徵稅，並於1910年開始頒發汽車執照，從1至500號規定為私家車，501至600號止為營業車。自

〔註257〕啞然：《北平的汽車和呂副軍長的鼻頭》，《福爾摩斯》，1937年6月24日第3版。

〔註258〕小廠：《劉紀文改換汽車號碼》，《小日報》，1929年3月14日第2版。

〔註259〕白圭木：《張定璠的汽車》，《上海畫報》，1928年第327期。

〔註260〕Pagano, Ugo.. Is Power an Economic Good? Notes on Social Scarcity and the Economics of Positional Goods, in *The Politics and Economics of Power,* Samuel Bowles, Maurizio Franzini and Ugo Pagano（eds.）,. London: Routledge, 1999, pp.63~84, p.81.

〔註261〕《假使我暴發了》，《光化日報》，1945年6月21日第3版。

備汽車的執照為「黑底白字」，「俗稱公館牌子」。〔註 262〕「如見出風頭、兜圈子之坐汽車者，欲分別其自有或租來，一覓其號牌即能明白。」〔註 263〕如果汽車牌照係黑底白字，即意味著是汽車階級。1933 年《申報》刊載了一篇抨擊都市社會虛榮盛行的文章，認為「坐了黑照會的汽車，在南京路上駛過，兩隻眼不止地向兩邊人行道上亂張，希望著熟人看見，表示著他的闊。」〔註 264〕

特殊汽車號碼具有稀缺性特徵，因而成為精英階級爭奪的標靶。1936 年《鐵報》指出：「上海有錢的老爺太太少爺小姐……吃飽了歐美大菜，聽夠了爵士音樂之餘，少不得要研究研究怎樣出風頭，怎樣顯出他們的與眾不同。於是，汽車上照會的號碼，也成為他們注意的對象了。從一到一萬號，尋不出幾百個特別的號碼，物以稀為貴，嶄新的汽車上，配上這種特別引人注目的照會號碼，當然是格外顯出與眾不同，為人所注目了。為了特別號碼，往往不惜出了幾千塊錢的代價，向人購買，上海有閒階級別出心裁的花錢法，真令人佩服驚異，一擲千金，只為了虛榮和出風頭。有閒階級的人格心理，暴露無遺。……四個一，5000，1234 等號碼，足以引人注目」，有人把華界和租界完全相同的號碼，都掛在同一輛汽車尾部，「格外顯出主人的豪闊和手腕」。〔註 265〕根據蘇智良的研究，30 年代的大亨聞人均有豪華小轎車，不僅轎車一流，牌號也要特殊，警察與市民一看就知道，是哪個大亨到了。如杜月笙的坐車是一輛雪佛蘭車，車號是「7777」。後來門徒章榮初花 1 萬美元為杜月笙在美國訂製一輛當時只有皇帝、總統、豪富坐的名牌保險車卡迪萊克（Cadillac），杜月笙所用新車牌是「11711」〔註 266〕。孔祥熙長女孔令儀「暇時，恒喜自駕其京滬照會相同之七七七號汽車」。〔註 267〕南京、上海兩市相同的三個七號碼，無疑具有稀缺性。

早在上個世紀四十年代，媒體就熱衷於討論盛宣懷家族的汽車號碼，「盛家不可一世時，舊工部局之英美人皆趨炎附勢，侍奉至殷，所置自備汽車向工部局領取車照，英美人特地挑選了四個四的照會，獻給盛家。彼時的好照

〔註 262〕曹聚仁：《上海春秋》，上海：上海人民出版社，1996 年，第 167 頁。

〔註 263〕陳伯熙編著：《上海軼事大觀》，上海：上海書店出版社，2000 年，第 296 頁。

〔註 264〕際云：《虛榮心》，《申報》，1933 年 11 月 7 日第 19 版。

〔註 265〕《汽車號碼也值得爭奇鬥勝？有閒階級之無聊思想，一號照竟值洋五萬元》，《鐵報》，1936 年 2 月 11 日第 4 版。

〔註 266〕蘇智良、陳麗菲：《近代上海黑社會研究》，杭州：浙江人民出版社，1991 年，第 161 頁。

〔註 267〕陳中明：《孔祥熙女公子之多才》，《上海新報》，1935 年 9 月 23 日第 4 版。

會並不隨便發出……此中自有隱情……後來盛家由盛而衰，連汽車照會也轉讓於他人，其代價自然不是一筆小數目……英美人也眼紅，過戶時多方留難。照會新主人，已請有力者從中斡旋。」〔註 268〕而據曹聚仁記載，自備汽車執照為黑底白字，俗稱「公館牌子」。第一號汽車照會為周湘雲，第二號為猶太商，第三號是馬立斯，哈同則是第四號。後來，盛宣懷第四子澤丞，重價購買哈同的四號牌照，又花錢捐到 44 和 444 兩張牌照。第七子蘋丞找到了 77 號。」〔註 269〕

盛宣懷寵愛的孫女盛佩玉，晚年仍然對當時一些特殊的汽車號碼有所回憶。盛佩玉二姐和姑母都認識哈同的中國妻子是羅嘉陵，「這位太太，身子胖，穿西裝戴帽子（西方古典式帽子上有花）」，她的汽車照會是 1 號。盛佩玉推測，羅嘉陵購買了上海的第一輛汽車。後有一個有權有勢者想買下「1 號」車牌，當局答稱：除非舊車換新車時可調換。盛佩玉回憶說，哈同太太為保持 1 號車牌的「榮譽」，車用破了仍不肯調換。盛佩玉丈夫邵洵美家的車牌號是 400 號，與邵府門牌號靜安寺路 400 號一致。〔註 270〕

上海淪陷之後，漢奸興風作浪，亦展開對稀缺資源的爭奪。漢奸尤菊蓀「認賊作父，為虎作倀，與魔鬼勾搭起來，丟卻了廉恥」，接任「上海市民協會」的「委員」，「以為有了魔鬼撐腰，一切都獲得了安全的保障」，「想將他的漢奸身份扮演的更逼真一些」，所以每天到「市民協會」或者尤菊記寫字間裏去「辦公」的時候，除了用第五三五三號租界照會的自備汽車代步之外，他還雇用了兩個俄籍保鏢，「左右維護」。〔註 271〕

「符號標誌」可能是「比言詞標誌或者聯繫模式更加粗略的對階級地位的反應」，原因之一在於，「獲得財富的途徑並不一定完全限制在上層階級以內」，這就使得個體能夠購買指示上層階級地位的符號，而不管這是否真正是他們自己的地位。文化人類學家哈維蘭對此舉了一個「極端」的例子，他認為一個犯罪團夥的首領可能比一些傳統的和既定的上層階級家庭的成員展示出更多的上層階級的符號。而來自一個上層階級的人也許會故意選擇一種比

〔註 268〕青子：《盛家的汽車照會》，《力報》，1947 年 10 月 15 日。

〔註 269〕曹聚仁：《上海春秋》，上海：上海人民出版社，1996 年，第 167 頁。

〔註 270〕盛佩玉：《盛氏家族：邵洵美與我》，北京：人民文學出版社，2013 年，第 45 頁。

〔註 271〕上海社會科學院文學研究所：《上海「孤島」文學作品選》（下），上海：上海社會科學院出版社，1986 年，第 187 頁。

習慣上的生活方式要簡單的生活方式，譬如他或她也許開一輛破破爛爛的大眾牌汽車，而不是一輛梅塞德斯牌汽車。〔註272〕因為社會階層以及個人成員在相對財富、權力和聲望方面的不斷升降，上層社會成員持有的昂貴的符號價值往往會遭到破壞，富有的犯罪分子青睞昂貴汽車，導致此種汽車的社會價值下降。〔註273〕民國時期上海也有「階級和資格」之分，丐頭駕駛自備汽車出入，家資高達數十萬元。〔註274〕

1932年，有人描述過上海的一些「特異」汽車，其中數輛老式汽車，雖然「收拾的很精美」，但從形制看，「顯然是一種老古董」，如已故英籍巨商哈同之「蘭腦」汽車，車頭像「塌鼻頭」，車窗甚高，車頂上還裝有欄杆，「件件都與新式汽車相反」。〔註275〕汪精衛的汽車號碼是「普通」的293，並且還不時更換。〔註276〕上海淪陷之後，邵洵美沒有收入，「支出卻一筆筆爆出來」，他只好變賣家當，令他最「肉痛」的是那輛舊汽車，連原價十分之一都沒有賣到。他寫道，這輛車子和自己的關係實在太深，有一種「情感的價值」，「是為無論多少金錢所不能換得的」。〔註277〕這與西美爾的時尚理論存在一定的契合性。他認為，由於大多數時尚是少數文化或亞文化，當然可能同時表現出矛盾和相反的趨勢。雖然時尚系統整體上可能依賴於未完成的生命週期的一部分，但某些時尚子系統的運作方式卻恰恰相反。因此，今天的趨勢可能是交易完全可用的汽車，但也有一些人只駕駛古董汽車，試圖超越這個特殊物品的結構限制，擁有古董汽車與擁有最近、最新、最獨特的東西一樣，都是時尚系統的一部分〔註278〕。

對於豪門子弟邵洵美而言，汽車已經超越「工具」與「象徵」，而主要是「情感」功能了。但在人際交往中，他仍然不能免俗。其妻盛佩玉回憶道，家

〔註272〕（美）威廉·A·哈維蘭：《文化人類學》，上海：上海社會科學院出版社，2006年，第336頁。

〔註273〕Erving Goffman. Symbols of Class Status. *The British Journal of Sociology*, Vol.2, No.4, 1951, pp.294～304.

〔註274〕《上海七百個乞丐的社會調查》（附錄），曲彥斌：《中國乞丐史》，武漢：武漢大學出版社，2016年，第364頁。

〔註275〕澤：《上海的特異汽車》，《申報》，1932年6月1日第26版。

〔註276〕《汽車號碼也值得爭奇鬥勝？有閒階級之無聊思想，一號照竟值洋五萬元》，《鐵報》，1936年2月11日第4版。

〔註277〕參見邵洵美：《儒林新史》，上海：上海書店出版社，2012年，第157～158頁。

〔註278〕Georg Simmel. Fashion. *The International Quarterly,* No.10, 1904, pp.130~155.

裏曾經購買一輛新式的深咖啡色汽車，「車價當在千位數」。她認可汽車的式樣，認為這筆支出的必要性的，理由是邵洵美與外國朋友來往，「像那輛老爺汽車未免太遜色了」。〔註 279〕

## 第五節　汽車話語的女性形象

交通工具與城市生活變遷也是國內比較前沿的研究課題之一，但已有研究多聚焦於鐵路、城市公共汽車、電車或自行車等主題，而對汽車消費問題少有涉及。20 世紀二三十年代，在中國的一些大城市中，汽車日漸增多，汽車話語豐富而複雜。與歐美諸國早期的汽車文化頗為類似，民國時期汽車的象徵意義和性別特徵也極其鮮明。

### 一、女性身體能否勝任汽車駕駛之爭論

自第一輛汽車誕生開始，身體與汽車的關係就一直深受學界關注。男性身體與汽車觀念之間並不存在張力，女性身體則被視為「虛弱和脆弱」，建構出「不稱職的女司機神話」，作為抵制婦女駕車的意識形態。〔註 280〕作為現代性的重要表徵之一，汽車進入中國之後，亦與性別和身體勾連，引發女性是否能夠勝任汽車駕駛的爭論。

反對論者採用與西方類似的話語邏輯，認為女性存在先天弱點，很難成為合格司機。有人總結了上海社會的流行論調，認為反對論者的理由無非是中國女性存在五大弱點，一是對體育運動「向鮮注意」，不如西方女性體格發達健壯，腿部軟弱，或因不能及時刹車而發生危險。二是腕、臂柔弱，不能勝任汽車轉彎、錯車、停車等操作。三是眼患近視者多，「避讓行人，一有遲鈍，易肇車禍」。四為體格瘦小、手足短軟，無法順利操控車內設備，「每感手空足懸之苦」。五是缺乏判斷力，倘遇緊急情況，一有猶疑，即釀大禍。〔註 281〕也有人以哈佛大學兩性駕車能力對比實驗結論作為依據，認

〔註 279〕盛佩玉：《盛氏家族：邵洵美與我》，北京：人民文學出版社，2013 年，第 184 頁。

〔註 280〕Deborah Clarke. Women on Wheels: a Threat at Yesterday's Order of Things. *Arizona* Quarterly*: A Journal of American Literature, Culture and Theory*, Vol.59, No.4, 2003, pp.103~133.

〔註 281〕悟：《再論提倡女子駕駛汽車術》，《申報》，1928 年 10 月 13 日第 29 版。

為女性在駕車體力、技巧和心理等諸方面都弱於男性。〔註 282〕

著名報人嚴獨鶴亦持反對論。上海市長張定璠所乘汽車曾與俄籍女性所駕汽車發生輕微碰撞，嚴針對此事在《新聞報》發表時評，呼籲租界當局嚴厲取締車速過快，以及「未諳駕駛技術」而「濫開汽車」等現象，尤其是嚴格取締女性自駕汽車，「萬不可讓她們在馬路上尋開心，置他人性命於不顧」。〔註 283〕上海工部局亦曾以「頗易召禍」為由，禁止「娼妓優伶試開汽車」：「女子開汽車，在中國不甚流行。從前香港女子，偶來滬濱，皆能開汽車。凡香港女子在上海開汽車者，無需向工部局領取照會，其後中國女子，若娼妓優伶，亦皆好試開汽車，惟頗易召禍者。工部局乃禁止之。」〔註 284〕一些媒體對交通事故的報導，也往往刻意凸顯司機的女性身份。〔註 285〕

女司機神話的核心邏輯，乃是中國女性身心均不能勝任汽車駕駛。與此截然相對的是，一些有識之士極力駁斥將女司機標籤化的社會認知。大致從 1923 年開始的十餘年中，《申報》汽車專欄陸續刊載文章，駁斥女性不能勝任汽車駕駛的觀點，積極提倡女性學習汽車駕駛技術。

贊成者首先是反駁社會盛行的女性駕車「易肇禍」論。針對女性身、心不能勝任駕車的反對論調，有人提出，駕車並非「苦力事」，無須強大體力作為支撐條件，而「首重眼明心細」，女性在這兩個方面恰恰優於男性。並且女性膽小，「每不敢疏忽其事」，煙酒等嗜好亦少於男性，因而肇禍率更低。〔註 286〕與此類似，另外有人亦從心理層面切入，強調女性心地「慈悲」，不忍心置人生命於不顧，不會橫衝直撞；心思細膩，在街道交叉路口「處處謹慎」，反而不易肇禍。〔註 287〕與女性相反的是，男性「大率粗魯暴戾」，駕車只圖一己「快意」，往往漠視行人安全，甚至肇禍之後，「復疾馳而去，一任被禍者之輾轉於地，而不加援手」。因此，倘若女子取代男子駕車，則汽車傷人之事雖然不能完全杜絕，但相對減少則可斷言。〔註 288〕甚至有人援引一家倫敦出租車公司的測試結果，認為女性駕車比男子安全得多，前者的

〔註 282〕影呆：《哈佛大學實驗兩性駕駛汽車問題》，《申報》，1936 年 8 月 5 日第 23 版。
〔註 283〕獨鶴：《女人駕汽車》，《新聞報》，1928 年 11 月 20 日第 23 版。
〔註 284〕珍珍：《女子開汽車》，《中國攝影學會畫報》，1928 年第 156 期。
〔註 285〕譬如《女子自駕駛汽車殺一命》，《民國日報》，1923 年 7 月 17 日第 11 版。
〔註 286〕明霞：《提倡女子習開汽車之微見》，《申報》，1923 年 1 月 20 日第 22 版。
〔註 287〕無愁：《女子開駛汽車之提倡》，《申報》，1923 年 8 月 4 日第 22 版。
〔註 288〕石顏也：《女子駕駛汽車之兩利》，《申報》，1926 年 9 月 25 日第 25 版。

交通事故率比後者低 20%。〔註 289〕

其次是駁斥中國女性身體不如西方女性的觀點。中國女性熟練騎行自行車，說明她們身手敏捷，「處之泰然」。中國女子體質柔弱確係事實，但西方女子也並非全都體格強健。若以身體素質強弱不同而反對中國女子駕駛汽車，不僅「見解之誤」「持論之偏」顯而易見，且「悖之於事」「謬之於理」。在男女教育平等發展的時代，無論是「高深之文學」，還是「深奧之物理」，中國女子都能攻克，已與西方女子並駕齊趨，「彰彰在人耳目」。駕駛汽車，技術而已，學習難度遠遠低於科學，「豈形而上者可以深造，形而下者反難精研歟」。〔註 290〕另有論者則辯稱，中國婦女在駕車方面暫時不如西方女性，而大多只能從事「苦力工作」，並非由於智力低下，係由「閉錮封鎖而致」，若「明授學說，實地諳練，經驗純熟」，則女性定能趕超男性。退而言之，城市家庭所聘男司機，亦未都具備良好學識與「平和心理」〔註 291〕。

三是女性駕車有助於解決就業難題。五四以降，婦女解放和男女平等的主張迴響於天地之間，此一時代精神，成為贊成論者的理由，「凡百事業，女界視其能為者，必當竭力謀之，毋稍存此為男子所應為者，非吾輩可問津也，而社會亦毋稍存男女界限，阻其發展。」〔註 292〕女性必須破除自己不如男性的錯誤認知，男女職業分界的社會觀念也須重塑。儘管女子職業運動方興未艾，但由於教育水平偏低，難以勝任電話局、郵政局和大商店等職位，唯有投身於絲廠等勞動密集型企業，因供過於求而導致女工工資「益廉」。如果女性學會駕駛，既有助於發展汽車事業，亦有利於解決女子職業難題，「兩方交利，善莫大焉」。〔註 293〕駕駛汽車既無須「高深學識」，又不必有「過人體力」，誠為解決婦女生計問題的重要方式。〔註 294〕甚至有人認為普通婦女需要教養子女，「日少空隙」，不宜執著於學習駕駛，但中產階級家庭婦女學習成功之後，夫妻雙方可以「調劑辛勤」，節省雇傭司機費用，實則增加家庭收入，而且「夫教婦學」，可收事半功倍之效。〔註 295〕

---

〔註 289〕頌：《汽車談片》，《申報》，1934 年 8 月 22 日第 27 版。
〔註 290〕悟：《再論提倡女子駕駛汽車術》，《申報》，1928 年 10 月 13 日第 29 版。
〔註 291〕雨蒼：《女子宜習練汽車駕駛》，《申報》，1927 年 3 月 25 日第 25 版。
〔註 292〕明霞：《提倡女子習開汽車之微見》，《申報》，1923 年 1 月 20 日第 22 版。
〔註 293〕無愁：《女子開駛汽車之提倡》，《申報》，1923 年 8 月 4 日第 22 版。
〔註 294〕石顏也：《女子駕駛汽車之兩利》，《申報》，1926 年 9 月 25 日第 25 版。
〔註 295〕石重之：《提倡女子駕駛汽車》，《申報》，1928 年 6 月 30 日第 29 版。

## 二、汽車廣告營銷的階層與性別

廣告是「社會戲劇的劇本」，通過賦予商品以社會意義，將商品變成「道具」，從而說明消費者「是誰或渴望成為誰」。〔註 296〕但是，廣告並不能隨心所欲地創造意義，而只是將既有的社會觀念植入商品。〔註 297〕

社會分層是植入民國汽車營銷話語之中的重要暗碼。高端車的營銷著力凸顯車主的尊貴身份和汽車的優越性能。1919 年，上海法亞公司（Garage Co.）獲得英國勞斯萊斯（Rolls-Royce）的銷售代理權，〔註 298〕《申報》廣告聲稱它是「世界最名貴之汽車」，並用「美雅堅固，馳行無聲」描述其品質，〔註 299〕在華英文報紙有關勞斯萊斯的新聞敘事可以視為這一廣告文案的具象化，譬如，「為阿拉伯國王精心設計的勞斯萊斯適應沙漠環境」，「有趣的皇家車：『新幻影』勞斯萊斯具有不同尋常的功能」，「最近在克什米爾邦舉行的加冕典禮上，使用了一支漂亮的勞斯萊斯車隊」，「公主瑪麗·拉塞爾斯子爵夫人，最近獲得了一輛 20 馬力，車身由胡柏製作的豪華的勞斯萊斯。」「勞斯萊斯『幻影』在穿越非洲的旅途中，儘管路面粗糙，但創造了每小時 35.1 英里的最高速度，而且在 5599 餘英里中一直保持著」，「新型勞斯萊斯的發動機秘密揭示了時速 90 英里的傑出特性」。〔註 300〕

---

〔註 296〕Gary Cross. Toys and Time: Playthings and Parents'Attitudes toward Change in Early 20th-century America. *Time and Society*, Vol.7, No.1, 1998, pp.5~4.

〔註 297〕Grant McCracken. Culture and Consumption: a Theoretical Account of the Structure and Movement of the Cultural Meaning of Consumer Goods. *Journal of Consumer Research*, Vol.13, Iss.1, 1986, pp.71~84.

〔註 298〕Capt. *Inch Gets Agency for British Motor Cars Rolls-Royce, Talbot and Calcott to be Handled by Shanghai Garage Co*.. The China Press, January1, 1919, p.28.

〔註 299〕《世界最名貴之汽車》，《申報》，1921 年 12 月 7 日第 15 版。

〔註 300〕分別參見 *Rolls-Royce'Phantom' Makes Fine Time In Trip Through Africa Record Speed Of 35.1 m. p. h. Kept Up Over 5, 599 Miles, Notwithstanding The Rough Surface That Had To Be Crossed At Sections.* The Shanghai Sunday Times, April25, 1937, p.24. "ELABORATE CAR FOR ARAB KING, Wonderful Rolls-Royce Adapted To Desert Conditions," *The Shanghai Sunday Times* , December4, 1927, p.31. "INTERESTING ROYAL CAR New Phantom Rolls-Royce With Unusual Features," *The North-China Daily News, November*25, 1927, p.5. "A Fine Fleet of Rolls-Royce Cars was Used in Connection with the Recent Coronation Celebrations in Kashmir State," *The Shanghai Sunday Times, August*29, 1926, p.29. "H. R. H. The Princess Mary, Viscountess Lascelles, has Recently Acquired a 20～h.p. Rolls-Royce chassis," *The Shanghai Sunday Times*, June27, 1926, p.28. "Rolls-Royce 'Phantom' Makes Fine Time In Trip Through Africa Record Speed Of 35.1 m. p. h. Kept

美國通用汽車公司早在20世紀二十年代，就強調「市場分割」的策略，使得「切諾基（Cherokee）消費者實現的汽車夢與富有的凱迪拉克（Cadillac）擁有者的汽車夢」之間形成「明顯與本質的差異」，也就是「開什麼樣的車，做什麼樣的人」。〔註 301〕凱迪拉克在中國的營銷策略與勞斯萊斯存在相同之處，充分利用精英的消費示範效應塑造品牌和拓展市場，如宣稱「胡佛乘坐凱迪拉克」,「流行電影明星喜歡凱迪拉克」,「香港人因擁有凱迪拉克的時髦汽車而感到驕傲」。〔註 302〕優越性能也是營銷的重點，「阿克頓夫人駕駛封閉式的凱迪拉克穿過沙漠，發現它是所有天氣的理想選擇。」「磨損是汽車的證據，凱迪拉克製造商解剖了一個使用了 4 年的汽車，發現它仍然完美。」〔註 303〕但與勞斯萊斯稍有不同的是，凱迪拉克同時突出款式的多樣性，擁

---

Up Over 5, 599 Miles, Notwithstanding The Rough Surface That had to be Crossed at Sections," *The Shanghai Sunday Times*, April25, 1937, p.24. "NEW ROLLS-ROYCE MODEL Motoring Secret Disclosed Novel Features Capable of 90 Miles An Hour," The North-China Daily News, September20, 1929, p.9.。

〔註 301〕（美）朱麗安·西沃卡：《肥皂劇、性和香煙：美國廣告 200 年經典範例》，周向民等譯，光明日報出版社，1999 年，第 331 頁。

〔註 302〕分別參見"Hoover Rides Cadillac," *The China Press*, February1, 1931, p.18. "POPULAR CINEMA STAR FANCIES CADILLAC," *The Shanghai Sunday Times*, May19, 1929, p.29. "Hongkong Man Is Proud Owner Of Snappy Cadillac", *The China Press*, November14, 1920, p.34. *Rolls-Royce'Phantom' Makes Fine Time In Trip Through Africa Record Speed Of 35.1 m. p. h. Kept Up Over 5, 599 Miles, Notwithstanding The Rough Surface That Had To Be Crossed At Sections.* The Shanghai Sunday Times, April25, 1937, p.24. "ELABORATE CAR FOR ARAB KING, Wonderful Rolls-Royce Adapted To Desert Conditions," *The Shanghai Sunday Times* , December4, 1927, p.31. "INTERESTING ROYAL CAR New Phantom Rolls-Royce With Unusual Features," *The North-China Daily News, November*25, 1927, p.5. "A Fine Fleet of Rolls-Royce Cars was Used in Connection with the Recent Coronation Celebrations in Kashmir State," *The Shanghai Sunday Times, August*29, 1926, p.29. "H. R. H. The Princess Mary, Viscountess Lascelles, has Recently Acquired a 20～h.p. Rolls-Royce chassis," *The Shanghai Sunday Times*, June27, 1926, p.28. "Rolls-Royce 'Phantom' Makes Fine Time In Trip Through Africa Record Speed Of 35.1 m. p. h. Kept Up Over 5, 599 Miles, Notwithstanding The Rough Surface That had to be Crossed at Sections," *The Shanghai Sunday Times*, April25, 1937, p.24. "NEW ROLLS-ROYCE MODEL Motoring Secret Disclosed Novel Features Capable of 90 Miles An Hour," The North-China Daily News, September20, 1929, p.9.

〔註 303〕分別參見"Crosses Desert Sands in Closed Cadillac Mrs. M. A. Acton Drives Victoria and Finds It is Ideal for All Weather," *The China Press*, June25, 1916 , p.24. "Proof of Motor is in its Wearing Cadillac Maker Dissects a Motor Used Four Years and Finds it Still Perfect," *The China Press*, May18, 1913, p.4.

有市場所能提供的幾乎全部車身設計，上海的銷售經理曾宣稱，36 種不同的車身風格，每一種都能適合買家對特定環境的需求和迷戀。〔註 304〕

1924 年，嵩生在闡述上海汽車營銷策略時，認為「大半資本家，多已購置」，而小康之家非常注重汽車的外形、機件、價格和耗費等因素，因此欲求推廣汽車銷路，非注意這四端不可。〔註 305〕一些低端汽車的廣告營銷，大體上符合嵩生的理念。福特汽車因其價格優勢，成為民國時期最普遍的汽車品牌。孫中山在闡述民生主義時特別提及，其他汽車售價 5000 元，而福特最多不過 1500 元。〔註 306〕1939 年生產的福特車廣告強調費用更為經濟、駕駛更為便利、車式更為時髦。〔註 307〕司蒂倍克廠出品的「香檳」汽車廣告宣稱，其最大特點是設計構造以使用經濟為唯一目的，每加侖汽油可以行駛 30 英里，同時售價低廉，堪稱「最低價車中之最精美車輛」。〔註 308〕

20 世紀上半期西方汽車營銷表明，作為潛在市場之一，汽車行業不僅不願「冒犯」女性，而且一直努力開拓女性市場，甚至有人認為「人類的正確研究是男人」，而「正確的市場研究是女人」。〔註 309〕將女性視為不稱職司機的觀念，一度成為近代都市社會的流行論調，這一觀念勢必嵌入汽車營銷話語之中。

首先，為了開拓女性市場，營銷話語極力凸顯汽車的舒適性與易駕駛性。上海馬迪汽車公司援引美國克雷斯勒廠營銷經理的觀點，認為女性在繁盛街區駕車，「恒惴惴焉惟恐肇禍」，倘若駕駛克雷斯勒，則「不復作杞人之憂」，因為該車「停車便利，尤使女子十分滿意」，其中「五二式及六二式」兩款「座位舒適」，即使長途旅行「亦絕不覺疲倦」。〔註 310〕「一九三五年式別克」新車到滬之後，信通汽車公司宣稱，該車最適合於婦女界，因為乘坐舒適、駕駛簡便，「實非它車所能及」。〔註 311〕

媒體介紹各種汽車優長時，話語策略與汽車廠商基本一致。有人介紹「一

---

〔註 304〕“Cadillac Offerings Attractive,” *The China Press*, January7, 1917 , p.22.

〔註 305〕嵩生：《汽車銷售談》，《申報》，1924 年 4 月 5 日第 21 版。

〔註 306〕孫中山：《三民主義》，北京：東方出版社，2014 年，第 201 頁。

〔註 307〕《一九三九年新式福特》，《申報》，1939 年 2 月 4 日第 16 版。

〔註 308〕《司蒂倍克廠出品香檳汽車特點》，《申報》，1939 年 4 月 1 日第 22 版。

〔註 309〕Deborah Clarke. Women on Wheels: a Threat at Yesterday's Order of Things. *Arizona* Quarterly*: A Journal of American Literature, Culture and Theory*, Vol.59, No.4, 2003, pp.103~133.

〔註 310〕《美國女界競購克雷斯勒海》，《申報》，1928 年 8 月 25 日第 28 版。

〔註 311〕《一九三五年別克新汽車到滬》，《申報》，1935 年 3 月 3 日第 13 版。

九三二式標準牌」時，強調該車最適宜於婦女駕駛，原因是「輕便、光滑、簡單、便利，處置裕如」。〔註 312〕有人推介「一九三二年式新車」「最適宜於女子駕駛」，因為製造者瞭解女性的三大「弱點」，亦即追求汽車「舒適美觀」、對汽車構造「茫然無知」，以及對駕駛「視為畏途」。而新車機件構造「無不力求完密」，操作方法「無不力求簡易」，輪胎異常堅固，不會因車胎刺破、爆裂而拋錨，即使婦女獨自駕車長途旅行，亦能安全抵達目的地。〔註 313〕

譯自《紐約時報》的一篇文章，也凸顯汽車形制與女性身體的關係。文章認為，各種汽車雖已「盡美盡善」，合乎女性心意，但仍有車身過高的缺陷。對女性身高而言，車高 70 英寸最為合適。車內坐位必須「寬舒」，可讓女性「從容起立」。文章強調，尤當注意女性足部所處位置，「務使暢適」，因為女性最關注腿部。如果車內前部過窄，則其腿部勢必屈曲，致其乘坐難受。此外還強調，剎車系統須「輕而易舉，不費大力」，因為女性體力終究小於男性。〔註 314〕

強調車外觀符合女性審美需求，是汽車營銷話語的另一密碼。時論認為汽車顏色嬗變和多樣化，實由女性審美要求促成。大凡黑色汽車，「一望而知為舊時代物」，而新車上市，漆色華麗別致，令人眩目，雖與廠家主動改進相關，但主要歸功於婦女愛美心理。男性新購汽車，僅求「大致不錯」，而婦女則「坐身之舒適，果不可缺，式樣美觀，尤須考究」。〔註 315〕有人援引英人的觀點，認為汽車在顏色、式樣、車廂裝飾和駕駛簡易性等方面的變革，都深受女性的影響。〔註 316〕因此，「一九三五年式」別克車在滬營銷，極力強調其式樣美觀，使人「一見即愛」，最能滿足女性需求。〔註 317〕

巴黎時裝顏色亦深刻影響汽車顏色。1929 年的汽車漆色非常時尚，實與巴黎女裝顏色相同，是汽車廠家主動迎合女消費者心理的產物。〔註 318〕據中國媒體的觀察，在 1928 年倫敦汽車展覽會期間，各國婦女爭相定購，理由是婦女「大半皆喜擇光亮顏色」，顏色鮮豔即可，對車價貴賤並不重視，「亦可

---

〔註 312〕黃影呆：《行將到滬之一九三二式新車》，《申報》，1931 年 12 月 9 日第 15 版。
〔註 313〕左：《一九三二年式新車駕駛容易》，《申報》，1932 年 8 月 3 日第 25、26 版。
〔註 314〕清溪：《女子在汽車界有絕大的潛勢力》，《申報》，1929 年 4 月 9 日第 32 版。
〔註 315〕石君：《婦女與汽車》，《申報》，1927 年 11 月 12 日第 25 版。
〔註 316〕虞：《汽車零訊一束》，《申報》，1935 年 5 月 8 日第 25 版。
〔註 317〕《一九三五年別克新汽車到滬》，《申報》，1935 年 3 月 3 日第 13 版。
〔註 318〕彌生：《汽車顏色與女子新裝》，《申報》，1929 年 7 月 30 日第 30 版。

見婦女虛榮心理之一斑矣」。〔註 319〕對 1930 年的巴黎車展盛況，中國記者的看法是，法國汽車車身美觀，「實為各國所無」，原因在於法國女子購置汽車，以「顏色美觀為主要條件」，機件則為次要條件，對汽車知識「不大熟悉」。〔註 320〕汽車營銷亦曾與選美比賽勾連。1929 年上海舉行慈善遊藝會以及「女子美麗競賽」，獲選女子獲贈六汽缸汽車一輛。〔註 321〕

近代中國的汽車營銷，並未嚴格區分廣告與新聞的邊界，借用波德里亞的說法，諸種商業信息「強制性地造成了歷史與社會新聞、事件與演出、消息與廣告在符號層次上的等同」，「真正的消費效應恰是在於此處，而不是在於直接的廣告話語之中」。〔註 322〕汽車話語的主體或是記者，或係汽車公司，但相關話語均可視為一種消費主義意識形態。消費品的意義不僅限於其實用功能和商業價值，而主要在於承載和傳達文化意義的能力。〔註 323〕莫蒙對 19 世紀至 20 世紀英美洗衣行業的研究中，強調技術知識的性別化問題。他認為，洗衣行業構建了一種意識形態，它雖然承認女性能夠使用洗衣機等技術產品，但卻強調作為技術系統的洗衣房，其本質是男性的，需要男性化的思維和組織技術才能正常運作。〔註 324〕以上汽車營銷話語的梳理，與莫蒙的詮釋大致可以相互印證，亦即男、女兩性在汽車問題上形成技術與愛美的二元對立關係。凸顯汽車的舒適性和易駕駛性，實則含有兩性關係的社會預設，亦即男人對事物的運作原理感興趣，而女人對如何讓事務工作更感興趣。此種廣告邏輯表面上是針對女性，實際上是讓男性放心允許女人開車。〔註 325〕

## 三、都市大眾文化書寫的汽車與女性

汽車結合了「機械力量」和「強烈擬人感」，一直被「人格化」，但一般被

〔註 319〕吳：《夏令配雅汽車展覽會記》，《申報》，1928 年 11 月 3 日第 30 版。

〔註 320〕黃影呆：《巴黎車展開幕盛況》，《申報》，1930 年 10 月 29 日第 17 版。

〔註 321〕《女子美麗比賽》，《申報》，1929 年 8 月 11 日第 15 版。

〔註 322〕（法）波德里亞：《消費社會》，劉成富等譯，南京：南京大學出版社，2000 年，第 130 頁。

〔註 323〕Douglas; Isherwood. *The World of Goods: Towards an Anthropology of Consumption*. New York: W. W. Norton, 1978.

〔註 324〕Arwen Palmer Mohun. Laundrymen Construct their World: Gender and the Transformation of a Domestic Task to an Industrial Process. *Technology and Culture*, No.1, 1997, pp.97~120.

〔註 325〕Deborah Clarke. Women on Wheels: A Threat at Yesterday's Order of Things. *Arizona Quarterly: Journal of American Literature, Culture and Theory*, Vol.59, No.4, 2003, p.18.

人格化為女性。〔註 326〕人類學家巴特曾將雪鐵龍的一款車型譽為「女神」：「當我們第一眼看到這個美侖美奐的物品時，簡直有種看到天女下凡的感覺。」〔註 327〕

在巴特眼中，汽車等同於女神，錢鍾書曾將文人的情婦與闊人的新車進行類比，認為二者的本質相同，都是為了獲得他人的「企羨」，並非出於自己的急切需要。〔註 328〕在周瘦鵑筆下，汽車也是美女。他借汽車之口而寫道，汽車是令人「愛慕」和「怨恨」之物，「心愛繁華」，專在繁華之所「往來飛逐，大出風頭」。他將汽車外觀與美人形貌進行對比，「論我的模樣兒，十分漂亮，身穿大紅袍子，霍霍地放著光彩」，「肥瘦適中，修短合度」，與古今中外評判美人的標準完全一致。他將汽車輪胎視為「又軟又白」的「橡皮腳」，與「六寸膚圓光致致的美人腳」毫無差別。車燈被他喻為兩隻眼睛，「顧盼生姿」。而作為展示品，汽車任人品評和買賣，「一連幾天，坐在大玻璃窗中，仗著我的模樣兒好，不知吸到了多少中外男女，都在窗前站住了，笑嘻嘻的向我瞧，又口講指畫，瞧著我評頭品足。」街頭乞丐囿於購買力的限制，只能「歎息而去」，但被一個「大腹賈」相中，「真個一見傾心，十分中意，立時出五千兩身價銀子，把我買了回去。」〔註 329〕在此，汽車成為一種德波所稱的「景觀」性商品，〔註 330〕但又似中國傳統兩性關係的深描，女性成為「社會性感」的標誌。〔註 331〕周瘦鵑是《禮拜六》派的重要代表。該雜誌曾以「寧可不娶小老嬤，不可不看《禮拜六》」為廣告詞，其低俗化傾向遭到葉聖陶和胡愈之等人的譴責，〔註 332〕但因迎合了都市大眾的娛樂

---

〔註 326〕Deborah Clarke. Women on Wheels: a Threat at Yesterday's Order of Things. *Arizona Quarterly: Journal of American Literature, Culture and Theory*, Vol.59, No.4, 2003, pp.10~40.

〔註 327〕Roland Barthes, Annette Lavers. *Mythologies*. New York: The NoonDay Press, 1972, p.88.

〔註 328〕錢鍾書：《人・獸・鬼》，上海：開明書店，1946 年，第 73 頁。

〔註 329〕周瘦鵑：《汽車之怨》，《禮拜六》，1922 年第 157 期。

〔註 330〕（法）居伊・德波：《景觀社會》，張新木譯，南京：南京大學出版社，2006 年，第 11～12 頁。

〔註 331〕Glenn O. Carey. William Faulkner on the Automobile as Socio-Sexual Symbol. *Cea* Critic（*Special Issue, Fitzgerald Hemingway Faulkner*）, Vol.36, No.2, 1974, pp.15~17.

〔註 332〕葉聖陶認為此一廣告詞「實在是一種侮辱，普遍的侮辱，他們侮辱自己，侮辱文學，更侮辱他人！」見其《侮辱人們的人》，《文學旬刊》1921 年第 5 號。胡愈之斥責說：「世間競有無恥的文學者，情願賣去了自己的人格，拿高貴的

消遣訴求而大獲成功。因此，周瘦鵑對汽車的女性化書寫，實為男性慾望的文學想像。

汽車初由富有男性精英壟斷，這一原發性基礎為汽車擴散奠定了「消費基調」，〔註 333〕並構造了汽車文化的男性特質。〔註 334〕此種消費的現代性構成都市文化不可或缺的內容之一。《婦女家庭》雜誌的封底，曾將五位上海「名媛」和交際「女明星」依附於汽車旁邊的數幅照片拼湊組裝，象徵性地指向女性對汽車一物的迷狂。而其文案直接將女性與汽車並置，認為二者均係都市不可或缺之物。在其比較性言說中，認為女性由「纖維細胞質組成」，具有「柔軟」而「自動」的特徵。汽車由「精練金屬質」構成，「堅韌而藉人力為之駕駛」。就其外觀而言，二者均為人類眼睛「滋補的糧食」。該文案聲稱，都市越文明，女性與汽車「越漂亮」，價值也因之越高昂，反之，如果都市沒有汽車和女性，結果必因缺乏「滋補而日益萎縮」，「一切事務也隨之衰落了」。〔註 335〕女性與汽車被置於同一層面，構成都市景觀，都因其外觀而具有高昂價值，成為都市大眾的消費對象。

1928 年，上海美僑慶祝美國獨立日，汽車「百數十輛，如風馳電掣，相向滬西馳去」，在市民眼中，汽車中的美國女子，「亦皆鮮衣華服，胸佩鮮花，粉香撲鼻，中人慾醉……自慶眼福為不淺矣。」〔註 336〕在嚴獨鶴看來，夏天街道上乘汽車兜風，「涼風習習，有女同車，這算是最寫意的了」。〔註 337〕1929 年的杭州，金協昌飲冰室小店主金玉榮，「容貌昳麗」，與一汽車公司營業主任關係友善，兩人常「同車出遊，斜陽影裏，並肩疾駛，見者無不異常豔羨」。〔註 338〕

---

文學，當做消閒娛樂滿足肉慾的東西。」「有喜歡討小老婆的中國民族，便應該有專做香豔小說肉麻文字的文學家。」見其《文學事業的墮落》，《胡愈之文集》（第 1 冊），北京：生活·讀書·新知三聯書店，1996 年，第 215 頁。

〔註 333〕Chris Ivory; Audley Genus. Symbolic Consumption, Signification and the 'Lockout' of Electric Cars, 1885~1914. *Business History*, Vol.52, No.7, 2010, pp.1107~1122.

〔註 334〕Wendy M. Morgan. Gender On Wheels Cars as Symbols of American Masculinity. *Semiotics*, 2009, pp.513~520.

〔註 335〕《女性與汽車》，《婦女家庭》，1939 年第 1 期。

〔註 336〕無畏庵主：《歇浦美僑慶祝獨立節之盛況》，《申報》，1928 年 7 月 8 日第 21 版。

〔註 337〕獨鶴：《取締兜風汽車》，《新聞報》，1928 年 7 月 24 日第 19 版。

〔註 338〕迪：《西子湖畔之趣罰案》，《申報》，1929 年 8 月 25 日第 21 版。

女性被視為消費的客體，但男性在凝視甚至窺視女性身體的同時，又對女性經由汽車展示身體而予以道德譴責。近人汪仲賢譴責上海女性的「出風頭」及其「肉感」:「現代婦女，剪髮的居多，到了夏天，汽車上載滿了兜風的密斯們，一趟北新涇虹橋路兜過來，頭毛都吹得像落水鬼一樣，兩腳岔開，褲襠裏的肉感都公開表現。」〔註 339〕「喜坐汽車出風頭」，曾被上海輿論視為上海婦女七大「惡習慣」之一，力勸上海婦女們「從速改過」，並「忠告外埠的婦女們千萬休去學她」。〔註 340〕

## 四、婚戀選擇的汽車情結

至少在第一次世界大戰結束之前，汽車價格昂貴，為男性精英提供了「公認的社會和經濟地位的象徵」。〔註 341〕與此類似，在二十年代的中國，汽車價格不菲，「自千元至數千元不等」，〔註 342〕因而取代田產宅第，成為新式家庭富裕程度的新標準。按照時人春暉館主的說法，以前「評衡財產，每以田畝若干頃、第宅若干處為標準者，今則一變而為『某某置有汽車若干部』云

〔註 339〕汪仲賢：《出鋒頭》，《上海俗語圖說》，上海：上海大學出版社，2004 年，第 89～90 頁。

〔註 340〕良：《上海婦女之惡習慣》，《申報》，1924 年 7 月 3 日第 21 版。

〔註 341〕1909 年之前，美國南部被視為一個缺乏吸引力的汽車銷售市場。汽車製造商認為南方人買不起汽車。1908 年，在擁有執照的汽車製造商協會會員的公司生產的 109 款車型中，有 28 種售價為 4000 至 5000 美元，13 種超過 6000 美元，只有 3 種的價格低於 1000 美元。參見 Howard L. Preston. The Automobile Business in Atlanta, 1909~1920: a Symbol of "New South" Prosperity. *The Georgia Historical Quarterly*, Vol.58, No.2, 1974, pp.262~277.20 世紀初期英國汽車的價格亦非大眾階層所能負擔。1902 年底在倫敦汽車俱樂部舉行的一系列題為「中等收入男性的汽車市場」的講座中，演講者估計，一輛好車每年的代價為 335 英鎊（價格約為 525 英鎊），尚不包括折舊。而該時期成人的平均年薪不超過 360 先令（或 18 英鎊），當時只有 4%的人口能夠留下價值超過 300 英鎊的財產。英國報刊曾經反覆使用「汽車貴族」，而有關機構也將汽車定位為「適當」的精英階層的消費對象，英國汽車俱樂部則規定其成員首先必須是「紳士」。汽車製造商亦樂於利用當時精英的「焦慮和熱情」，通過提供新技術來支撐他們的消遣，並強化其精英地位。參見 Christopher W. Wells. The Road to the Model T: Culture, Road Conditions, and Innovation at the Dawn of the American Motor Age. *Technology and Culture*, Vol.48, Issue 3, 2007, pp.497~523. 當時有人擔心，汽車如此昂貴，精英階層的「炫耀性消費」將引發「革命」。參見 Scharff, V.. *Taking the Wheel: Women and the Coming of the Motor Age*. New York: Free Press, 1991.

〔註 342〕陳伯熙編著：《上海軼事大觀》，上海：上海書店出版社，2000 年，第 297 頁。

云以代替之矣。」〔註 343〕

汽車成為中國近代男性精英的人生追求之一，按照鄒韜奮的觀察，「最時髦的是活著坐汽車、吃大菜，死後造銅像、睏楠木棺材。」〔註 344〕周瘦鵑則批評中國男性「一朝得意，除了大興土木造大洋房以外，總有兩種目的物，一種是小老婆，一種是汽車。倘是一個人有幾個小老婆、幾輛汽車，就可見這人是個很得意的人物了。」〔註 345〕《大公報》一篇署名「窮措大」的小文，也諷刺「大老官一旦有錢，先討小老婆、買汽車、住洋樓」。〔註 346〕

從象徵性消費視角看，汽車暗含陽剛之氣和階級地位的雙重符號，消費者不僅獲得機動性，而且獲得財富特權的「有力標誌」。〔註 347〕曾經有人將新男性的擇偶條件歸結為讀過幾年書、著高跟皮鞋、會開汽車、舉止闊綽、能演說、善交際、貌美和性情活潑，〔註 348〕但這僅是個案，而更常見的現象是男性宣稱自己是「汽車階級」。〔註 349〕著名歌星周璿與其男友石揮準備結婚，石揮居住的「亭子間」並非理想住所，於是決心購買一座洋房作為新居，恰逢貝當路洋房新建告竣，房產商開價 4000 美金，石揮還價到 3000 美金。而住在海格路周璿的公寓房子原封不動，有人勸石揮放棄買房，住於周旋處，但石卻以「豪語」宣稱：沒有汽車、洋房絕不結婚。〔註 350〕

汽車表徵著汽車主人的社會身份，這反過來又極大地影響女性的婚戀觀。一為名叫「祖」的作者，一向主張兩性關係唯求思想觀念一致，而金錢、美貌只能作為婚戀條件之一。其女性朋友「美」告知另一女性「芬」出嫁的消息，「祖」時常看見「芬」與一著中裝的青年男子並肩而行，故而詢問「美」，「芬」是不是嫁給「那個著中裝，戴小帽子」的男人。「美」「表示不高興的樣子」說：「你說的哪裏話呀！她怎麼會嫁給這樣的人呢？人家是穿西裝、著革履的。」接著她還補充說：「洋房、坐汽車的呢！」〔註 351〕可見汽車不

〔註 343〕春暉館主：《汽車與文明》，《申報》，1926 年 12 月 31 日第 26 版。
〔註 344〕韜奮：《小評壇》，《生活》，1930 年第 13 期。
〔註 345〕周瘦鵑：《汽車之怨》，《禮拜六》，1922 年第 157 期。
〔註 346〕窮措大：《錢之用途》，《大公報》（天津），1928 年 2 月 17 日第 5 版。
〔註 347〕Chris Ivory; Audley Genus. Symbolic Consumption, Signification and the 'Lockout' of Electric Cars, 1885～1914. *Business History*, Vol.52, No.7, 2010, pp.1107~1122.
〔註 348〕靈芬：《時髦男子擇妻之條件》，《民眾文學》，1923 年第 3 期。
〔註 349〕《汽車階級徵女友》，《鐵報》，1947 年 8 月 28 日第 2 版。
〔註 350〕《石揮、周璿之婚》，《戲世界》，1948 年第 115 號。
〔註 351〕祖：《洋房、汽車、西裝革履》，《申報》，1933 年 12 月 2 日第 24 版。

僅是身體的承載工具，也承載著個人的「意識形態」，作為一種象徵性載體，它穿梭於「使用經濟」和「聲望經濟」之間。〔註 352〕

經濟精英通過汽車展示物質財富，政治精英則經由公車而炫耀其政治地位，但文化精英則激烈抨擊女性在婚戀中的汽車情結。梁實秋認為「世間最豔羨汽車者當無過於」某些女人。他批評女性出入對汽車工具功能的依賴，「濃妝淡抹之後，風擺荷葉，搖曳生姿，而猶能昂然闊步去二三里者，實在少見」，故而「古宜乘以油壁香車，今宜乘以汽車」，進而批評女人將汽車列為擇偶的基本條件之一，「婚姻減去汽車而還能相當美滿是不可能的」，為了汽車而「犧牲」其他條件，也是「值得的交易」，除了汽車之外，男性的其他條件都退居其次。梁實秋嘲諷說，一個丈夫的體重至多兩百磅，而一輛汽車則可以重達一噸，「小疵大醇，輕重若判」。他指明女性汽車崇拜的本質，實際上並非僅限於汽車本身的交通便利，而是因為「由汽車而附帶發生的許多花樣可以決定整個的生活方式」，汽車象徵著「優裕、娛樂、虛榮的滿足」以及他者的「青睞殷勤」。〔註 353〕

傳統社會女性婚姻的物質化本係男權的象徵，並且成為五四以降婦女解放運動極力解構的對象，但新式婚姻並未完全祛除物質主義特徵。時人味荔嘲諷「摩登人物」言說與實踐的背離以及戀愛與婚姻的區分，雖然聲稱「戀愛不應當有條件」，但仍踐行附加物質條件的婚姻。在他看來，如果男大學生和女中學生結婚，前者總覺得「屈就」，如果女大學生和男中學生結婚，則被視為笑柄。同時，男性有無汽車也是婚姻的「先決條件」〔註 354〕。

消費偏好並非完全獨立，而是相互依存，由於社會交往，既有的消費模式可以被打破。〔註 355〕川藉作家李劼人描述過交通消費的示範效應。程太太係中等女子學校肄業，其女同學及姊妹相繼出嫁，配偶擁有「高大洋房」和雪佛蘭汽車，至少也有家庭包車。在程太太看來，她們的婚姻雖然「名義上不好聽」，是「三姨太太、四姨太太、五姨太太，乃至第十幾姨太太」，但「管

〔註 352〕（美）奧尼爾：《身體形態：現代社會的五種身體》，張旭春譯，瀋陽：春風文藝出版社，1999 年，第 94 頁。

〔註 353〕王暉主編：《梁實秋文集》，長春：吉林攝影出版社，2000 年，第 79～80 頁。

〔註 354〕味荔：《內戰與婚姻問題》，陳益民編：《國病》，天津：天津人民出版社，2011 年，第 278 頁。

〔註 355〕James, S. Duesenberry. *Income, Saving and the Theory of Consumer Behavior*. Cambridge, Massachusetts: Harvard University Press, 1949, pp.25~27.

他媽的，別人到底實受了，住的高房大屋，用的貴重器具，吃的珍羞美味，穿的綾羅紗緞，一出門，汽車包車，勤務兵簇擁著，是啥子威風！啥子氣派！……當女子的，橫豎要嫁人，像這樣嫁一場人，也才值得呀！」程太太對自己的婚姻和物質狀況極不滿意，自己坐在一輛「尋常人力車上，萎萎瑣瑣，憑著無力的車夫，低聲下氣的打著道歉的招呼，從人叢中，從車叢中，靠著街邊走去，一點不惹人注意。」在她看來，坐在家庭包車上的太太，其「氣焰」使自己「慚怍到了不得」。〔註 356〕都市社會的交通體驗，足以形成女性的人際攀比效應。

文學書寫雖然並不一定是真實「事實」，但卻是真實「觀念」。李劼人呈現的文學意象與當時輿論大致可以相互支持與印證。《民國日報》曾經盛讚鄉下女性的傳統婚姻觀，即「豆棚瓜下，圍坐乘涼；青梅竹馬，彼此無猜」，同時譴責城市女性愛慕虛榮，達到婚戀年齡，「有的想嫁給富商大賈，享受坐汽車、住洋樓的快活；有的想嫁給軍政猛人，享受做姨太養尊處優的幸福。」〔註 357〕

一些婦女團體的領導者參加各種公共活動，提倡婦女解放，但她們乘用汽車又遭到來自女界自身的激烈批評，認為這有悖於婦女解放的宗旨。1925年，向警予曾經批評「中國婦女協會」領導者的「貴族性」，「每每只知坐汽車、吃大菜、叉麻雀、逛遊戲場。」〔註 358〕同年廣州《民國日報》亦抨擊婦女運動領袖的物慾主義傾向，所謂「出入汽車，勃勃聲響，滿身珠寶，遠望芒光，女界聯合會中，慰勞會內，卡片名字，兩姓堂皇」，並譏之為「夫人黨」。〔註 359〕賈素貞發表於《大公報》的長文，對女性的依附性和物慾性進行探討。她認為我國女性被「男閥」徹底征服，毫無「超拔」可能。她逐一分析女性各個成長階段的心路歷程，批判多數初中女學生的人生觀，無非是「快婿、洋房、汽車、遊戲場、時髦裝飾品」，其形成根源在於家庭教育不良，加之「女依男」的社會風氣，「更遇到一班最闊綽的小姐少奶奶式的女同學」，其「兔起鶻落」的思想難免趨向虛榮，其「快婿」不是軍閥，就

〔註 356〕李劼人：《程太太的奇遇》，《國論》，1937 年第 5 期。

〔註 357〕《鄉間女子的心理》（1928 年 4 月 21 日），黃秀華等編：《廣東婦女運動歷史資料》（第 5 冊），廣東省婦女聯合會等，1991 年，第 38 頁。

〔註 358〕《在「中國婦女協會」成立會上的演說》（1925 年 5 月 10 日），戴緒恭等編：《向警予文集》，長沙：湖南人民出版社，1985 年，第 218 頁。

〔註 359〕使媽：《小白臉》（1925 年 5 月 30 日），黃秀華等編：《廣東婦女運動歷史資料》（第 5 冊），廣東省婦女聯合會等，1991 年，第 38 頁。

是「大腹賈」。〔註 360〕

汽車傳入中國之後，一度被視為精英男性的「合法」擁有者，而女性與汽車的關係則複雜得多。根據列斐弗爾的看法，汽車是「地位的象徵」，暗指「舒適、權力、威信和速度」，除了實際用途之外，主要是作為符號而被消費。〔註 361〕同時，汽車也是「社會、語言和文化」的「迷人」的「指數」，〔註 362〕給現代人提供了「壓縮時空」的力量，〔註 363〕但無論是其工具價值還是其象徵價值，卻存在巨大的性別差異，可謂男女有別。它是男性的解放者，這一認識並無多大分歧，但對女性乘用汽車而言，社會輿論則少有共識。囿於傳統的性別秩序，抵制女性對男性權力的僭越，「女司機神話」因應而生。雖然階層區分是汽車營銷的主要策略，但針對女性市場，廣告營銷往往竭力渲染汽車的舒適、安全、容易駕駛和美觀，這或所或少反映了商業營銷暗含的性別觀念。當汽車正在改變世界時，它仍然「巧妙地承諾性別秩序將保持不變」，通過保持理想化的女性身份，以期緩解汽車對性別關係衝擊造成的社會「焦慮」。〔註 364〕近代都市大眾文化的汽車書寫，往往將女性與汽車並置，甚至將汽車人格化為女性，這一定程度上暗含著物化女性和消費女性的商業邏輯。汽車與女性一同成為近代中國男性精英的人生追求和地位象徵，而中上層女性則將汽車視為婚戀選擇的重要標準。近代中國婦女解放運動面臨諸多悖論，儘管社會輿論對女性的汽車崇拜大肆批判，但其實際效力尚可存疑。

〔註 360〕賈素貞：《經濟不能自立是女界之奇恥大辱》，《大公報》（天津版），1929 年 6 月 20 日第 13 版。

〔註 361〕Henri Lefebvre. *Everyday Life in the Modern World*. London: Allen Lane, 1971, pp.102~103.

〔註 362〕Adam C. Stanley. *Modernizing Tradition: Gender and Consumerism* in *Interwar France and Germany.* Baton Rouge, LA: Louisiana State University Press, 2010, pp.109~139.

〔註 363〕Wolfgang Sachs. Are Energy-Intensive Life-Images Fading? the Cultural Meaning of the Automobile in Transition. J*ournal of Economic Psychology*, Vol.3, Iss.3~4, 1983, pp.347~365.

〔註 364〕Deborah Clarke.Women on Wheels: a Threat at Yesterday's Order of Things.*Arizona Quarterly: Journal of American Literature, Culture and Theory*, Vol.59, No.4, 2003, pp.103~133.